Practical Solutions to Practically Every Problem

The Survival Guide for Early Childhood Professionals

(25th Anniversary Edition)

幼儿园班级管理问题预防与应对

（25周年版）

［美］斯蒂芬·赛菲尔（Steffen Saifer）／著

曹 宇／译

中国轻工业出版社

图书在版编目(CIP)数据

幼儿园班级管理问题预防与应对:25周年版/(美)斯蒂芬·赛菲尔(Steffen Saifer)著;曹宇译. —北京:中国轻工业出版社,2018.5 (2024.9重印)

ISBN 978-7-5184-1802-2

Ⅰ.①幼… Ⅱ.①斯… ②曹… Ⅲ.①幼儿园—班级—学校管理 Ⅳ.①G617

中国版本图书馆CIP数据核字(2017)第317469号

版权声明

PRACTICAL SOLUTIONS TO PRACTICALLY EVERY PROBLEM: The Survival Guide for Early Childhood Professionals, 25th Anniversary Edition.

Copyright © 2017 by Steffen Saifer.

Simplified Chinese translation copyright©2018 by China Light Industry Press.

Published by arrangement with Redleaf Press through Bardon-Chinese Media Agency博达著作权代理有限公司.

ALL RIGHTS RESERVED.

责任编辑:王慧超　　　　责任终审:杜文勇
策划编辑:高　君　　　　责任校对:刘志颖　　　责任监印:吴维斌

出版发行:中国轻工业出版社(北京鲁谷东街5号,邮编:100040)
印　　刷:三河市鑫金马印装有限公司
经　　销:各地新华书店
版　　次:2024年9月第1版第7次印刷
开　　本:710×1000　1/16　印张:22.25
字　　数:230千字
书　　号:ISBN 978-7-5184-1802-2　定价:56.00元
读者热线:010-65181109
发行电话:010-85119832　　010-85119912
网　　址:http://www.chlip.com.cn　http://www.wqedu.com
电子信箱:1012305542@qq.com

版权所有　侵权必究

如发现图书残缺请拨打读者热线联系调换

241431Y1C107ZYW

本书献给世界上所有的孩子们

愿他们的照料者充满爱心和智慧

愿他们生活的社区和平而安全

愿他们的童年愉快而自由

译者序

时光飞逝，距离本书上一版的中文版已经过去了6年。作为本书上一版的翻译者，我非常荣幸，再次迎来了本书的25周年纪念版。在这次翻译过程中，我仿佛跟一位熟识已久的老师、前辈对话，聆听他细数40年来从事学前教育工作的心得体会，而这些也是我愿意分享给读者的。

本书共包括九章，逻辑结构和层次非常清晰。其中，第一章、第二章着力解决幼儿教师在工作中遇到的问题，第三章到第五章详细探讨了幼儿在成长和发展过程中出现的问题，第六章到第九章全面阐述了幼儿教师面对的人际关系等问题。可以说，本书是幼儿教师工作的工具书、必备宝典和指南。

在第一章，作者以时间为线索，按照幼儿园一日活动流程细数了晨间来园、圆圈活动、游戏、小组活动、进餐、午睡、运动、过渡环节等可能出现的问题，分析了这些问题产生的原因，并提出预防和解决的措施。此外，作者还以美术、科技领域的游戏活动为例详述了教师要注意的地方。可以说，本书第一章为读者展示了教师工作的常态，把日常的两难问题都梳理清楚了；在第二章，作者以班级工作为线索，阐述了环境创设、课程设置、幼儿阅读中的问题和解决办法，并且针对美国对学前儿童进行测试的问题进行了批判，提出了建议。其实，这种批判性态度与我国幼儿园禁止小学化倾向的理念是一致的。在这一章，作者还分析了个别化教育、混龄教育、实地考察等活动形式，帮助教师解决在班级工作中遇到的棘手问题。

从第三章开始，作者把焦点放在了幼儿身上。因为幼儿是多种多样的，每个幼儿遇到的问题也不同,所以在这一章,作者对各种各样的情况进行了全面的分析。作为教师,无论遇到哪一类型的孩子,都能够从中获得建议。第四章讲述了幼儿生活中可能发生的重大变化,如转学、父母离婚、生病住院等,并告诉教师如何帮助幼儿积极面对和适应变化,做好心理调适。在第五章,作者提出了一整套解决幼儿问题行为的策略和办法,并且详细分析了21种问题行为的成因、预防策略和解决办法。

从第六章到第九章,作者进一步拓展了视角,帮助幼儿教师从更宏观的角度看待自身的发展。在第六章,作者分析了如何与家长合作培养快乐的儿童,列举了八类家庭和家长的问题,基本覆盖了教师在家长工作中会遇到的难题。第七章分析了教师应如何与上司相处、如何面对不喜欢的同事,以及在工作中如何处理好人际关系,这些也是困扰许多教师的问题。在第八章,作者分析了教师如何合理安排时间、避免精疲力尽以及收入低的原因,提出了避免跟风和无所适从的方法。在第九章,作者提出了自己对学前教育的分析和憧憬,指出只有成为专业人员,才能提升教师的地位,提高社会对幼儿教师的评价,获得更高的收入。此外,作者还指出了男教师缺乏的问题以及教师可能遇到的两难问题,阐述了教师提升专业形象的方法。尽管现实压力重重,但是作者仍然对学前教育的发展充满期待。

回顾本书,我能感受到一位有着40年经验的学前教育泰斗字里行间渗透着的对幼儿教师的殷切希望和谆谆教诲。翻译本书的同时,我也沉浸在作者的娓娓道来和清晰的思路之中。我的脑海里浮现出这样几个关键词,在这里也跟读者朋友分享一下。

关键词1:感恩

没有哪位幼儿教师是可以独自成事的,所以作者在前言用了很大的篇幅回顾自己40年来的工作经历,感谢每个阶段、每个机构给予他帮助的同行、导师、专家,把他所取得的成果归功于每一个默默无闻却努力奋斗的学前教育工作者。在这本书中,每个章节都会提到,教师遇到困难时可以向同事、园长、专家、医生等求助,因为他们都关爱幼儿并愿意为幼儿提供力所能及的帮助。心怀感恩是因为爱，教师心中有爱，才能滋养孩子的成长。

关键词 2：细致

作者在书中对教育现象的描述和分析非常细致，充分体现了幼儿园无小事的精神。比如，在第一章说到幼儿为什么烦躁不安时，作者提到了可能是因为饥饿、焦虑、过敏、敏感、睡眠不足等原因，充分站在幼儿的角度去思考和理解他们的行为。此外，作者还站在读者，也就是教师的角度来撰写本书。比如，在第二章提到关于课程的问题时，作者列举了多个可以不断变化和延伸的主题，让读者总能找到适合本班的内容。这种细致贯穿全书，在每一章的问题预防和问题应对中，作者都考虑到了方方面面、种种可能。可以看出，他对幼儿园工作具有深刻的理解。

关键词 3：文化

书中涉及许多与文化有关的内容。作者非常尊重教师所面对的多元文化，特意设计了"文化差异"板块，帮助教师理解幼儿所处的家庭文化、地域文化、种族文化等。作者分析了文化之间的差异，引导教师用开放、包容的态度面对，并且客观地帮助幼儿认识文化差异，认可自己的文化，同时尊重其他文化。

关键词 4：热爱

在翻译本书的过程中，我感受到作者对于学前教育事业的热爱。尤其是对于美国的现状，他既进行了理性的批判，又对未来充满期待。批判源于他对社会、经济、文化所做的深刻分析，期待和憧憬则基于科技、教育、政策的发展趋势。书中提到了学前教育领域普遍存在的教师收入低、男教师少的问题，分析了教师专业化地位低的社会原因，尽管这些是一线教师无法左右的，但是作者着眼于现实，提出了提升每一位教师专业素养的具体方法，最后还表达了自己对学前教育的未来充满了信心。

关键词5：尊重

作者详细阐述了幼儿的21种问题行为，字里行间透露出对幼儿的尊重。作者始终站在以幼儿为本的立场，给出的所有建议和办法都不包含指责、歧视，而是尊重幼儿，尊重他们的家庭，让家长一起参与到幼儿的发展过程中。

教育是生命对生命的影响！翻译本书第一版的时候，我还是一个准妈妈，一边翻译，一边畅想着以后怎么教育孩子。翻译这一版的时候，我已经迎来了第二个孩子，一边反思对大宝的教育，一边吸取着书中的精华。我相信，我和作者、和这本书有缘分！我更相信，每一个读者都与教育有缘分，与您班级中的孩子及其家庭有缘分！这就是生命与生命的缘分，而教育是牵起缘分的红线！这本经历了四分之一个世纪的书是有生命的，能让每一位读者、每一位教师都感受到教育的生命力！

曹宇

2018年3月

前 言

本书能帮助你成为有效且高效的教师,让你工作起来更得心应手。我希望本书能提升你的技能水平和信心,鼓舞你去做一些必要且正确的事情,进而把班级变成一个奇妙的场所,让幼儿、你自己和你的同事都能在这里学习和成长。

了解并遵守你所在幼儿园的政策和规定。如果你觉得有些内容限制了你的能力,不能使你充分帮助幼儿和家长,那么你可以运用积极而有效的方式来改进它们。你可以把本书作为参考资源,同时要开诚布公地与园领导及同事交流你的想法。如果你在公立幼儿园工作,那么请你务必遵守国家的相关规定,哪怕这些规定比书中提供的建议要严格得多。

本书以问题作为切入点来阐述每个话题。你会发现,即使最复杂的问题,也有许多潜在的、积极的解决方法。我们永远无法消除学前教育领域存在的所有问题,这也不是我写作本书的目的。相反,我希望能够帮助你减少问题,学会管理班级,让你的工作态度变得积极向上。当一切都变得越来越好的时候,你将会发现,幼儿教师的工作是最有趣的、最有价值的、最重要的工作。

我尽力让这本书能帮到所有的幼儿教师,也尽力让这本书适合所有的幼儿教育机构,无论它们是公立的,还是私立的;是半日制的、全日制的,还是寄宿制的;也无论它们采用了哪种课程模式(如蒙台梭利课程、创造性课程、瑞吉欧课程、高瞻课程等)和叫什么名字(如托儿所、日托中心、学前班、保育学校、幼儿园等)。事实上,优质的幼儿教育机构有很多相似之处。上述提到的每一种教育机构都有高质量的、低质量的以及介于中间的三种类型。所有优秀的幼儿教师都有许多共同点，比如富有创造性、善于反思、能及时回应幼儿、关爱幼儿、与幼儿关系良好，等等。然而，每个教师的风格、强项、天赋都不同。这本书在帮助你解决问题的同时，也鼓励你创造和形成自己的风格。

本书既适合新手教师，也适合经验丰富的教师；既适合接受过正规教育的教师，也适合没有接受过正规教育的教师。我认为所有的读者都是聪明睿智、学习能力强且深切关怀幼儿的人。对于新手教师和没有接受过正规教育的教师，我力求表述清晰简洁、通俗易懂。我根据自己40年的幼儿教育工作经验，并以当前和过去的重要理论和研究为基础，为教师提供了最基本、最重要的建议和信息。

一本书不可能把所有的问题和每个问题的所有解决方法都讲到，无疑，本书也会有所疏漏。我希望本书提供的建议能激发你产生好的点子。请仔细阅读每一章的"问题预防"部分，因为最好的解决办法就是没有问题发生。组织有序的、吸引人的活动室里很少出现问题，正如在田野里种植美丽的花儿自然会让杂草无法生长一样。

种花的比喻让我想到了一本书——芭芭拉·库尼的《花婆婆》（*Miss Rumphius*）。我非常喜欢这本书。书中讲到，当花婆婆还是一个名叫艾莉丝的小女孩时，她的爷爷给予她一项任务，鼓励她长大后做一件让世界变得更美好的事情。直到风烛残年快要走完自己惊险刺激的一生时，花婆婆才知道怎样完成它。她把鲁冰花的种子播撒在她经过的每一个地方，因此，她又被人们称作鲁冰花女士。花婆婆把这项任务传给了她的外孙女，也就是《花婆婆》这个故事的讲述者，尽管当时她的外孙女还不知道如何让世界变得更美好。

尽可能多地和幼儿一起做一些事，或为他们做一些事，让世界变得更美好！这样做的同时，你也会收获许多快乐。

如何成为专业的问题解决者

选择你想解决的问题

也许我们一生中最主要的任务就是解决大大小小的问题。我认为,在工作上取得成功的人,是因为他们选择了自己喜欢的领域和岗位来处理问题,因为任何工作的主要作用就是解决问题,而且问题永远不会自动消失。如果你很关心幼儿,但是与满足幼儿的需求相比,你更愿意平衡财政预算,那么你可以考虑选择幼儿园的管理岗位。如果你喜欢带领幼儿玩耍,那么你可以选择当一名教师。我曾经遇到一些工程师和物理学家,当他们听说我能帮助家长和教师应对3岁幼儿的咬人问题时,他们无比惊讶。在他们看来,这比研究火箭难多了。然而,我认为,我与他们之间的差别主要在于:我喜欢解决人的问题,他们喜欢挑战物理或者理论问题。

解决问题的一般有效方法

这个方法包含以下五个步骤:预见—接纳—调解(缓解、确认、合作、协商和教育)—调查—更新。

- 预见可能会发生的问题并做好准备。
- 接纳幼儿的需求。
- 直接调解。当幼儿发生冲突时,首先必须缓解幼儿的紧张情绪,其次确认每个幼儿的感受和需求,接下来共同合作协商出一个解决的办法,最后把问题作为教育契机,让幼儿学会用积极的方法解决冲突和其他问题。当然,你不仅要解决眼前的问题,还要形成长远的处理问题的策略。
- 调查产生问题的根本原因。
- 根据调解和调查的结果,更新你所运用的策略,以便更好地解决问题并且预防问题再次发生。

本书在后面章节中阐述幼儿的问题行为时，对本方法有详细的介绍，它几乎适用于所有问题。本方法包含的五个步骤的顺序是可以变化的、交叉的，甚至可能同时发生。

尽可能多花些时间

对于不需要当下解决的问题，尽可能多花些时间思考。真正的解决办法或解决问题的"好点子"通常需要你在脑海里酝酿数日才会出现，而且通常在你没有直接思考问题的时候才会迸发出来。切记，不要放过任何问题！如果不加重视，那么大部分问题会变得更糟，甚至引发更多的问题。

使用工具

要知道你自己并不是万能的！必要的时候，可以向你尊敬和信任的人求助，也可以从图书、期刊、视频和信得过的网站上寻找信息。有时候，由于人员、资金、时间等原因，你不可能实施最佳的解决方法。但是，知道最佳的解决方法仍然很有帮助。最初，你可以尝试选取部分或者有限的解决方法，这样更容易实现。稍后，你可以运用更完善的方法来处理问题。俗话说，"不要把完美和好对立起来"。因此，本书为每个问题都提供了多样化的解决方法。

为了解决各种各样的问题，你的"工具箱"里需要有足够多的"工具"（策略）。适宜的工具通常能快速且彻底地帮助你解决问题。比如，当你想把木桩打到地里时，如果你拿着敲钉子的小榔头，那么你会感到很受挫，也不可能实现目标；如果你用大锤来钉钉子，那么有可能把墙敲出洞，非但没有解决问题，反而出现了更多的问题。

有时候，在解决问题的过程中，伴随着事态的发展，前一个阶段和后一个阶段运用的工具是不同的。比如，让幼儿从一项活动转向另一项活动时，最初你可能使用语言和温柔的身体动作来引导。但是几周之后，你可能只要用语言提醒一下就可以了。

相比单个家庭住宅建造工地，大的建筑工地上有更多的工人和更多专门的、有用的工具。同理，解决更复杂的问题需要花费更多的时间和精力。在这种情况下，你将会运用多种更复杂的策略，邀请更多能持续帮忙并且有耐心的人加入。

把他人的批评当作被蚊子咬了一口

与爱挑剔、爱批评的同事或领导相处，就好比在处理一件很烦人的事情，如被蚊子咬了一口。我们可以用一扇纱窗把蚊子阻挡在屋外，但是这扇纱窗仍然能让我们看到外面，且不影响室内外空气的流通。同样的方法，我们可以设置"精神上的纱窗"来阻断负面信息，同时获取中性和积极的信息。我们也要避免去蚊子特别多的地方，比如，沼泽地；或者在晚上蚊子最活跃的时候去户外。此外，我们还要避免与爱批评、爱挑剔的同事共处一室。虽然蚊子会咬伤人，但是它带来的疼痛和瘙痒并不会持续很久。同理，他人的批评给我们带来的困扰也不会持续很长时间。蚊子很烦人，但不会毁了夏天带给我们的快乐。同理，我们也不应该让那些挑剔、爱批评的人破坏了工作中美好的事物和乐趣。

看似不合理的事情背后一定有正当的理由

我们要从当事人的视角来思考问题——"如果我是那个人，我为什么会那样做呢？"比如，我认识一位父亲，尽管教师反复要求他每天早上都要把孩子送到教室里，但是他每天早上只把孩子送到幼儿园门口。针对这种情况，你可以站在这位父亲的角度思考："我为什么会这样做呢？""是因为我上班快迟到了吗？""是因为我的孩子不想让我陪他进去吗？""是因为这样更容易与孩子分离吗？""是因为走进教室看见老师会感到不自在吗？""是因为怕撞见跟自己有矛盾的家长吗？""还是上述所有原因？"

寻找幼儿问题或问题行为的积极一面。我曾经想方设法让一个幼儿午睡，至少可以让她安静地躺在小床上。可是什么办法都不奏效，她总是打扰其他幼儿午睡。我从积极的一面来看待她的这种行为，认为她不睡觉是因为不想错过一些事情。但是，她会错过什么呢？毕竟其他小朋友都在睡觉或者正要入睡。最终我意识到，原来午睡室里的教师一直在周围走来走去做事情，而这个幼儿更愿意与成人互动，而不是与同伴午睡。于是，我们决定在午睡时间开始后的前十五分钟一起陪着幼儿躺下来。问题就这样迎刃而解了。只是对于教师而言，最困难的事情是不要让自己真的睡着。

制定规则

公平、合理且幼儿一致赞同的规则，能预防和解决许多问题。任何社会都离不开法律法规，任何家庭或组织都离不开准则，同样，班级里也需要规则。除了一般的班级常规之外，本书的每一章都建议针对特定的活动制定规则。所有规则的基本目标是培养幼儿学会尊重。在规则中关于尊重有许多不同的表述方式，比如，"使用你的手势和语言来帮助你，而不是用伤害他人的方法"、"玩完玩具后，把它们放回架子上的盒子里"，等等。尽可能与幼儿讨论并经由他们同意后制定一些具体的规则。可以通过提问的方式展开讨论，比如，问问幼儿他们在积木区、想象游戏中和晚餐时间不喜欢其他小朋友做什么。当幼儿都认同某一规则后，要帮助他们以肯定句的方式（应该做什么），而不是以否定句的方式（不应该做什么）把它陈述出来。带领幼儿定期复习规则，必要时可以改变、删除或者增加一些规则。与公司和社会的规章制度向成人传达的信息一样，班级规则向幼儿传达的核心信息也是：尊重彼此，尊重环境。

每个问题都有解决办法吗

显然，认为每个问题都有解决办法是典型的美国人的想法，这与我们一贯奉行的"一定能行，不要放弃"的信念有关。无论这种想法是对还是错，也不管它有多幼稚，我都认为它能帮助我们处理问题。尤其是在处理困难的、复杂的问题时，这种想法可以激励我们坚持不懈。尽管我是一名典型的、极度乐观的美国人，但是即使从现实的角度出发，我也认为：大部分问题都能得到解决，至少能得以缓解或得到有效控制。因为我几乎想不起来，我曾经有不能为教师提供一些有用的建议来帮助他们更有效地处理班级问题的时候。诚然，这与我中立的、旁观者的身份以及我具有的专业知识有关，但是，嘘，请不要把这一点告诉别人。

也许,"只要有决心,有充足的资源和时间,付出足够的努力,就能解决每一个问题"这种想法并不幼稚。我经常想起我的父亲,他是一名科学家,也是一名政治活动家。他于1995年过世了。他一生都非常关心政治发展、社会变革以及科技进步对问题的解决。所以,更准确的说法是:任何问题都能得到解决,只要你活得足够久!

本书阐述了许多具体的问题,这些问题可分为九章,即幼儿园一日生活中的难题;班级问题;幼儿面临的挑战;幼儿需要应对的变化;帮助有问题行为的幼儿(篇幅最长);家园共育;应对同事和上司的问题行为;满足自己的需求;成为专业人士。最后一章深入阐述了幼教领域长期存在的、悬而未决的问题,包括:收入低、社会地位低,以及实施以儿童为中心的、以游戏和探索为基础的课程。当前,仍然有许多幼儿在低质量的幼教机构中就读,这些幼儿的父母勉强能负担得起他们的学费,他们的老师勉强能教授他们。

本版有什么新意

本版不仅吸收了许多新知识,还收录了近些年来对学前教育领域产生冲击的新问题、新趋势和新挑战。每一章都进行了更新,以反映学前教育领域的新思想、新研究和新技术。尽管本版还是主要关注那些为3—5岁儿童提供服务的幼儿园,但是也囊括了学前班。对于一些过时的或者需要更准确表述的术语,我也进行了修改。此外,我还更新了参考资源和参考文献。

新知识

基本的生存能力

现在我们知道,帮助幼儿掌握基本的生存能力是非常重要的,因为这些能力与他们获得学业和人生的成功高度相关(Galinsky, 2010)。这些能力包括:批判性思维,自我调节(专注和自控能力),观点采择,有效沟通,建立联系,勇于接受挑战,成为自我指导、积极投入的学习者。这些能力很难通过智力测验或者入学准备测验来进行考查。

高阶思维能力

在基本的生存能力中,批判性思维、观点采择、建立联系都属于高阶思维能力。此外,高阶思维能力还包括想象力、评价能力、进行判断和做出决策的能力、推理能力、形成观点的能力等。如果父母和其他照料者能有意识地进行引导,那么就连婴儿都可能具备一些最基本的高阶思维能力(Bloom,2010;Saifer,2016)。

大脑的发育

得益于新科技和研究的发展,我们对人类大脑的发育与功能有了更多的了解,也更加认识到婴儿大脑所具有的能力,以及儿童出生后前五年获得的经验对于他们大脑结构的形成非常重要。通过巧妙的设计,人们对前语言期的婴儿进行了研究,结果表明,这些还不会说话的婴儿能够进行亲社会的道德判断;他们更喜欢与自己相似的人,对于与自己不同的人则会产生消极的情感体验;他们甚至能推断出他人的意图(Bloom,2013;Hamlin,Newman & Wynn,2009;Hamlin,Wynn & Bloom,2007)。

表扬努力而不是能力

卡罗尔·德韦克(Carol Dweck,2015)关于儿童学习动机的研究结果出人意料,他发现,表扬儿童的能力反而会对他们的学习动机产生消极的影响。比如,对某个儿童说"你真的很擅长学习数学",会对他学习数学的动机产生消极的影响,最终影响他的数学成绩。显然,听到教师这样说,儿童会把自己在数学方面的能力当成与生俱来的天赋,是自身的一种特性,是不受自己控制的东西。这样,当儿童需要付出努力去学习比较难的数学知识时,就跟他之前形成的这种自我意象产生了冲突,因此他会拒绝付出努力。然而,如果表扬儿童付出的努力,比如,"你真的花了很长时间,很努力才解决了这道数学难题",那么所传达的意思是儿童的数学学习能力是他们努力的结果。这样一来,儿童就会觉得能够控制自己的数学能力，并且更加自信地认为通过努力能够学会更难的数学知识。

逻辑后果法并不是有效的方法

本书的上两版提到，在应对幼儿的问题行为时可以使用逻辑后果法来代替奖励和惩罚手段。然而，现在我们知道，使用逻辑后果法并不能减少、消除或者改善幼儿的问题行为（Lewis，2015）。因为在很多情况下，幼儿都不能把原因（他们的行为）和结果（他们行为的后果）联系起来。他们刚刚认识到，一种原因可能产生一种结果，但是这种结果并非立刻显现的和直接的。即使幼儿能把原因和结果联系起来，也很难利用这种认知来阻止自己重复那些问题行为。事实上，逻辑后果法没有任何作用或者达不到抑制作用。站在幼儿的角度来看，承担后果与接受惩罚是没有区别的。

社会性想象游戏的价值

社会性想象游戏，也被称为表演游戏、假装游戏、装扮游戏。在社会性想象游戏中，两名或两名以上的幼儿会想象他们正身处某个特定的地方、扮演相关的角色、做一些他们想象中发生的事情。游戏，尤其是社会性想象游戏，对于幼儿的健康发展具有重要的作用。但是，貌似我们越了解它的重要性，越会把它从教室中剔除出去，在幼儿园的教室里更是如此。对于幼儿来说，没有什么活动像装扮游戏这么复杂。在装扮游戏中，幼儿运用想象力同时与几个小伙伴进行社会性互动，用语言来引导游戏的进程，协商角色和场景，揣摩不同的人物角色，创编故事主线，采取独特的方法使用道具、移动身体等。基于维果茨基的理论，埃琳娜·博德罗瓦、卡丽·杰默罗斯和德博拉·梁（Elena Bodrova，Carrie Germeroth & Deborah Leong，2013）提出了一个具有说服力的结论，他们认为装扮游戏是培养幼儿自我调节能力的最有效的方法之一。

对于多元文化的回应

和本书上一版出版时相比，美国变得更加多元化了，这种趋势在未来会更明显。大部分母语非英语的移民家庭遍布美国的各个州、各个县、各个镇、各个村。以往，我们认为，平等地看待每个幼儿并用相同的方式对待所有幼儿就是应对多元化的最佳方法。但是现在，观念改变了。与其忽视幼儿之间的文化差异，不如努力理解、欣赏和接纳这种文化差异。我们要努力回应每个家庭和幼儿基于自己所处的文化而拥有的不同信仰、价值观和习俗，以及每一种文化中家庭与家庭之间的显著差异。尽管本书不可能把每个问题所涉及的文化差异都拿来讨论，但是有一个贯穿全书的栏目叫"文化差异"，它列举了很多例子来说明那些来自美国非主流文化和群体的家长与幼儿的信仰、行为，与我们大多数班级中的常规和期待不一致。即使你的班级中的幼儿没有太大的文化、民族或者种族差异，认识到通常我们认为正常的、适用于所有家庭和幼儿的信仰、习俗换了文化背景后就可能变得不正常、不适用，也是很有帮助的。养育幼儿这一方面的习俗更是如此。此外，对于来自同一文化、民族或者种族的幼儿来说，体验和欣赏多样性也是非常重要的。

有目的的教学

有目的的教学，是指教师基于班级幼儿的需要和兴趣仔细设计活动；根据幼儿不同的学习风格、能力和文化背景运用不同的教学策略；在实施预设活动的过程中不断调整，以适应幼儿的发展需求；识别并抓住"教育契机"以及批判性反思自己的教学。简言之，就是要知道你正在做什么、为什么这么做以及怎样才能做得更好。这并不是一个最近才提出来的概念，而是优质教学必备的一个关键特征。

全球化：来自欧洲和大洋洲的灵感

随着地球村的发展，其他国家优秀的学前教育体系对美国产生影响也就不足为奇了。自从1987年第一次在美国举办展览以来，瑞吉欧教育模式就被人们广为传颂并高度接纳。现在，它仍然对美国的幼儿教育实践有很大的影响。这些影响包括：幼儿园要为幼儿提供来自大自然的开放性材料，让幼儿拥有充足的户外时间，为幼儿提供布置有序且美观的班级环境，引导幼儿进行探究式项目学习，与社区保持密切的联系，以及对幼儿的学习进行全面的档案记录。

荷兰有一个被称为"春心萌动周"（Spring Fever）的性教育项目，实施对象从4岁幼儿一直到高中生。它为我们如何运用综合的方法有效地实施性教育做出了示范（Melker，2015）。挪威和其他北欧国家为我们提供了户外幼儿园，即森林幼儿园的典范。深刻地反映了新西兰文化的"Te Whāriki"课程（新西兰教育部，1996）展现在我们面前。在澳大利亚，有目的的教学和环保教育在幼儿园得到了广泛实施，为我们提供了很多富有创意的点子和具体的例子，教我们如何进行有目的的教学以及如何引导幼儿关心我们的地球。以上只是部分国家教育改革和创新的例子，它们激励我们竭尽全力为幼儿提供最好的教育。

新问题、新趋势和新挑战

幼儿园中的开除和停学现象

2005年，沃尔特·吉列姆（Walter Gilliam）研究发现，学前儿童的被开除率是小学和中学的三倍。美国人权办公室的研究发现（2014），在幼儿园，黑人幼儿占总人数的18%，其中48%的黑人幼儿被停学过不止一次，而其中75%被停学的是男孩。人们普遍认为造成这些问题的原因是多方面的，包括：班级里有很多有强烈的情感需求的幼儿；教师没有受过足够的培训，无法满足男孩、黑人幼儿以及有问题行为的幼儿的需求；没有幼儿心理健康专家为幼儿教师提供咨询，为幼儿提供服务。本书既不能取代幼儿心理健康专家，也不能取代教师培训，但是它可以帮助你更有效地应对幼儿严重的问题行为（会被开除的行为）。本书可以作为幼儿教师培训的补充资源。如果一些幼儿真的有很强烈的情感需求和暴力行为，那么他们就需要去专门的机构接受心理健康专家的指导。这些心理健康专家经过了培训，至少会在一段时间内为这些幼儿及他们的家庭提供密集的、个别化的帮助。一旦出现这种情况，幼儿需要的是诊断和帮助，而不是被开除。

可持续性发展和环境问题

向幼儿灌输感恩自然的思想，并教给他们减少废物、循环利用材料的技能是很有必要的，并且这种必要性比以往更甚。如果成人一直以身作则并促进这些行为，那么幼儿就会将这些行为内化。这就像帮助幼儿养成良好的卫生习惯一样。为了帮助幼儿养成刷牙的好习惯，我们每天都会和幼儿一起刷牙，并教他们用正确的方法刷牙。为了帮助幼儿养成环保的习惯，我们可以向幼儿示范如何循环使用纸张、塑料和玻璃制品；我们可以提醒并帮助幼儿循环使用物品；我们每天都要坚持这么做，每天都重复无数次。

科技无处不在

遍地的智能手机和平板电脑有利也有弊，好处是为教师和家长提供了让工作更便捷、更快乐、更高效的工具，坏处是教师和家长关注幼儿少了。如果能够积极地使用它们，那么它们的潜力是无限的。互联网的发展为我们提供了很多免费的资源，尤其是视频。

学前教育的量化

关于学前教育领域之外的人如何看待学前教育的作用，已经发生了很大的变化。我们认为自己的主要任务是促进幼儿的全面发展，以及与家长一起为幼儿创造幸福的童年。然而，政策制定者、经济学家、商业领袖、政治家等则认为我们主要是儿童的"制造者"，由我们"制造"出来的儿童应该为入学做好准备，在考试中能够得高分，长大后能够节省纳税人的钱，因为这些儿童长大后不需要接受特殊的教育、不会退学、不会进监狱、不会失业。他们只是把学前教育看作一项值得投资的事业。而且为了证明这一点，他们需要可量化的数据，即相比没有接受学前教育的儿童，接受了学前教育的儿童是否为入学做好了更充分的准备？他们在考试中是否得了更高的分数？他们的分数是否高于平均水平？等等。对这些信息的收集导致幼儿、教师和幼儿园要接受前所未有的检查、评价、测试。我们都感受到了巨大的压力。这就是我所说的学前教育的"量化"。

共同核心州立标准

导致学前教育量化的另一个因素是《共同核心州立标准》(Common Core State Standards，CCSS)。制定该标准的初衷是美好的，是为了提升从学前班到12年级的教育质量，然而标准的内容和它的贯彻执行则存在瑕疵。政府制定这个标准很大程度上是为了追求一致性，这样全国不同学校的学生就能接受同样的测试，进而就能对不同的学校、地区进行比较和排名，给予奖励和惩罚。这个标准的背后有一个政治目的，即希望公立学校能够为学生的学业成就承担更多的责任。

为了实现这个目的，政府需要收集大量的数据进行比较，而这就意味着学生要接受很多高风险的测试。即便测试的分数很高——实际上这些测试广受批判（芝加哥教师联盟，2014；Greene，2015），教师也不能利用这些分数很好地因材施教和提高教学效果，因为他们看到考试分数的时候，一学年马上就要结束了。这类考试通常在每年的四五月份举行，但是考试结果要在考试结束很久后才能出来。之所以说这些测试风险很高，是因为测试结果关系到资金的投入、学校的关闭以及教师、校长、其他管理人员的聘用和解雇。然而，最主要的影响是，为了得到很高的考试分数，所有人都会感到很焦虑和很有压力，而这些对于幼儿的学习与发展都是不利的。

早期学习与发展标准

还有一个导致学前教育量化的因素是《早期学习与发展标准》(Early Learning and Development Standards，ELDS)。每个州都制定了自己的《早期学习与发展标准》，描述了4岁的幼儿应该知道什么和能够做什么（很多州的标准中还囊括了4岁以下幼儿的学习与发展标准）。相当一部分州的《早期学习与发展标准》都有问题，因为相关人员是根据从学前班到12年级的标准来制定，导致了这些标准过于关注表面的技能。尽管《早期学习与发展标准》有助于人们共同了解哪些方面对于促进幼儿的最佳发展很重要，但是也不能描述得太具体，否则又会变得有害。不过，所有的标准本质上都有问题，因为它们都对幼儿的表现设定了期待，让教师抱有一种评估的心态。此外，从标准里包含了哪些内容和删去了哪些内容，我们就能看出它们存有偏见。制定适合幼儿的标准尤其麻烦。因为幼儿在发展速度和发展模式上并不相同，所以幼儿的发展存在很大的个体差异。和《共同核心州立标准》类似，《早期学习与发展标准》因为过多强调评估而给幼教从业人员带来了太大的压力，进而导致他们做出短视的教育决策和实施无效的教学活动。

分数，即表面的技能＝1；探索能力、理解能力、游戏＝0

在以上压力的影响下，人们把不适宜的课程内容和方法都强加在了越来越年幼的儿童身上。尽管儿童发展的里程碑在过去的100年里并没有发生变化，但是现在幼儿园的课程采用的是20年前一年级的课程内容（格塞尔儿童发展研究所，2012）。现在，幼儿园被期待能够让幼儿为入学做好充分的准备。这种压力是由家长、社区领导者、政治家等人自上而下传递给幼儿园教师和管理者的。这些人期望那些在不利条件（如生活在贫困家庭、母语非英语、知识储备不够）中长大的幼儿能够为入学做好准备，期望那些拥有丰富资源的幼儿入学后能够成为考分最高的人。他们想要每个幼儿都为他们入学后面临的巨大压力做好准备。他们的初衷很高尚，但是采取的策略是错误的。以上所有压力导致幼儿园的教师只是在教授课程，而不是在教育幼儿。课程只是很狭隘地关注零散的、表面的数学和读写技能。在很多班级里，幼儿都没有时间和空间或者只有有限的时间和空间来进行各领域的深度学习。持续开展的想象游戏、创造性表达活动和大肌肉运动游戏正在消失。

专业术语

问题行为

本书用"问题行为"替换了"挑战性行为"。对于"挑战性行为"这个词，我一直都觉得很不舒服。从幼儿的角度来看，他的行为并不是在挑战教师。这个词着眼于教师的认识和需求，而不是从幼儿的需求或者从师幼互动的角度出发提出来的。此外，尽管幼儿的有些行为需要教师特别留意，但是对于大多数教师来说它们称不上是挑战。

想象游戏

本书用"想象游戏"替换了"戏剧游戏"。替换的理由是,想象游戏更能描述这类游戏的重要特点。其实,这个词的全称应该是社会性想象游戏,因为这类游戏通常是几个幼儿一起进行的,但是为了方便使用,把它简化成想象游戏。此外,"戏剧"这个词会让人联想到剧场、剧本、表演等。幼儿的确会扮演不同的角色,但是除了老师和摄像机之外,他们没有剧本,也没有观众。

目 录

第一章 幼儿园一日生活中的难题 ... 001
  1. 美好的一天从入园开始 ... 002
  2. 圆圈活动和集体活动——所有幼儿参与的活动 ... 008
  3. 区角活动——有意义的游戏 ... 014
  4. 小组活动——美好且富有成效 ... 022
  5. 放松的进餐时间——治愈全班幼儿的时间 ... 025
  6. 创造性美术活动——乱糟糟却没有压力 ... 032
  7. 让肌肉动起来——安全而有趣的户外运动 ... 035
  8. 不再让人头疼的午睡时间 ... 039
  9. 科技区——把科技与创造性游戏联系起来 ... 042
  10. 顺利进行的过渡环节——从一个活动转到另一个活动 ... 047
  11. 成功的一日活动流程——生命中的每一天 ... 051

第二章 班级问题——控制但不高控 ... 053
  1. 班级环境创设——有效、实用、优美 ... 054
  2. 课程难题 ... 059
  3. "当然,我会教幼儿阅读"
    ——用不恰当的方式教幼儿阅读的压力 ... 070
  4. 让测试没有眼泪——除了老师的眼泪 ... 074
  5. 个别化教育——对幼儿进行不同的指导 ... 081

6. 混龄教育——机遇与挑战并存 087
7. 我们觉得快乐吗——成功的实地考察活动 091
8. 幼儿把家里的玩具带到幼儿园——没收、允许还是管制 096
9. 消失的恐龙、乐高积木和手套以及其他神秘现象 098
10. 意外伤害——降低风险,迅速急救 101
11. 为那些你无法预料的紧急情况和灾难做好准备 105
12. 生病或有其他健康问题的幼儿——打喷嚏、咳嗽时遮住口鼻 108
13. 婴儿、乳房、臀部和界限
——跟幼儿谈一谈身体、关系和个人安全 117

第三章 幼儿面临的挑战——能力不足、残疾等 123

1. 幼儿是未发育成熟还是真的哪里不对 124
2. 融合教育——把残疾和有特殊需要的幼儿纳入进来 130
3. 多样性、差异性和民主——对多元文化的回应 137
4. 一种不同的特殊需求——天赋异秉的幼儿 145
5. 内向、缺乏安全感还是其他——害羞、安静和孤单的幼儿 151
6. 现代家庭——非传统家庭中的幼儿 156
7. 每一天都像没有糖的万圣节——极度恐惧的幼儿 159
8. 成熟得太早——性早熟的幼儿 163
9. 平等的游戏,平等的价值——性别认同、性别平等和性别角色 166
10. 角色颠倒——过于负责的幼儿 169
11. 成人的问题,幼儿的烦恼——经历了心理创伤的幼儿 172
12. 没有人喜欢我——被社会抛弃或容易受伤的幼儿 175

第四章 小肩膀上的重担——幼儿需要应对的变化 179

1. 刚刚入园和转学来的幼儿 180
2. 妈妈的家,爸爸的家——父母离婚的幼儿 182
3. 可爱的妹妹或陌生的侵入者——家庭中的新成员 185
4. 早日康复,大猩猩!我们想念你的微笑,鳄鱼——生病住院 187
5. 治愈受伤的心灵——心爱的人或者宠物去世 189

	6. 长大了继续前进——升班或升学	193
第五章	**幼儿的问题行为——帮助受伤的幼儿**	**199**
	1. 小火山——有极端行为或危险行为的幼儿	214
	2. 你不能强迫我——反抗行为和权力斗争	220
	3. 动个不停——活跃且很容易转移注意力的幼儿	222
	4. 幼儿的咬人行为	225
	5. "老师,他说不好的话"——诅咒、起外号和说脏话	228
	6. 非语言交流艺术——总是哭泣或哀号	231
	7. 总是打人——幼儿的身体攻击性行为	233
	8. 太爱发号施令——希望得到控制权的幼儿	236
	9. "刻薄的女孩"——语言和社会性攻击	238
	10. "老师,不是我干的!"——谎言背后的真相	241
	11. 在他们舒服的区域——手淫和自慰	243
	12. 游戏中的小狗——打闹	245
	13. 穿鞋是为了走路——室内奔跑	247
	14. 傻傻的幼儿——滑稽愚笨总比无足轻重好	248
	15. 吐口水	250
	16. 偷东西——需求太多,诱惑太大	251
	17. "告状"——打小报告	253
	18. 发脾气——收起你的脾气直到放学以后	255
	19. 吮吸大拇指——吮吸手部带来的安慰	257
	20. 声音太大——沉默不是金,但也不要发出噪声	259
	21. 101只猫——不听和不遵从指令的幼儿	260
第六章	**与家庭合作培养快乐的儿童——共同努力**	**263**
	1. 非传统家庭——它们很快就会变得传统	266
	2. 特殊的伙伴关系——有特殊需求的家长	268
	3. 反馈之外——抱怨的家长	269
	4. 无比忙碌——总是来去匆匆的家长	274

5. 提供帮助之外——不肯迅速离去的家长 ··················· 275
6. 晚接孩子的家长——放学后才来的家长 ··················· 277
7. 与家长交谈——讨论幼儿的问题行为 ····················· 279
8. 拯救幼儿——虐待或忽视幼儿的家长 ····················· 281

第七章 成人的问题行为 ···················· 285
1. 霸道、无能以及有其他问题的园长 ······················· 286
2. 不当霸道或者装模作样的主班老师——管理班级其他教师 ······· 290
3. 应对让人讨厌的同事 ································· 293

第八章 照顾好你自己——满足自己的需求 ················· 297
1. 时间不够用——生活就像争分夺秒的游戏 ················· 298
2. 只是没有感觉了——职业倦怠，厌烦工作 ················· 302
3. 对工资不满——薪酬偏低只是一种保守的说法 ············· 307
4. 感到力不从心和不知所措——踩着水学游泳 ··············· 310

第九章 在半职业化的职业中成为专业人士
——学前教育领域中的工作要点 ···················· 313
1. 支持 ·· 315
2. 勇敢——男幼儿教师 ······························ 317
3. 言行举止——树立专业的形象和权威 ··················· 319
4. 窘境——日常道德难题 ····························· 321
5. 如何解决工作中最有压力、积存已久的问题 ··············· 323

第一章

幼儿园一日生活中的难题

这一章阐述了如何帮助幼儿应对他们所面临的日常生活困境。与父母分离，在幼儿园进餐、午睡，想要被人喜爱，交朋友并与同伴维持友谊等，都是幼儿每天要面对的问题，也是让他们感到担忧的问题。所以，幼儿会出现一些问题行为也就毫不奇怪了。对于一部分幼儿来说，"通过行动宣泄出来"能有效地帮助他们克服恐惧、缓解焦虑。此时，强烈的冲动使他们忽略了对不良行为后果的害怕。所以，教师的职责是从幼儿的角度出发看待问题，营造一种温馨、安全的氛围，教幼儿掌握成功应对这些挑战的技巧并给他们提供支持。

1. 美好的一天从入园开始

从你和幼儿踏入教室的那一刻起，一日生活的基调就已经确定下来了。幼儿带着不同的心情和不同的晨间经历来到幼儿园，有的幼儿甚至还没有睡醒。如果你从幼儿入园这一刻就能意识到这一点，并且对每个幼儿的情绪和需要做出积极的回应，那么，幼儿就可能拥有愉快的一天，你的一天也将会过得很快乐。

问题预防

- 跟每个来园的幼儿和家长问好，看着他们的眼睛称呼他们的名字。
- 如果你和幼儿都觉得自在，那么可以有一些身体上的互动，比如，给幼儿一个温柔的拥抱，轻拍幼儿的胳膊或者肩膀，等等。幼儿会感到自己是被老师充分认可的、欣赏的，自己是班级中的重要一员。
- 一看到幼儿来到教室就关注他们，尤其是那些需要更多情感支持的幼儿。这样的幼儿有个又空又瘪的"情感气囊"，需要你用积极的关注去填满它；否则，他们就会通过破坏性行为来获得关注。
- 当幼儿和家长进入教室后，要立即安排他们洗手。邀请送幼儿来园的家长引导幼儿洗手，这样能防止细菌的传播，极大地控制疾病的发生。可以通过唱歌或者聊天的方式和幼儿说说为什么要洗手以及肥皂是怎样让他们的双手变干净的，从而让洗手成为一件好玩的事情。
- 如果同一时间有很多幼儿入园，那么可以安排他们玩一些易于整理的活动。拼拼图、画画、桌面游戏、看书等都是又安静又方便整理的活动。同时，利用这段时间跟每个幼儿进行简短的交流。
- 建立一个持续的、简单的晨间入园常规。常规内容包括：让幼儿从桌子上寻找自己的姓名卡并把它插到"出勤表"中；如果幼儿会写自己的名字，可以让他们在上面签到。接下来，让幼儿看看工作表上有什么任务，然后选择一项任务去完成。
- 为所有幼儿提供充足的工作机会,让班级运转起来。制作一张工作表,在上面放上每项工作的图片和名称,以及做这项工作的幼儿的名字。每天都要更换幼儿的名字。创造尽可能多的工作机会,尽量让每个幼儿每天都有事情可做。下面列举了一些工作供你参考。
  - 动物园管理员 1——喂鱼。
  - 动物园管理员 2——喂豚鼠。
  - 服务生——摆放桌子。
  - 天气预报员或气象学家——在日历上画出代表当天天气的符号,或者把代表当天天气的符号放在日历上。
  - 牙医——带领同伴刷牙并收集大家的牙刷。
  - 环保小卫士——当大家离开教室的时候,负责关灯;清理操场上的垃圾;循环使用纸张而不是把它们丢掉。
  - 小老师——决定大家唱哪一首歌;领唱;宣布集体活动解散。
  - 小保育员——清理桌子,清扫地板。
  - 图书管理员——选择要读的图书,分发图书,整理图书,保管图书。
  - 数学家——数一数开学有多少天了;清点出勤和缺勤的幼儿人数。

- 设计"晨间寻找"活动,向幼儿提出以下问题或者布置以下任务:寻找教室中两种相似但不完全一样的物品;寻找早餐和你吃得一样的小朋友;寻找昨天没有出现在教室里的物品;寻找三个形状完全不同但颜色一样的物品;寻找班级中比你大的一个小朋友和比你小的一个小朋友;寻找昨天还在教室里但是今天却不见了的物品。对于这些任务,幼儿可以两两结伴完成,也可以三四个不同年龄或者不同能力的幼儿组成一组完成。调整这些任务的难度水平,使它们对大部分幼儿都具有挑战性,但是又不会让他们有太大的挫败感。随着时间的推移和幼儿能力的增强,不断增加任务的难度。
- 在安排班级一日生活作息时,把区角活动放在前面,因为让幼儿等待他们最喜欢的活动来临会让他们变得焦躁不安。对于幼儿来说，面对吸引人的材料、活动和自己喜欢的小伙伴却不能与之互动，是一件很折磨人的事情。他们可能会变得不听话、捣乱或者有其他不良表现。把区角活动安排在一天中的早些时候且至少有45分钟的时间，能预防出现上述问题行为。

- 合理安排早餐或者点心时间，使之适合你班级的幼儿。要让大部分幼儿在感到饿而不是太饿的时候进餐。如果他们吃饭时吃得很快、狼吞虎咽、太着急或者在餐前不好好听老师说话，那么说明开饭时间太晚了。如果幼儿在吃饭时对食物挑挑拣拣，或者在吃饭过程中打瞌睡，那么说明开饭时间太早了。食堂的工作人员通常可以灵活地掌控做早餐的时间。如果有必要，你可以和幼儿一起做早餐。注意，饥饿的幼儿容易喜怒无常，吃得太饱的幼儿容易没精打采。

问题应对

与家长很难分离的幼儿

- 鼓励家长在送孩子来园后待5～10分钟再离开。在这段时间内，邀请家长跟你聊聊天，或者跟孩子玩一会儿。这样能帮助幼儿轻松地适应幼儿园的生活。但是，如果家长已经跟孩子说了再见，那么就要鼓励他们快速离开。来去匆匆或者在幼儿园逗留太久都会增加幼儿的分离焦虑。

- 如果家长离开的时候，幼儿还是很焦虑，那么你可以拉着幼儿的手或者搂着他的肩膀，对他说："我很高兴你能来上幼儿园。现在妈妈要去上班了，你也要上课了。等妈妈下午来接你的时候，你就可以见到她了。现在，让我们一起看看今天要做些什么。"

- 另外一种缓解幼儿焦虑的方法是，让幼儿拿着一件象征父母的东西，如爸爸妈妈的照片、妈妈的钱包等。家里的备用钥匙也可以，因为幼儿知道爸爸妈妈一定会来取它。通常，担心爸爸妈妈不来接自己，是造成幼儿分离焦虑的主要原因。

让人头疼的幼儿

你的班级中也许会有这样的幼儿,他们早晨来园时或非常亢奋,或没精打采,或带点怒气,或行为叛逆。但是随着活动的开展,他们的情况会有所好转。你可以从家长那里了解原因,也可以从以下原因中寻找答案:

- **过敏和敏感**。某一个幼儿早上不高兴,可能是因为他前一天晚上睡在由合成纤维制作的床单上,而他对这种合成纤维过敏。使用纯棉或者其他天然材质的床单就能解决这个问题。食物过敏也会导致幼儿表现出问题行为。牛奶、鸡蛋、小麦是导致幼儿过敏的三大食物。当幼儿感到不舒服或者具有轻微的过敏反应时,他的表现自然不会太好。建议家长一次拿掉一种食物,看看是否会让幼儿的状态好一些。但是,最好是在儿科医生、过敏症专家或者营养师的指导下操作。

- **饥饿**。有的幼儿可能头天晚上没有吃晚饭,或者早晨没吃早饭就来园了。如果家长没有给幼儿提供食物,那么让幼儿有东西吃是你的当务之急。教育幼儿就意味着要满足他们的基本需求。如果幼儿饿着,那么他们就很难集中注意力,也不容易控制自己的情绪和行为。许多幼儿园会在上午为幼儿提供点心,以便他们可以坚持到午饭时间。你会发现,补充能量以后,幼儿的行为得到了改善,他们的注意力更集中了,表现得也更好了!

- **睡眠不足**。大部分幼儿每天需要 9～10 小时的睡眠时间。帮助家长观察幼儿的行为,进而对幼儿的生物钟和睡眠时间做出调整。跟兄弟姐妹睡在一张床上或者一个房间里,或者生活的社区很嘈杂,都会导致幼儿睡眠不足。你要和家长一起想办法来增加这些幼儿的睡眠时间,同时可以在教室里安放一张小床或者提供一个单独的空间,让这些幼儿困倦时可以休息一下。

> **文化差异**
>
> 关于幼儿需要多少睡眠，不同的文化有不同的看法。因此，在幼儿的睡眠量和幼儿的入睡时间问题上存在着文化差异。西班牙的幼儿通常很晚才上床睡觉，但是午睡时间很长；荷兰的幼儿则很早就上床睡觉了。

- **早晨在家过得太紧张**。对于很多家庭，尤其是单亲家庭和有好几个孩子的双职工家庭来说，早晨通常是他们一天中最匆忙的时刻。幼儿每天早上都需要家长的照料，包括起床、穿衣、洗漱、吃饭、带好上学的东西、准时出门。有些家庭几乎每天早上都充斥着威胁、尖叫、哭闹声甚至更糟糕的情况，这不是开启一天的良好方式。正如前文所说，生活在这些家庭中的幼儿一到幼儿园，他们的"情感气囊"就需要立刻被充满。如果这些幼儿的家长思想开明，那么可以为他们提供一些改善的建议。缓解晨间压力的最好办法是头天晚上尽可能把所有的事情都安排好。比如，在成人的帮助下，让幼儿选择第二天要穿的衣服并把衣服放好，制作第二天要带的午餐，把背包整理好，选好第二天早餐要吃的食物，把桌子摆放好，等等。

混乱：有很多事情同时等着你处理

家长想和你聊聊，几个小朋友需要你的关注，园长找你有事，你的配班老师遇到了一个问题需要你的帮助，两个小朋友在班级中追逐打闹。这样的场景听上去很熟悉，因为几乎所有的幼儿教师都经历过。

- 幼儿永远优先，因为成人可以等待。每天，在和幼儿打过招呼后，如果可能的话，问候家长并和他们进行简短的交流。在跟家长交流的时候，要确保所有幼儿都在你的视线范围内，或者让配班教师帮着你照看他们。
- 在教室门口的公告牌上放一个写字板或者笔记本，以便家长、访客或者其他教师可以留言给你。在写字板或者笔记本上面写几句话，比如："很抱歉，我现在不能跟你交流，因为我正在照料孩子。请留下你要说的话并告诉我什么时候、怎么回复你,谢谢。"

- 安排好一天中的第一个活动,让幼儿不需要帮助就能参与其中。如果幼儿还不认识自己的名字,可以把他们的照片或者标签粘贴到他们的衣橱上。每天早上,要求幼儿互相帮助。"在请我帮助之前,先问三个同伴"就是一条非常棒的班级规则,它能培养幼儿之间形成一种健康的依赖关系,也能培养他们的友爱精神。
- 让某些幼儿在进教室后听一些轻柔的古典音乐,能够起到安抚他们的作用。要想让这个办法有效,每天早上都要播放同一首曲子,而且至少要播放三周才能更换。同时,切记不要在一天中的其他时候播放这首曲子。
- 每天早上幼儿来园之前,给班级每位教师包括你自己布置一些任务。把任务写下来并张贴出来。每个月交换一次任务,这样可以让每个人都能有机会学到新的技能。把任务清单塑封起来,以便可以重复使用。如果班里来了志愿者、新教师或者代班教师,那么这些任务清单就能帮助他们独立做事了。你可以按照下列方式制作清单:

成人 1	成人 2
◆ 调配颜料,支好画板。 ◆ 把三轮车、滑板车、小推车、安全帽拿出来。 ◆ 把下列大肌肉运动器械拿出来摆好: 设备名称:大球、飞盘以及球和球拍。 存放位置:教室前门旁边的壁橱里。 摆放地点:走廊旁边的长椅上。 设备名称:塑料攀爬架。 存放位置:教学楼后面的储物棚里。 摆放地点:操场中间的草坪上。	◆ 把椅子从桌子上拿下来。 ◆ 擦桌子。 ◆ 把下列活动材料摆放在桌子上: 材料名称:"摘草莓"桌面游戏材料。 存放位置:红色储藏架上。 摆放地点:圆桌上。 材料名称:拼图。 存放位置:木质拼图架上。 摆放地点:窗边的长条桌上。

2. 圆圈活动和集体活动——所有幼儿参与的活动

圆圈活动，是指把所有幼儿集中到一起，让他们彼此接触，营造一种集体的氛围。每天早上当大部分幼儿来园后，教师会组织一次圆圈活动。下午晚些时候，当大部分幼儿还在幼儿园的时候，教师也会组织一次圆圈活动。如果实施得好，圆圈活动能够促使幼儿产生集体归属感，并培养他们互相照顾、彼此尊重的情感。在集体活动时间，由于幼儿有共同的体验，所以也能够培养他们产生集体意识，但是并不像圆圈活动那么直接。集体活动通常包括：大声朗读、唱歌、创编歌曲、律动、跳舞、玩游戏、讨论以及致力于解决问题的角色扮演游戏等。

问题预防

- 圆圈活动和集体活动的时间不能太长！大多数 3 岁及 3 岁以下幼儿的注意力最多保持 10～15 分钟。大多数 4—5 岁幼儿的注意力持续时间是 15～20 分钟。每个年龄段的情况都不一样，所以你要观察幼儿的行为，进而决定他们能坐多久和能专注多长时间。新学年伊始（前几周内），只让圆圈活动和集体活动持续几分钟时间，然后逐渐延长时间。
- 为每个幼儿提供一块小方垫，以便他们可以坐好。这些小方垫很便宜，你可以从卖地毯的商店里买一些。此外，你还可以找一些硬纸板，在上面写上幼儿的名字或者放上幼儿的照片，然后塑封起来。在小方垫的背面粘上尼龙搭扣，这样它们就可以牢牢地固定在地毯上。针对大一点的幼儿，可以让他们坐在圆圈周围的椅子上开展活动。所有这些办法都能给幼儿提供一个单独的空间，以免他们互相碰撞、发生冲突。

文化差异

上面的建议可以避免幼儿之间发生冲突,因为大部分北美国家的幼儿不喜欢别人侵占他们的个人空间(要离他们身体45厘米远),更不要说身体被别人触碰了。当然,好朋友除外。但是,新近移民到美国的这些家庭几乎都来自人际之间距离很近的国家。对于来自这些移民家庭的幼儿来说,如果他们不能碰触自己的好朋友,要一直跟小伙伴保持距离,那么他们就会觉得教室是一个冰冷的、没有人情味的地方。因此,可以让来自同一文化的幼儿或者喜欢与好朋友紧紧挨在一起的幼儿,按照他们觉得对的方式就座。

- 圆圈活动和集体活动要远离玩具架,远离其他吸引幼儿的区域。此外,要保证所有幼儿都有足够的空间能舒服地坐着。
- 制定一两条简单的规则,在每次开展圆圈活动和集体活动前提醒幼儿遵守规则。比如,"把胳膊放在身体两旁,把小腿放好""没有人发言的时候才能讲话",等等。
- 不要在圆圈活动和集体活动中教授具体的技能。技能教授最好放在小组活动或者个别化学习活动中进行。要让圆圈活动和集体活动轻松、有趣。
- 圆圈活动和集体活动不要太难,要引起幼儿的兴趣。你要提前计划,做好充分的准备工作。只有充分了解材料,你才能不脱离既定计划,才能应对意外出现的问题,并轻松地回到原来的主题。可以用一个活跃的但是并不吵闹的游戏来导入活动,以便吸引幼儿的注意,让他们参与进来。比如,你可以带领幼儿玩"跟着节奏拍"的游戏,即让幼儿围坐成一圈,你拍一个简单的节奏,然后邀请幼儿重复一遍。每次增加一些难度。你也可以让一部分幼儿带着大家拍。玩1~2分钟后,用缓慢的节奏结束游戏,开启圆圈活动。这类导入活动也有助于幼儿顺利地过渡到圆圈活动中。
- 如果你安排的活动不能引起幼儿的兴趣,那么可以换成你准备的其他活动，或者直接进行下一项活动。

- 安排一名成人（配班教师、保育员或者志愿者）站在圆圈后面。他能看到全班幼儿的情况，这样当幼儿遇到困难时，他就可以迅速赶过去帮忙。有时候，他只需要坐在幼儿身后或者轻轻地拍拍幼儿的后背，就可以让幼儿安静下来。
- 尽可能让班里的所有成人都参与集体活动。在开展集体活动时，如果配班教师、保育员或者志愿者在教室里做其他事情，那么只要幼儿目之所及、耳之所闻，就可能使他们分心。另外，成人的参与也能起到榜样示范作用。
- 集体活动时间，偶尔可以变化一下座位安排。比如，不让幼儿坐成一圈，而是让他们面对面坐成两排，然后两两合作玩各种语言和身体互动游戏。

问题应对

打架、争吵和讲话

在圆圈时间和集体活动时间，如果幼儿觉得无聊，那么他们就容易打架、争吵、讲话。无聊的原因可能是活动没意思，也可能是活动时间太长了，导致幼儿没办法集中注意力。采纳前面"问题预防"提出的建议，让圆圈活动和集体活动简短、有趣。在尝试了以上建议并做出了各种努力后，如果问题还存在，那么可以把全班幼儿分成两组，让两组幼儿离得很远，或者干脆把他们分在两个房间。这样做就需要教室里有两个成人，分别有能力带领一组幼儿开展活动。定期改变幼儿小组中的人员构成，让每个幼儿都能跟班里的其他幼儿进行互动。在圆圈活动时间将幼儿分组只是一种暂时的解决办法；当你能够调整活动内容，并且能够更有效地带领全班幼儿开展活动时，就不需要这样做了，因为圆圈活动的主要目标是为幼儿营造一种集体归属感，让他们互相接触。如果把全班幼儿分开，就无法实现这个目标了。

- 把那些"惹事"的幼儿与其他幼儿分开；必要时，给他们设置专门的座位。
- 不要等到所有幼儿都加入进来或者都安静下来后才开始活动。活动伊始，提高你的音量吸引幼儿的注意；等幼儿不再说话、乱动了，你就可以小声一些。还可以使用另一种方法,即开始的时候声音很轻,然后慢慢提高音量,直到恢复到正常的水平。这样也能吸引幼儿的注意,因为它大大出乎幼儿的意料。
- 在活动开始的时候就告诉幼儿,等你说完要说的话,他们就有机会交谈了。
- 运用非语言的方式吸引幼儿的注意。比如,伸出你的食指和拇指使之成L状,然后把它放在耳朵边上(在美国手语中,这表示"听"的意思)。通过这样的方式提醒幼儿,现在是倾听老师讲话的时间,赶快回到活动中来。
- 把你的关注点放在那些表现好的幼儿身上,多鼓励他们。可以这么说:"山姆,谢谢你能一直看着我,我知道你正在认真听呢!"
- 忽略幼儿的问题行为,或者不去注意它们。但是,如果这些行为一直存在或者变得严重了,那么你必须介入。
- 再次提醒幼儿遵守班级规则。
- 集体游戏时,要给幼儿提供当"老师"的机会,让他们自己决定做哪些事情。比如,在玩跳舞游戏时,让一个幼儿决定大家应该抖动身体的哪个部位。
- 尽可能为幼儿提供机会让他们以适宜的方式说话和开展活动。在圆圈活动中,积极邀请幼儿参与进来。比如,邀请幼儿轮流拿着书,然后由老师给大家讲故事。对于幼儿耳熟能详的故事,教师可以把故事结尾留给幼儿来补充完整。不时提问,让幼儿有机会发言。

坐不住

- 由于各种原因,有的幼儿总是坐不住,甚至几秒钟都不行。针对这类幼儿,要为他们提供一些安静的活动,比如,让他们在一旁的桌子上拼拼图、画画,这样他们既不会干扰圆圈活动,又能够看到大家在做什么或者听到大家在说什么。同时,要允许他们随时回到圆圈活动中。让这类幼儿在一旁拼拼图或者画画,并不是对他们的一种惩罚或者奖励,而是你认识到了他们的需求。如果他们在这个过程中能练习自控能力,那么就更好了。如果别的幼儿也想做这类安静的活动，可以跟他们解释说："××小朋友之所以要选择另一个活动，是因为此时他很难安静地坐着。"你要向那些坐得好且认真倾听的幼儿表示欣赏和感谢。

- 对于某些活跃的幼儿，让他们坐在成人的膝盖上，可以让他们安静下来。
- 让坐不住的幼儿跟大家一起进行圆圈活动，但是一旦感觉到他快要坐不住了，就让他选择是继续坚持还是从事一个安静的活动。如果你正在探究他坐不住的根源，那么你应该逐渐延长这个幼儿在圆圈活动中的时间。
- 如果这个幼儿在从事另外一个活动后仍然会干扰圆圈活动，那么可以让另一个成人带领他去另一个地方从事安静的活动。成人可以陪在他身边，但是并不过多地关注他。告诉这个幼儿，如果他愿意倾听了，他就可以回到圆圈活动中。当幼儿回到圆圈活动中确实能安静地坐一会儿后，哪怕只有十几秒的时间，也不要吝惜你的鼓励。你可以这么说："我知道你真的在听，因为你安静下来了。这样非常好，现在每个人都能够听见别人说什么了。"

直接打断教师

- 忽视幼儿的第一次打断（除非是幼儿要上厕所或者有其他紧急需求）。如果幼儿再次打断你，那么他就有可能一直打断你直到你做出回应为止。所以，在第二次被打断的时候（通常幼儿会提出类似这样的要求："你能帮我系鞋带吗？"或者"我能喝点水吗？"），你要做出回应。告诉幼儿，你很愿意满足他的要求，但是必须等到圆圈活动结束后才行。如果幼儿还是打断你，那么你可以点头示意另一个成人，请他去满足这个幼儿的需求。但是，要让他尽快回到活动中。
- 记住这个幼儿注意力不集中的特点。稍后，跟这个幼儿谈一谈下次他怎样做才能不打断老师。
- 有些打断对于幼儿来说是很好的学习机会。因此，要允许这类打断发生并跟进教育幼儿。比如，当有幼儿说另一个小朋友打他了，那么你可以运用一些策略来帮助他们。所有幼儿都会对这个话题感兴趣，也愿意学习这方面的内容。

"展示和交流"活动开展得不顺利

"展示和交流"活动的目的在于帮助幼儿把家庭和幼儿园联系起来，锻炼幼儿在集体面前清楚表达的能力，让幼儿分享一些私人的事情以增进他们彼此之间的了解。但是，目前有一种趋势是"展示和交流"活动时间太长、太混乱，部分原因在于不进行展示的幼儿没有投入到活动中。另外，分享玩具也会引发许多问题，所以请寻找其他能达成"展示和交流"活动目的的内容。

- 限制分享的幼儿人数，可以每周一到周五安排不同的幼儿分享。"展示和交流"活动的时间要短一些，可以考虑让幼儿分小组分享，也可以把全班幼儿分成两组同时分享。

- 为了避免分享玩具或物品，可以建议幼儿借助照片来分享家庭生活经历，比如，家庭旅行体验或者其他特别的事情。也可以鼓励幼儿借助照片说一说家里的宠物，说一说他们自己或者家庭成员制作的物品，或者说一说他们找到的一样有趣的东西，如一块形状奇特的石头。另外，幼儿还可以说一说一本有意思的书，或者家人很喜欢的一首歌。让幼儿分享自身的一些事情而不是东西，既能帮助那些没有东西可以分享的幼儿，又能让分享活动变得更有意义。

- 确保正在分享的幼儿是在跟所有小朋友交流，而不是跟你一个人交流，以便让所有幼儿都参与到活动中。鼓励其他幼儿提问。另外，你需要退后一步，促进幼儿间的交流与对话。

- 对"展示和交流"活动做些改变。比如，让幼儿把自己要分享的东西放在小袋子里，让其他幼儿猜一猜里面是什么。他们可以提问，从物品的形状、大小中获得一些线索。必要时，展示的幼儿可以在成人的帮助下给大家一些提示。可以是动作提示，比如，抖一抖袋子，拍一拍里面的东西；也可以是语言提示，比如，"我是在沙滩上找到它的""它是从树上掉下来的""它的前面有一张大象的照片"，等等。

3. 区角活动——有意义的游戏

区角活动，有时候也被称为"自由选择活动""自由游戏活动"等。区角活动是幼儿最喜欢的活动，因为他们可以自己决定做什么、怎么做和做多久。区角活动为幼儿提供了大量的学习机会。区角活动的价值既有赖于材料和设施的质量，也有赖于你的能力，即你能否帮助幼儿以更高的水平完成他们选择的活动，让幼儿更有效地解决问题和学习新技能。当你认真地倾听和观察幼儿，为幼儿提供建议和新的材料，向他们提出探究式问题时，上述这一切就会发生。在区角活动时间，幼儿也可以选择从事一个项目活动或者从事项目活动的一部分，而项目主题应来自他们的兴趣和需求。

问题预防

- 在一日活动流程中，把第一次区角活动安排在前面，且至少要持续 45 分钟的时间。
- 经常更换材料，以免幼儿因为每天都玩同样的材料而感到无聊。先把一些材料收起来，几个月后再拿出来。在投放新材料的同时，记得要把原来的材料收起来。
- 想象游戏区要适当更新。比如，邀请幼儿帮助你创建邮局，过几个星期后，把邮局换成餐馆，再过几个星期后，把餐馆换成露营的场地，以此类推。你还可以从幼儿常玩的活动、幼儿家长工作的地方、受人们欢迎的社区场所中寻找一些点子。邀请幼儿参与进来献计献策。如果你的教室空间足够大，那么除了经常更换的想象游戏区，还可以有一个长期存在的"家庭区"。
- 把想象游戏的材料放到相应主题的盒子里。对于当前不需要的材料，则可以把它们收起来。比如，把消防帽、水管、雨衣、对讲机放到消防员主题的盒子里；把听诊器、拐杖、绷带、消毒液、一次性手套和其他类似的材料放到医院主题的盒子里；把邮票、信封、信纸、铅笔、记号笔、小盒子、胶带、邮袋放到邮局主题的盒子里。
- 准备丰富的活动让幼儿自选，如绘画活动、桌面游戏、拼拼图、玩水、玩沙、玩黏土等。
- 如果你的班级中要投放一些人偶玩具，那么要选择那些普通的且非当前电视或者电影中流行的人物形象。你也可以提供一些塑料材质的小恐龙、小狮子、小熊以及其他吓人的动物，让幼儿把自己的恐惧和攻击性倾向通过安全的方式发泄出来。此外，你还可以提供一些汽车、卡车、消防车、火车、公交车、救护车、拖拉机等的模型。
- 在教室里来回巡视，并适时加入幼儿的游戏。不要控制幼儿的游戏，也不要告诉他们应该做什么。可以向幼儿提问，鼓励他们探究。可以给他们添加一些材料，拓展他们的游戏内容，使游戏深入进行下去。此外，还可以帮助幼儿解决问题和冲突。
- 提供一个装置，让幼儿了解在选择活动区的时候，他们可以把自己的姓名卡放在那里。这种方法可以帮助幼儿学会提前思考和计划。理想的情况是，不应该限制活动区的幼儿人数。然而，现实并非如此。你可以安装挂钩，让幼儿把自己的姓名卡挂上去，进而通过限制挂钩的数量来限制进区的幼儿人数。这种装置可以让幼儿交替进入活动区。
- 为幼儿提供参与项目活动的机会，但是必须确保所有幼儿在区角活动时间都可以自选活动。项目的主题应该来自幼儿的兴趣和需要。为了让幼儿能够在"玩中学"，问问幼儿需要什么以及他们想通过什么方式来满足自己的需要；为幼儿阅读与项目主题有关的信息；帮助幼儿使用工具并运用一定的技巧来测量、数数、书写、绘图、制表以及协商。

问题应对

大部分时间只待在一个活动区的幼儿

这不一定就是一个问题。3岁以下的幼儿和学习速度比较慢的幼儿都需要花更多的时间反复操作材料。特别是当面对新材料和新活动时，他们更是如此。但是，如果幼儿3岁以后还这样，那么你就要加以关注了，因为让幼儿体验不同的活动是一个重要的教育目标。下面为你提供了一些拓展幼儿经验的建议：

- 思考并判断幼儿能够从这个活动区的游戏中获得什么，特别是对他的情感、认知、身体动作的发展有什么重要作用。幼儿的这些需求能否通过其他活动或者其他活动区得到满足？一般来说是可以的，但是你也许需要对其他活动做出一些调整或者在其他活动区增加一些材料。
- 让幼儿的游戏活动变得多样性。可以向这个幼儿介绍新材料，也可以建议他一物多玩，还可以把班级中另一个活动区的材料拿到这个活动区。比如，可以把绘画区的纸笔拿到积木区，建议幼儿画一画自己搭建的积木建筑。
- 提供有挑战性的、有趣的美术活动、烹饪活动、木工活动、沙水游戏，或者创建一个新的想象游戏区，吸引幼儿到其他区域游戏。
- 如果幼儿还是总到某一个区，可以尝试每周面向所有幼儿关掉这个区域一两天，这样这个幼儿才有机会去体验其他活动区。
- 如果其他区域没办法吸引这个幼儿，关掉这个活动区也不管用，那么可以重新开放这个活动区，并多一些耐心，让幼儿多玩1~2周，然后再关掉这个区域。

频繁更换活动区的幼儿

区角活动会让某些幼儿过度兴奋。面对如此多的活动，他们很难安静下来或者做出选择，所以你会看到他们很快地从一个活动区转移到另一个活动区。针对这类幼儿，你可以采取下列建议帮助他们聚焦某一个区域：

- 如果对班级幼儿没有负面影响，那么可以关闭一些活动区，减少选择的数量。然后，每次增加一个活动区，逐渐给幼儿提供更多的选择。开学伊始提供的选择少一些，然后随着学期的推进，慢慢增加更多的活动区。
- 在开展区角活动之前，问问这类幼儿他们想要做什么和他们想在哪个活动区玩，并鼓励幼儿坚持执行他们的计划。这样做能帮助幼儿做事情更有条理。当班里的大部分幼儿都在发展自我调节能力（能专注、有计划性、有条理）时，对全班幼儿采用这个方法是一个很不错的主意。
- 创建一个小一些的、安静的区域，把它跟教室里的其他活动区分开，同时要确保你能看到这个区域。通常，这个区域是教室里的图书角。但是，如果你的教室还有空间，最好再单独创设一个私密的区域，并在里面放上一张小桌子和一两把小椅子，鼓励幼儿在这里跟一个好朋友一起玩一玩建构游戏或者其他游戏。你可以在这里陪幼儿待一会儿，帮助他投入到活动中。可以向他提问，说说他正在做的事情，也可以和他一起玩。
- 如果幼儿觉得有用并且不觉得自己受到限制，那么你可以利用硬纸板制作一些挡板（大约45厘米高），然后把它们放在幼儿周围的桌子上，这样可以消除视觉上的干扰。
- 利用装电器的大纸箱，为幼儿创设一个私密的空间。当幼儿过度兴奋时，可以鼓励他到这里坐坐。
- 另一个导致幼儿频繁更换活动区的原因是，活动区的活动没有挑战性。
- 不同的活动要有不同的复杂程度，同一个活动也要有不同的难度水平。比如，提供各种各样的美术材料、拼贴画材料，这样幼儿就可以根据自己的兴趣和能力进行或简单或复杂的创作。此外，数学游戏也要注意有许多不同层次的玩法。

声音太大，太吵闹

如果幼儿太兴奋、太活跃，发出的噪声太大，令人难以忍受，那么可以试试下面的办法：
- 制定或者重申班级规则：在教室里只能使用正常的音量。向幼儿示范一下什么是正常的音量。在区角活动开始前，提醒幼儿别忘记这个规则。让他们知道，在户外时他们是可以尽情欢呼的。
- 如果某个幼儿总是发出很大的声音，提醒他遵守规则，并解释清楚原因——只有用正常的音量说话，大家才能听到彼此说的话，才不会被吵得头疼。有的幼儿说话很大声，可能是由于听力损失导致的。这种由耳部感染造成的听力损失可能是暂时性的，也可能是永久性的。他之所以大声说话是因为他听不清自己说的话，就像一边戴着耳机听音乐一边说话一样。不管是什么原因，都要帮助他练习并适应轻声讲话。告诉幼儿，如果他说话的声音太大，你就会用约定的办法来提醒他，比如，用非语言的方式或者轻轻拍两下他的胳膊。每隔5～10分钟，给幼儿一次反馈。如果他能坚持轻声说话，那么对他竖起大拇指，或者对他说："感谢你能轻声说话，这样大家在教室里待着就舒服多了。"

- 提供更多具有挑战性的活动，让幼儿保持浓厚的兴趣。
- 提供充足的材料，避免幼儿因为抢夺材料而争吵。对于小托班幼儿，受欢迎的玩具要一式几份。
- 对于特别吵闹的活动区，起码要暂时限制一下幼儿的人数。
- 对于表现良好的幼儿，要给予鼓励，可以对他说："感谢你用正常的音量说话，让大家可以在教室里愉快地活动和游戏。"
- 如果有两个幼儿在一起玩的时候总是发生矛盾，那么在区角活动开始前提醒他们，在一起要好好相处，要迅速解决冲突，并使用正常的音量说话。如果他们发生争执，那么要在事态变得严重之前介入，为他们的游戏提供指导，或者帮助他们尽早、尽快、有效地解决冲突。当他们能一起好好地玩时，要告诉他们："我很高兴看到你们两个这么尊重对方。"
- 很多幼儿，尤其是一些男孩，非常喜欢声音大的、吵闹的游戏。户外活动时间，给这些幼儿提供充足的机会，让他们玩一些以动作为主的主题活动，宣泄他们的兴奋心情，如扮演海盗、灭火、寻找恐龙骨头、急救队等。必要时，增加一些游戏道具，推动游戏的开展。此外，还要制定规则，避免幼儿发生冲突，同时确保幼儿轮流扮演角色。这些规则包括：触碰其他小朋友的时候动作要轻、任何小朋友都可以喊暂停离开游戏、任何小朋友都可以要求另一个小朋友和自己互换角色。
- 如果幼儿愿意，他们可以在区角活动时间为户外游戏制作服装和道具。

太混乱

幼儿可能因为使用方式不当，导致积木区、想象游戏区或者其他活动区里的材料一片混乱，甚至出现材料被损坏的情况。

- 在进入活动区之前，提醒幼儿遵守以下规则：
  - "当你想进行搭建活动时，可以把积木从架子上取下来。"
  - "使用完毕，请把物品放回原处。"
  - "把地上的东西捡起来，放回到桌子上或架子上。"
  - "使用材料的时候要小心，不能损坏它们，也不能让它们伤到别人。"

- 确保每一样物品都有自己的存放位置。在存放位置上贴上标签，让幼儿能清楚地看到。把幼儿带回到被他们弄得一片狼藉的区域，要求他们收拾好，完成以后才能进行下一个活动。

- 邀请幼儿一起动手修补被他们弄坏的物品。即使他们是不小心弄坏的，也要让他们修补。如果修补的过程涉及一些幼儿不能碰的危险的材料或者工具（比如强力胶、很锋利的刀），那么可以让幼儿使用胶带或者学生专用胶水暂时修补一下。这样一来，幼儿就能学会为自己的错误负责。

- 认真观察幼儿的游戏。一旦感到游戏即将失控会导致幼儿混用材料，就可以向他们提出一个不同的游戏方向，增加新的道具，暂时扮演他们游戏中的一个角色，或者引导他们去做其他活动。

- 向幼儿示范并和他们讨论各种材料的正确使用方式。征求幼儿的意见，并帮助他们判断他们使用材料的点子是不是安全的、正确的。当创建了一个新的想象游戏区或者介绍新材料的时候，这种示范和讨论尤其重要。

没有想象力的想象游戏

有些幼儿，尤其是那些在家里看电视几乎没有节制的幼儿，喜欢模仿他们从电视、碟片、视频游戏中看到的情景，结果导致他们的游戏缺乏创意、在低水平上重复。此外，还很可能充满了暴力、色情等不适合的内容。然而，分享自己感兴趣的电影或者电视节目是幼儿之间进行互动的一种常见且有效的方式。对于成人来说，同样如此。因此，与其阻止幼儿玩这类游戏，不如给他们设定一个合理的限制。你可以看一看幼儿经常看的电视节目和电影，了解这些节目和电影中都有哪些人物角色以及幼儿为什么喜欢他们。

- 当幼儿在游戏中模仿电影或者电视中的情节时，你可以和他们聊一聊编剧是怎么创编出这些情节的。跟幼儿解释，他们也能像那些编剧一样想出一些非常棒的点子。你可以帮助幼儿重新撰写脚本，依据熟悉的角色创作新的脚本，或者在原有角色的基础上创造新的角色。建议幼儿把人物角色安排在不同的场景中，这样幼儿就需要想出很多具有创意的点子。
- 向幼儿提问并提出一些建议，帮助幼儿深入思考人物的性格和动机。比如，"为什么这个家伙会这么坏呢？在不使用暴力的情况下，你会借助什么特殊的力量来改变这个坏家伙呢？你怎样使用自己的聪明才智而不是身体力量来阻止这个坏家伙呢？"
- 必要时，可以跟幼儿解释幼儿园里的玩具和活动与家里的不同，小朋友上幼儿园就是为了做和家里不一样的事情，交更多的朋友。当然，有些玩具是相同的，比如，乐高积木以及幼儿从家里带来的用于"展示和交流"的玩具，等等。

战争、枪战、超级英雄和暴力游戏

幼儿有时候会在游戏中表现暴力场景。尽管这类游戏，包括超级英雄的游戏，并不直接导致幼儿产生攻击性行为，但是很多教师都觉得这类游戏令他们不安。这类游戏赞扬暴力，经常会让幼儿受伤，虽然有时其他小朋友并非有意为之。有些教师限制幼儿只能在户外玩这类游戏。其他教师则完全反对此类游戏，深信它们不利于幼儿的发展。当男孩总是玩这类游戏时，就会强化他们的性别刻板行为。但是，这种行为其实反映了我们的文化价值观。在我们的文化中，男性的力量主要与身体技能、身体优势有关，女性的力量主要与外表和社会地位有关。此外，男孩在很多方面的发展都落后于女孩，因此，他们还在控制冲动和学习自我调节的技能之间挣扎。

许多幼儿,尤其是男孩,强烈地需要解决有关正义与邪恶(对与错)、强大与弱小的问题。他们正努力地在头脑中建构"什么是好人,什么是坏人"的清晰概念,并且通常站在好人这一队。坏人必须承受恶果,这样世界才能太平,人们才能安全。这类游戏对于幼儿来说非常重要,因为它们有助于幼儿对自我有更清楚的认识,并控制自己不要做坏人。同时,它们能帮助幼儿了解哪些行为是可以接受的,哪些行为是不可以接受的。因此,教师面临的挑战就是为幼儿提供表演这些场景和建构这些概念的机会,同时支持他们的非暴力游戏。

在暴力或者攻击性游戏里,幼儿经常假装自己在使用武器。由于在美国滥用枪支的问题很严重,所以有一点非常重要,即要清楚明白地告诉幼儿,枪支和其他武器是很危险的,能让人们受伤甚至失去生命。因此,要禁止幼儿使用任何看上去像武器的玩具和物品。如果班级中有幼儿正在假装使用枪,包括伸出拇指和食指当枪,或者把乐高积木当枪,那么你要提醒他注意遵守班级规则:"用手和语言来帮助你,不要伤害他人。假装伤害他人也是一种伤害。"使用以下方法来引导幼儿的游戏:

- 把攻击性游戏作为教育契机,拓展幼儿对于暴力问题的理解。比如,问一问幼儿:"你有别的办法来保护自己不被坏人欺负吗?你怎样运用你的聪明才智,而不是身体力量或者武器来保护自己呢?"
- 提供一些替代性游戏,不涉及武器,但是依然能给幼儿力量。比如,消防游戏、急救游戏、追踪野生动物并救治它们的游戏,等等。此外,还要把恶行或者危险从人身上转移到其他事情或者动物身上,如一场火灾、一只危险的动物等。
- 引导幼儿参与合作性游戏,比如,要求他们团队协作完成一项任务、克服一道难关、与时间赛跑等。
- 为幼儿阅读或者创编一些故事,告诉幼儿要运用智慧、合作、毅力等来解决有关力量和控制的问题。在很多童话故事、民间传说、寓言的早期版本中,里面的人物就是使用这些方式战胜邪恶的。比如,《大拇指汤姆》(*Tom Thumb*)、《奇幻森林历险记》(*Hansel and Gretel*)、《不莱梅的音乐家》(*The Musicians of Bremen*)、《狮子与报恩的老鼠》(*The Lion*

and the Mouse)、《杰克与仙豆》(Jack and the Beanstalk),等等。当幼儿对这些故事很熟悉的时候,自然就能表演出来。

4. 小组活动——美好且富有成效

如果你还没有这样做,那么每天可以安排一次15分钟左右的小组活动时间。理想的做法是,把全班幼儿分成至少三个小组,在教室里的三个地方(或者三张桌子上)同时开展活动。如果可能的话,每组的活动都不一样且每天交换一次,这样到了第三天,每个幼儿都参与了三项活动。在这一周剩下的两天时间里,可以让幼儿重复以上活动,但是要对活动做出一些调整,增加活动的难度。可以让幼儿开展的小组活动包括:美工活动、制作图书、科学活动、简单的桌面游戏、数学操作活动、记忆游戏、角色扮演游戏、社交技能培养活动、烹饪活动、个人安全教育活动,等等。

与集体活动相比,在小组活动中,你能够更有效地促进幼儿的个别化学习,能够更快速、更直接地为幼儿提供信息、回答问题、鼓励幼儿解决问题以及给每个幼儿更多的反馈。与区角活动相比,在小组活动中,你可以为幼儿提供更具挑战性的活动。此外,你能更好地观察幼儿,更准确地判断出幼儿是如何思考、表现的,更清楚地了解每个幼儿的感受以及他们的强项和弱项。你能够有的放矢地支持幼儿的学习,设计并调整接下来的活动内容。

问题预防

- ■ 为了让幼儿轻松地找到自己小组所在的活动区域,可以给每个小组起一个名字。然后,把有关小组名字的图片放在相应的桌子中央或者活动区域。比如,老虎组的6个幼儿会走到放有老虎图片的桌子那儿。同样,小熊组、大象组的幼儿会走到放有小熊图片和大象图片的桌子那儿。给每个幼儿发一张代表自己小组的图片标签。几个星期后,每个幼儿就会知道自己在哪个小组了。在接下来的时间里,可以把图片换成符号、字母、单词。每个小组的成员可以一个月换一次。
- 提前准备好所有的材料,为其他教师或者志愿者列出操作说明。你要和他们提前讨论活动,让大家都清楚地知道你的活动设计意图是什么。告诉他们你为什么让幼儿开展此项活动,以及你希望幼儿从中获得什么。
- 活动要允许幼儿操作实物,要为他们提供与同伴互动的机会。既要避免让幼儿使用纸笔进行书写活动,也要避免向幼儿演示或者讲授一些东西。
- 小组成员要混合搭配。每一组都要有一些学习速度慢的幼儿和一些学习速度快的幼儿,都要有一些好相处的幼儿和一些有问题行为的幼儿。这样搭配才能让幼儿互相学习、互相帮助。
- 满足幼儿的个别化需求。比如,当一个幼儿在活动中遇到了困难时,你可以让他只完成该项活动的一部分内容,提醒他向同伴寻求帮助,给他提供一些建议,提供一些必要的帮助,或者提供一些不同的工具或者不一样的操作方法。
- 根据幼儿的能力进行个别化指导,但是要给他们提出一点挑战,提升他们的能力。比如,如果活动内容是制作面团,那么可以请小肌肉动作协调性不太好的幼儿帮忙把液体从量杯中倒入大碗里。鼓励那些小肌肉动作协调性好的幼儿倒一汤匙油。邀请阅读水平高的幼儿为小组同伴读一读配方。鼓励计数能力不太好的幼儿跟另一个小伙伴一起数一数加了几勺盐。活动之前,你就要计划好这些。
- 确保活动对幼儿是有意义的,并且与幼儿的情感或经验联系起来。比如,可以在幼儿分享饼干(饼干的数量少于幼儿的数量)、切比萨、照着配方测量半杯水或者面粉、把纸折成蝴蝶以及使用非标准化测量工具(如积木)找教室的中点时,把"一半"这个数学概念教授给幼儿。
- 把活动的关注点更多地放在帮助幼儿理解概念,而不是让他们学习技能和获得信息上。一种方法是,向幼儿演示你所教授的某个概念有多种应用方式。比如,上面列举的"一半"的概念,就有5种演示和解释方式。

问题应对

教师人手不够

- 小组活动时间，每一组幼儿都需要一个有能力的教师进行指导。如果班级里只有两名教师，那么一名教师带领一组幼儿，剩下的第三组幼儿则自行开展他们擅长的活动，教师偶尔巡视一下即可。任何情况下，每一组幼儿的人数都不能超过6个。
- 如果班里只有你一名教师，那么你可以延长区角活动的时间。在此期间，每次组织5~6个幼儿参加小组活动，其他幼儿仍然开展区角活动。当第一组幼儿完成之后，换另外一组幼儿进行同样的活动，直到所有幼儿都参与了一遍为止。每天安排的活动内容都不同，除非你给幼儿安排的内容需要他们好几天才能学会或者完成。这样做的缺点是：让幼儿结束区角活动很难；幼儿游戏的持续性被破坏了；在组织小组活动时，你不能积极地参与区角活动。
- 为了弥补以上不足，允许幼儿保留他们在区角活动的作品，可以请他们制作一个"不要碰"的标记，或者把他们的作品放在一个专门的存放处。这样他们在参加小组活动时就不用担心别人把自己的作品弄坏了，在小组活动结束后可以继续回来进行创作，开展区角活动。

厌倦或者抗拒小组活动的幼儿

如果有幼儿明确表示想干别的事情，不想参加小组活动，那么你可以试试下面这些办法：

- 缩短每个小组活动的时间，以免幼儿坐得太久。然后，再逐渐延长小组活动的时间。
- 设计能让幼儿积极动起来或者动手操作实物的小组活动，给每个幼儿提供大量的讲话和做事的机会。
- 游戏是一种非常棒的、能让所有幼儿都参与进来并学习概念的方式。
- 开展更多富有创意的小组活动。这类活动没有一个正确的答案，允许幼儿表达自己的多种想法。比如,给幼儿3个木片和胶水,让他们搭建各种不同的形状。这个活动,比让他们在作业本上圈出有3个气球的图片更有吸引力。虽然这两个活动都可以教幼儿掌握"3"这个概念,但是前一个活动的效果更好。
- 在小组活动前后安排一些身体活动,如户外游戏、做操等。
- 在小组活动将要开始前或者刚刚结束后,带领幼儿做一个律动游戏,如"头发、肩膀、膝盖、脚"。

5. 放松的进餐时间——治愈全班幼儿的时间

进餐时间是培养幼儿健康的饮食习惯、积极的饮食态度、优雅的进餐礼仪的时机,也是幼儿可以轻声交谈的时间。然而,有些幼儿却把进餐时间当成了与你进行力量较量的时间,尤其是当他们被要求进餐的时候,他们会采用消极的方式来"捍卫"自己的权利。另外,还有些幼儿因为不懂事已经养成了不良的进餐习惯。不过,通常只要给予引导和支持,就可以把他们的不良习惯纠正过来。你要尽可能冷静地处理一切事情,营造愉快的进餐氛围。

文 化 差 异

饮食与文化、宗教信仰有密切的关系。在一种文化中人们很享用的食物在另一种文化中可能就是"毒药"。幼儿喜欢自己熟悉的食材按照自己习惯的方式制作后端上来。比如,当把一些食材制作成沙拉端给幼儿时,他们可能根本就不碰;但是,当把同样的食材放到卷饼里或者夹在两片面包中间时,幼儿就可能狼吞虎咽吃个精光。对于不熟悉的食物,幼儿需要花时间去适应。作为成人,我花了很长时间才喜欢吃寿司。第一次吃时,我甚至觉得它有点恶心,而这就是幼儿面对陌生食物时的感受。但是,一个人如果连试都不试,是肯定不能适应新食物的,而且通常要不止尝试一次。

问题预防

- 了解班中幼儿的食物过敏情况以及有没有特别的饮食需求和饮食上的限制。把这些信息用很大的字体张贴出来，放在备餐间和厨房。
- 了解班中幼儿在家里吃哪些食物以及他们的饮食偏好，知道他们喜欢吃哪些食物、不喜欢吃哪些食物。制定食谱的时候，尽量安排一些幼儿在家里喜欢吃的食物，哪怕偶尔一两次也可以。
- 餐桌间不要挨得太近，以降低噪声水平。为了避免你和幼儿频繁地站起来又坐下，把食物、餐具和其他用品放在餐桌上幼儿触手可及的地方。
- 每桌围坐 5 个或者数量更少的幼儿，有可能的话，每桌再配备一名成人，这样就能保证幼儿在进餐时轻声交谈。可以请幼儿园的行政人员、厨师、司机、幼儿家长帮忙，也可以招募志愿者。
- 和幼儿一起进餐，吃同样的食物，发挥你的榜样作用，培养幼儿形成良好的进餐习惯和优雅的进餐礼仪。这种家庭式进餐风格也可以确保幼儿不会吃得太饱或吃得太少。
- 当幼儿进餐时，和他们低声交谈。可以问问他们的家庭情况、他们在家里会做些什么、当天早些时候在幼儿园做了什么事情，也可以讨论一下正在吃的食物，说说食物是从哪里来的，还可以分享自己的一些事情。这样做可以营造一种祥和安静的氛围，有利于食物的消化。

文 化 差 异

在某些文化中，人们进餐的时候是不说话的，所以你的班级中也可能有来自这些文化的小朋友，他们在吃饭时也不说话。针对这种情况，你要认可幼儿的行为。你可以这样说："我知道，你在家里吃饭时是不能说话的。在幼儿园里吃饭时，你也可以保持沉默。但是在有些小朋友的家里，吃饭时聊天对于他们来说是很重要的事情。所以在我们班里，小朋友可以选择在吃饭时聊天，也可以选择不说话。"

- 避免让幼儿坐在餐桌旁等着开饭或者等着别的小朋友吃完。这种等待会让幼儿感到无聊,进而导致他们表现出一些不良行为。如果幼儿不得不等一会儿,那么可以带着他们唱唱歌、玩玩手指游戏、猜猜谜语等,调动他们的兴趣。
- 如果幼儿就坐后立马就可以开饭,那么在开饭前可以进行一个简短的仪式,比如,读一首短诗或者唱一首歌——"感谢你,大地!感谢你,太阳!我们不会忘记你的恩赐"或者"我喜欢月亮,我喜欢大树,我喜欢地球赐予我的食物"。这样做可以奠定安静、沉思的基调,让所有幼儿都能安下心来专注地进餐。
- 邀请幼儿积极地参与到餐前、餐后的工作中,以培养他们的责任感和进餐礼仪,促进他们的语言发展以及减少问题行为的发生。餐前,给幼儿安排一些工作,比如,当服务生(摆放桌子)和清洁员(擦桌子和扫地)。你还可以把食物盛在碗里,让幼儿自己传递、自取食物(有些幼儿园考虑到幼儿的安全和健康,不允许这样做)。餐后,让所有幼儿清理自己的位置、把盘子刮干净、把用过的餐巾纸扔到垃圾桶里、把用过的餐具放到容器里。
- 为了避免幼儿在传递食物的过程中舔公勺,可以在勺柄顶端缠上亮红色的胶带。这样一来,幼儿既能触摸到这个标记,也能看到它。进餐之前提醒幼儿,缠有红色胶带的勺子是用来传递食物的。跟幼儿解释清楚,不能把公勺放在嘴里,这样才能保证公勺是干净的,其他小朋友才能放心地使用它。公勺的大小、形状和幼儿吃饭时用的勺子差别越明显,幼儿越不会去舔它。进餐结束之后,把胶带去掉,把公勺清洗干净。
- 有可能的话,每餐都让幼儿从健康的食物清单中选择自己想吃的食物,至少可以让他们自行选择一种富含蛋白质的食物。这样做可以满足幼儿对食物的控制需求。同样,比起吃现成的食物,幼儿更愿意吃自己制作的食物。比如,幼儿更愿意自己选择食材制作卷饼,而不是吃做好的。
- 鼓励幼儿每一种食物都要尝试一下,至少吃一口。这样做可以让幼儿尝试新食物,获取足够的营养。然而,肯定会有幼儿拒绝尝试,因为这不是必须的，也不是一条规则。在没有压力和没有紧张感的氛围中，幼儿更容易尝试各种食物。

- 条件允许的话，经常与幼儿一起烹饪。可以在教室里准备食材，然后拿到厨房去烹饪。活动之前，请幼儿把手洗干净；准备食物时，请幼儿使用制作食物的专用手套。为了增加幼儿对食物的认识，不浪费食物，可以把幼儿制作的食物加入他们的正餐或者作为点心提供给他们。
- 不要把食物当作美术活动的材料。用布丁画画或者用蔬菜进行拓印活动，只会让幼儿觉得玩食物和浪费食物是没问题的。此外，把食物当成美术活动的材料，也不利于培养幼儿良好的饮食习惯。其实，用手指和海绵作画可以起到和用食物作画一样的效果。
- 经常带领幼儿去厨房参观，请厨师给幼儿演示和讲解他们最喜爱的食物的制作过程。邀请厨师到班里和幼儿一起进餐，这样他们就能看到幼儿对食物的反应。协助幼儿给厨师写一封感谢信，感谢他们为幼儿做出了一顿特别好吃的饭菜，以激发幼儿对食物和厨师的积极情感。

问题应对

饮食过量的幼儿

这样的幼儿可能会从桌子上抓取食物、吃得太快、吃得过饱，或者在嘴里塞很多食物。原因有很多，有可能是幼儿在家里必须得这样做才能吃到他那份食物；也有可能是幼儿太饿了，没办法控制自己；还有可能是幼儿没有饱腹感。

- 开始进餐时，可以给每个幼儿提供一样多的食物，比如一勺蔬菜、一片比萨和两大勺汤。如果剩下的食物还可以分第二次，那么就把它们平均分配给所有幼儿。如果有的幼儿不需要添饭，那么就把它们留给那些需要添饭的幼儿。每次进餐之前都要告诉容易饮食过量的幼儿，大家的饭菜分量都是一样的。经过几周之后，幼儿就不会担心食物不够了。
- 必要时，可以教幼儿一些简单的进餐礼仪，这有助于营造祥和安静的进餐氛围。比如，可以鼓励3岁左右的幼儿说"请把饼干递给我，谢谢"，

第一章 幼儿园一日生活中的难题 029

而不是将手伸到饭桌对面去拿饼干。此外，你还需要帮助幼儿正确使用餐具、保持良好的坐姿、安静整洁地进餐等。
- 坐在容易饮食过量的幼儿身边，帮助他放慢吃饭速度。由于这个幼儿很可能已经养成了这样的进餐习惯，所以你需要在一段时间内制止这样的行为，并向他演示怎样细嚼慢咽。你还可以在进餐过程中跟他聊聊天，或者向他展示良好的进餐行为。告诉幼儿细嚼慢咽很重要，有助于充分吸收食物中的营养，让自己长得又高又壮。

吃饭邋遢的幼儿

这样的幼儿可能小肌肉动作协调性不太好，或者自我组织能力差。此外，他在拼拼图和使用剪刀剪东西方面也可能存在困难。对于年幼的儿童来说，把滑溜溜的食物从盘子中放到嘴巴里并不是一件容易的事情；对于小肌肉动作协调性不好的幼儿来说，这更是一件让他们感到恼火的事情。

- 进餐前，协助幼儿坐好。帮他把杯子放好，以免不小心被胳膊肘或者手臂碰倒。确认他的椅子紧靠桌子且身体坐得笔直。帮助他把盘子放在身体前方且靠近身体。可以用类似黏合剂之类的东西把盘子、碗固定在桌子上，以免它们在桌子上移动或者被打翻。
- 为幼儿提供勺子，让他用勺子吃饭，因为勺子比叉子更好控制。同时使用勺子和叉子能够让幼儿更好地控制食物，因为他可以用勺子把食物放到叉子上。有可能的话，尽量让幼儿使用比较深的盘子，能防止食物洒出来。
- 可以给幼儿先盛一半饭菜，等他吃完以后再添加。要确保幼儿获得的营养不低于饮食标准或者营养标准所规定的最低数值。碗里的饭菜少一点，更容易让幼儿控制；即使打翻了碗，浪费的食物也不多，清理起来也容易，也不会让幼儿感到很受挫。
- 不要过于关注幼儿吃饭邋遢这个问题，以免让幼儿感到自卑，导致问题变得更严重。要接受幼儿在身体动作发展方面的不足，进而为他提供更多安全好玩的活动来促进他的小肌肉动作的发展，比如，用剪刀剪东西、拼一些简单的拼图、用乐高积木搭建东西、画画等。

挑食的幼儿

- 你需要了解一下幼儿在家中是否什么都吃、有没有食物过敏的情况，或者是什么具体的原因导致他挑食的。最初，有必要让幼儿从家里带食物来幼儿园，但是随着幼儿开始吃幼儿园的食物，自带的食物数量要逐渐减少。同时，自带的食物要符合幼儿园规定的营养要求。注意，允许一个幼儿吃薯条和蛋糕而让其他幼儿吃健康的食物，是伪善的和不公平的。
- 有些幼儿的味蕾特别敏感，对于某些食物尤其敏感。还有一些幼儿对特定的食物过敏，他们的身体会"告诉"他们不能吃这些东西。如果他们吃了自己身体不能接受的食物，他们就可能会恶心、呕吐、皮肤过敏，甚至更糟糕；他们也有可能产生完全性过敏反应。如果医生证明幼儿需要特殊的饮食，那么幼儿园有义务满足他的饮食需求。
- 最初，可以给挑食的幼儿提供少量的食物。要知道，几小份食物远没有一大份食物让幼儿感到恐惧。
- 不要勉强幼儿吃东西。营造一种愉快、放松的进餐氛围，向幼儿示范良好的进餐习惯，给幼儿尽可能多的进餐自主权（自己决定何时进餐、何时吃完以及何时取餐），并采用"问题预防"中的建议。
- 给幼儿时间和自主权，让他在没有压力的情况下养成良好的饮食习惯。比如，你可以说："我知道你还没有准备好，等下次你准备好了，就可以尝一口。"

食物没有吸引力

有些幼儿之所以挑食，是因为他们知道幼儿园的食物不好吃。很多幼儿园的饭菜质量不合格。因为伙食费是一笔很大的支出，所以降低伙食质量能省一大笔钱。此外，就大多数幼儿园能提供的薪资来说，要想找到好的厨师也很难。但是，伙食好是衡量幼儿园质量的一个重要方面。提供好的伙食也表明幼儿园对幼儿的精心照顾和尊重。此外，家长们也很在意这一点。当幼儿很喜欢吃幼儿园的饭菜时，进餐问题就会随之减少。当幼儿吃得很舒服时，他们也更容易集中注意力学习。

- 向园领导阐述好的伙食的重要性，向他们解释把钱花在伙食上是值得的。
- 经常邀请园领导和幼儿一起进餐，以便他们可以了解食物对幼儿的影响。
- 建议幼儿园向营养师咨询，以不断改进幼儿园的食谱。营养师通常能够在不增加成本的情况下改善幼儿的伙食。
- 加强学习，读一些关于儿童营养和烹饪方面的书籍。如果你有一些不错的建议，可以为幼儿提供健康又美味的餐点，那么可以问问园长、厨师和营养师的看法。

浪费食物

- 如果很多幼儿的盘子里都剩了很多食物（这些食物稍后会被扔到垃圾桶里），那么，盛饭的时候要少盛一点。如果幼儿是自助盛饭，那么要明确规定他们第一次盛饭的量。同时，跟幼儿解释清楚，他们吃完后可以随时添加。
- 向厨师反馈班里幼儿到底需要多少食物。这样，厨师就可以适当地少准备一些，节省开支，然后把节省下来的资金用来购买设备、物品或支付教师的工资。
- 当幼儿因为食物不吸引人而浪费食物时，采纳上文"食物没有吸引力"部分提出的建议；当幼儿因为进餐氛围太吵闹而浪费食物时，采纳下文"噪声太大"部分提出的建议。

噪声太大

- 为了让幼儿吃饭时细嚼慢咽，好好享受和消化美食，你需要营造祥和、安静的进餐氛围。进餐前，提醒幼儿在进餐过程中要轻声交谈，但是嘴里含着食物的时候不要和他人说话。如果幼儿进餐时发出的噪声太大，那么可以关掉几盏大灯，或者把大灯全都关掉。你要轻轻地告诉幼儿，之所以把灯光调暗是为了提醒大家吃饭的时候要轻声交谈。

- 坚持使用某一种信号来提醒幼儿停止和安静下来。比如,你可以使用一种特别的铃声或音乐,也可以使用美国手语中表示"听"的手势。
- 以身作则,与幼儿轻声愉快地交谈。每张桌子旁都巧妙地安排一个成人来协助幼儿。把那些坐到一起容易大声说话、喧闹的幼儿分开。

把餐具扔在垃圾桶里

这是一个常见的问题。餐后,让幼儿自己收拾整理是一个很棒的主意,但是期望幼儿每次都做得很好是不现实的。最常见的问题就是丢失餐具。

- 一个简单的解决办法是请一名幼儿当"环保小卫士",站在垃圾桶旁边,提醒其他幼儿不要把餐具丢到垃圾桶里,并且要看一看垃圾桶里是否有不小心扔进去的餐具。大部分幼儿都很喜欢这项工作,因为他们会感到自己很重要。同时,他们也能胜任这项工作。有的幼儿园还会要求幼儿把有机垃圾和其他废弃物分开,所以"环保小卫士"还要监督其他小朋友是否对垃圾进行了正确的分类。

6. 创造性美术活动——乱糟糟却没有压力

美术活动中的乱糟糟,通常意味着幼儿正在饶有兴致地努力工作。但是太混乱也不行,因为这意味着幼儿要浪费大量有价值的时间做清洁工作,也意味着材料有可能被损坏,衣服有可能被弄脏(家长会不高兴),幼儿有可能遭受到了挫折。下面的建议能够帮助你在促进幼儿创造力发展的同时,把乱糟糟控制到最低的程度。

问题预防

- 提前告诉家长幼儿来园时穿的衣服可能会被弄脏。尽管幼儿穿了工作服或者戴了围裙,但是当他们完全投入美术活动中时,不可避免地会弄脏衣服。如果幼儿确实穿了比较好的衣服来幼儿园(通常是幼儿自己坚持要穿),那么至少要让家长清楚衣服有被弄脏的可能性。
- 准备一瓶衣物去污剂放在手边,以备你和幼儿的不时之需。
- 为班里每个幼儿准备一件工作服或围裙。尽管你可能用不了这么多,但是万一有幼儿把衣服弄得太脏或者弄破了,你也有替换的衣服。大人穿旧的短袖衬衫,或者把大人穿旧的长袖衬衫剪成短袖,就可以成为既经济又好穿的工作服。当然,如果家长能够捐赠一些,更是一分钱都不用花了。
- 区角活动时间,当大部分幼儿从事其他活动的时候,可以组织一部分幼儿以小组的形式开展美术活动。为了避免活动结束后做大规模的清理工作,每一组幼儿活动结束后都要及时清理。
- 制定一条班级规则,即在开始下一项活动之前,小朋友需要把自己弄乱的地方清理干净,把其他人不需要的材料收好。
- 活动开始前,用清晰、具体的语言指导幼儿如何使用材料。同时,给幼儿提供视觉符号提醒他们。比如,如果你想限制手指画颜料的使用,要求幼儿每次只能在一张大纸上倒4勺颜料,以免颜料流到纸的外面,那么你可以向幼儿演示如何取4勺颜料倒在纸上,并在一旁的墙上张贴一张画有4个勺子的图片。
- 把美术活动需要的材料集中放在一起。把所有材料放在一个带轮子的小推车上,方便收纳和运送。
- 把制作拼贴画的材料(如纸片、木头、布等)分别存放在不同的容器里,并在容器上贴上标签。可以按照材料的颜色或者种类来分类。这样做可以避免幼儿因为要从一个大盒子里翻找各种各样的拼贴画材料而弄得一团乱,同时也有助于幼儿目的明确、有条理地制作拼贴画。
- 在桌子上铺上报纸,把报纸的边沿用胶带粘在桌子上。活动结束后,把桌面上不要的东西用报纸兜起来扔掉。
- 在画架下面的地板上铺上塑料布或者报纸。
- 在画架上贴上双面胶,这样很容易就能把不小心滴洒的颜料清理掉。
- 为了便于清理滴下来或者溅出来的颜料,将美工桌和画架放在靠近水槽的地方。在颜料里添加一些肥皂水,这样做不会改变颜料的特质,但是有助于清理衣服上的污点。
- 如果不能将美工桌和画架挨着水槽放置,那么可以给幼儿准备一盆肥皂水、几块海绵和一些毛巾,让幼儿自己清洁。大块海绵清洁起来又快又好。
- 在美术区旁边放一个垃圾桶或者环保箱,这样无论是幼儿还是成人都可以使用它。
- 为幼儿提供一个适合他们使用的扫把和正常尺寸的簸箕。很多幼儿都喜欢扫地,特别是喜欢和另一个小朋友一起扫地——一个幼儿负责扫地,另一个幼儿负责拿着簸箕收垃圾。
- 可以考虑把幼儿在美术活动中制造出来的混乱演绎成"抽象的艺术",使之成为班级美学的一部分。要知道,当一张美术活动专用的旧桌子上布满了斑驳的颜料时,看上去是很迷人的。这样做也解放了幼儿,让他们不用时刻担心保持整洁和花时间清理的问题。

问题应对

颜料滴落

- 在颜料里加入一些无毒的液态玉米淀粉,这样颜料比较浓稠,不容易滴落。幼儿对于绘画活动也会更满意,因为他们可以很好地控制颜料。
- 给每一种颜料配备一把刷子。
- 为幼儿提供具体的指导,告诉他们在画画前先把蘸满颜料的刷子在颜料盒的边沿上蹭一下。必要时,在画架旁给予幼儿个别指导。
- 向幼儿演示怎样做才不会把颜料盒里的各种颜料或者纸上的各种颜料混在一起。

颜料溢出和浪费

- 短而宽的颜料盒不容易被打翻。你可以把牛奶盒和冻果汁用的容器剪裁后当颜料盒,也可以买现成的塑料容器当颜料盒。
- 提供短柄的刷子(大约15厘米长),这样幼儿更容易控制刷子,防止刷子从颜料盒里飞出来或者把颜料盒打翻。如果刷柄的末端是尖头的，要把它切掉、磨平，或者用胶带把它包起来。
- 为了防止颜料干掉造成浪费，把不用的颜料倒回颜料盒中，或者每天活动结束时把颜料盒盖好。每天都要彻底清洗刷子，保证刷子上的毛柔软、耐用。

胶水

"把胶水从瓶子里挤出来"这一问题，经常会导致教师和幼儿之间发生冲突。教师总是劝诫幼儿"挤一点点"，可是幼儿总是感到很烦恼，因为他们要么挤得太多，要么一点也挤不出来。通常班级幼儿很难人手一瓶胶水，所以幼儿很享受倒胶水、挤胶水、涂抹胶水的乐趣。尽管幼儿需要练习倒、挤、涂抹的动作，但是可以用其他经济实惠的材料来代替胶水，比如，沙子和水。

- 为了不让幼儿挤压瓶装胶水，可以把少量的胶水倒在杯子里，让幼儿人手一份。另外，再给每个幼儿提供一根小棍、一把小刷子或者一个塑料材质的眼药水小瓶用于涂抹胶水。为了省钱，你可以购买一大桶胶水。
- 用糨糊代替胶水，因为糨糊不容易被弄得到处都是。可以把糨糊装在几个小容器里，让幼儿传递着使用；也可以给每个幼儿准备一张方形纸，把糨糊倒在上面。至于涂抹的工具，可以是小棍、小刷子，也可以是幼儿的手指。不过，对于某些材料（如木头），糨糊则不管用。
- 使用胶棒可以把纸牢牢地粘在一起，但是粘别的材料就不行了。

7. 让肌肉动起来——安全而有趣的户外运动

大肌肉动作游戏一般是在户外或者体育馆内进行的。通过这类游戏，幼儿能够学会协调身体的大肌肉动作，增强肌肉的力量，锻炼身体的灵活性，了解身体是如何运动的。发展大肌肉动作技能对于幼儿的全面健康发展非常重要，与认知能力发展和精细动作技能发展一样缺一不可。教师千万不要觉得自己可以在户外运动时间"喘口气，放松一下了"，因为你的任务是为幼儿提供各种不同且安全的活动，让幼儿练习平衡、跳跃、奔跑、攀爬、运球、推、拉等不同的技能。你要在保证幼儿安全的前提下，帮助他们接受各种身体上的挑战。

问题预防

- 每天上午和下午都至少要有半小时的户外运动时间。
- 把幼儿喜欢的大肌肉运动活动列在一张单子上并张贴出来，以便时时提醒自己。可以考虑以下运动项目：跳房子、捉迷藏、把骑乘玩具当成汽车玩加油站游戏、跳绳、玩降落伞游戏、投掷沙包、随着音乐跳舞、用水和大刷子给建筑物涂色、玩扮演消防员的游戏、把钉子钉到树桩上、吹大泡泡、玩穿越障碍物的游戏，等等。此外，你还可以安排各种团队合作的运动游戏。
- 参考清单，每天给幼儿安排不同的运动活动。如果活动数量太少或者幼儿每天都玩一样的活动，那么他们就会感到很无聊，他们的大肌肉动作也不能得到充分的发展。另外，这些无聊的幼儿往往会尝试做一些危险的动作，进而导致意外的发生。
- 带领幼儿去户外活动之前，班级教师要分好工，确保每个人站在操场的不同位置监督幼儿。要确保所有幼儿都在教师的视线范围内，并且一旦发生意外，教师能快速赶到他们身边。
- 为骑车的幼儿提供头盔。这样做有助于培养幼儿的安全意识，减少他们头部受伤的可能性。确保头盔的大小要适合幼儿，并被幼儿正确佩戴。
- 幼儿在荡秋千的时候最容易发生意外。如果你所在的幼儿园安装了秋千，那么你要沿着秋千的外围设置一个明显的标记，以提醒幼儿不要靠得太近。干净的铁路枕木就很好，因为它们足够大，不容易让幼儿跳过去，但是又不至于大到占用太多的活动场地，而且这些枕木的价格也不贵。教师必须要一直关注秋千区域。
- 针对操场上的特定设施，要制定明确的使用规则。你可以参考以下建议：

➢ 从滑梯上滑下来的时候，屁股一定要坐在滑梯上。

➢ 坐稳后，才能荡秋千；秋千停稳后，才能从上面跳下来。

➢ 要用两只手一起攀爬。

问题应对

游戏设施有限或者不安全

如果你所在的幼儿园没有秋千、滑梯、攀爬架等游戏设施，附近也没有公园可以去，那么你依然可以为幼儿提供丰富的大肌肉运动活动。

- 经常翻看前面所说的大肌肉运动活动清单，看一看有什么活动可以让幼儿玩。如果你没有运动设施可以使用，那么可以为幼儿提供一些更具结构化的活动。
- 把一个轮胎挂在树上，制作轮胎秋千。
- 把各种运动器材装到箱子里带到户外，比如，球、铁环、跳绳、吹泡泡的工具、降落伞、平衡木、沙包、铲子、桶、塑料盘、刷子等。
- 把与某一特定活动主题有关的材料放到一个箱子里。比如，把贝壳、毛巾、太阳镜、空的防晒霜瓶子、泳镜、可充气的戏水玩具等放到沙滩主题的箱子里。可以用小推车来运送材料箱。
- 提供由软橡胶、塑料或者泡沫制作的运动材料，如网球、棒球、球拍、足球等。这些材料不但安全、廉价，易于幼儿操作，便于教师运送，而且在室内外均能使用。但是，它们的使用寿命并不长，所以每学年你都需要花钱来更换它们。此外，你还可以提供一些角色扮演游戏所需的服装，或者穿插一些美术活动，这样能让户外游戏更加多样化。
- 提供大的硬纸箱和木箱，鼓励幼儿开展各种各样富有创意的游戏活动。比如，邀请幼儿使用这些箱子制作房子、汽车、轮船，搭建舞台等。此外，你还可以提供一些木板、床单和其他开放性材料等。
- 给玩水桌装上轮子，这样，天气好的时候就可以把它推到室外去。
- 用木板制作一个大的沙箱，同时提供铲子、漏斗、桶、模具以及其他玩沙工具，让沙箱成为一个能被幼儿充分使用且深受他们喜爱的区域。为了防止小区居民养的宠物进去，在不用沙箱的时候，要用大块木板或者结实的塑料布把它盖起来。

- 如果操场上的运动设施是为年龄大一些的幼儿准备的，比如，很高的篮球架、很高的排球网等，那么你可以采取一些折中的方法，比如，用大的沙滩球代替排球、用小的塑料皮球代替篮球等。
- 至少每星期都要仔细检查一遍运动器材，看看零部件是否松动了、器械表面是否有尖角或者钉子、有没有木头碎片，等等。幼儿可以帮助你发现这些问题，而且往往比你先发现它们。一旦发现器材存在安全隐患，你要立即告诫幼儿远离它们，直到把它们修好或者替换掉为止。用绳子把危险的器材圈起来，或者制作一个和危险的器材等高的标志。有时，你可以邀请幼儿参与器材的修理，比如，邀请他们打磨木头的表面、把凸出来的钉子敲进去、给生锈的地方上漆等，但是你需要密切关注他们。

地面太硬

- 摆放运动器材的地面很坚硬或者幼儿在很坚硬的地面上奔跑，都是很危险的。在室内攀爬器材的下面和周围铺上垫子、充气垫或者其他起缓冲作用的材料。在户外运动器材下面铺上松软的、无毒的、安全的材料。鉴于这些材料价格昂贵，幼儿园可以向一些生产厂商募捐获得。虽然从长远来看，起缓冲作用的材料比水泥等永久性材料要贵，但是比起一旦发生严重的意外伤害事故幼儿园所付出的代价，购买这些材料所花的钱就不算什么了。

没有室内运动场地应对天气不好的情况

如果你所在的地区常年天气不好，不宜带领幼儿进行较长时间的户外活动，那么下面这些方法可以帮助你有效地组织幼儿进行大肌肉运动活动。

- 除非天气特别糟糕，否则每天都要带领幼儿到户外活动一会儿。提前准备一些靴子、手套、帽子以及其他御寒的衣物，给天气变冷时衣着单薄的幼儿使用。如果天气很热，那么要给幼儿擦上防晒霜、戴上太阳帽。

新鲜的空气以及自由的奔跑和游戏（哪怕只有 10 分钟），会让幼儿感到十分满足。他们会在接下来的室内活动中表现得更好、更投入、更自律。
- 可能的话，将桌子、架子移到边上，给幼儿腾出室内运动的场地。让幼儿跟随伴奏带或者在你的带领下做一些运动游戏。此外，还要确保幼儿有充足的时间跟着音乐自由律动（创编舞蹈），根据自己的想法自由运动（"让我们学小蜜蜂采蜜吧"），以及与同伴进行身体上的互动（结伴运动）。运用整个身体进行创造性表达，为幼儿提供了宣泄情感、释放焦虑的通道。你会发现，移动桌椅带来的麻烦是值得的，因为这样做既能预防幼儿的问题行为，也能满足幼儿运动的需要。在教师的指导下，幼儿也可以帮忙移动教室里的家具。

8. 不再让人头疼的午睡时间

午睡时间有可能让你和幼儿感到压力重重，也有可能让你们感到温馨轻松。精心创设温馨的午睡环境，制定令幼儿舒服的午睡常规，满足幼儿个体对午睡和活动的需求，就能拥有一个祥和安静的午睡时光。然而，大部分幼儿园午睡时间关注的是幼儿睡着了没有。我在东欧、俄罗斯的时候，曾经看到每间教室里的所有幼儿很快就都睡着了。这是怎么回事呢？我发现，他们睡在专用的午睡室里的小床上，身上盖着柔软舒适的被子。午睡室里挂着不透光的窗帘，幼儿穿着内衣睡得很舒服。

问题预防

- 午睡时间不要太早，要安排在大部分幼儿都感到困倦的时候。
- 午睡时间，要尽量调暗午睡室的灯光。
- 幼儿的小床或者睡垫彼此间隔 90 厘米，让相邻的幼儿头和脚相对。这样做既能够预防感冒传染，也能够避免幼儿之间谈话。
- 午睡伊始，带领幼儿做"午睡瑜伽"。让幼儿躺在小床或者垫子上，带领他们做一组身体动作。以轻柔徐缓的声音告诉幼儿："先慢慢抬起一条腿，再慢慢抬起另一条腿。先慢慢抬起一只胳膊，再慢慢抬起另一只胳膊。然后，同时抬起一条腿和一只胳膊……"你的声音要越来越轻，动作要越来越缓慢。最后，告诉幼儿调整呼吸，做肌肉放松练习。

- 带领幼儿做完"午睡瑜伽"之后，可以唱一首轻柔舒缓的歌曲，或者为幼儿读一本可以让他们平静下来的书。每次都唱同一首歌曲，以建立一种让幼儿放松的仪式。你也可以每天读几页故事书，比如，《精灵鼠小弟》(Stuart Little)、《夏洛特的网》(Charlotte's Web)等，但是故事的情节要简单一些，阅读时间在 5 分钟左右。当幼儿躺在床上安静地倾听故事的时候，他们也就拥有了一个过渡时间。
- 提醒幼儿遵守午睡规则，比如，"睡不着的话，可以安静地躺在小床上休息"。30～40 分钟以后，允许睡不着的幼儿起来。
- 安慰新入园的幼儿他们不会在幼儿园过夜，只是睡几个小时，他们的爸爸妈妈当天晚些时候就会来接他们。
- 午睡时间播放轻柔、舒缓的音乐，而且每天都播放同样的音乐。有很多催眠曲、古典音乐、减压音乐供你选择。
- 请家长把幼儿在家睡觉时用的小毯子、泰迪熊或者其他睡眠辅助物带到幼儿园，放在柜子里或者橱子里。但是，只有午睡时才能把它们拿出来给幼儿使用。
- 可以轻轻抚摸幼儿的后背或额头，也可以把你的手放在幼儿的后背或胳膊上。
- 因为幼儿爱模仿成人，所以你也可以躺一会儿，但是千万不要睡着哦。

问题应对

在床上辗转反侧的幼儿

有些幼儿在床上辗转反侧半个小时，才能彻底放松下来入睡。通常，抚摸这些幼儿的后背或者额头并没有用。所以，在帮助他们入睡之前，先让他们尽情地扭动一会儿吧。

不睡觉的幼儿

有些幼儿睡眠少，不睡午觉。但是，他们也需要一段休息时间，以便精力充沛地参与下午的活动。在让他们休息了30～40分钟后，可以安排他们起床到别的房间玩游戏，也可以让另一名成人带领他们到户外玩，还可以让他们在午睡室里做一些安静的活动。

制造噪声的幼儿

有些幼儿在午睡时故意发出很大的响声吵醒其他小朋友，他们这么做要么是因为很无聊，要么是为了吸引别人的注意。试试前面"问题预防"中提出的方法或者应对"不睡觉的幼儿"中给出的建议，避免他们感到无聊，鼓励他们入睡。一般来说，你只要在这样的幼儿身边躺一会儿，轻拍他的后背，或者把手放在他的后背或胳膊上，就能阻止他制造噪声。

爱"社交"的幼儿

有些幼儿很喜欢跟躺在旁边的小伙伴说话、做游戏，根本停不下来。要把这类幼儿的小床或者垫子放在屏风、柜子或者其他家具的后面，避免他们看到小伙伴。此外，你还可以在午睡室里摆放一些矮的隔断，营造更多的私密空间。当然，这些隔断要确保你可以看到所有的幼儿。

不必要的奖励

当幼儿遵守午睡规则时，告诉他们做得非常好。你可以说："感谢大家能安静地躺在小床上休息，让我们拥有了一个非常安静的午睡时光。"不要因为幼儿睡午觉而奖励他们，因为睡不睡午觉并不是幼儿能控制的事情。但是，幼儿能安静地躺在床上是值得欣赏和感谢的。

9. 科技区——把科技与创造性游戏联系起来

要想创建一个有效的科技区，需要注意三个问题：避免幼儿人数太多；保护好电脑别被弄坏；确保幼儿使用电脑做有意义的事情。如果幼儿只是在科技区忙着敲击键盘玩电子游戏，或者长时间盯着电脑看（就像看电视上的卡通片一样），那么这是不可以的。如果幼儿只是学习一些诸如怎样移动鼠标这样的电脑技能，那么也是不可以的。科技区的价值在于让幼儿通过电脑进行有效的创造和学习，而这是班级中其他的工具和设备无法做到的。要把电脑当作一盒记号笔，而不是一台电视。要让电脑支持并拓展你的课程内容和目标，而不是把它当作一种附加物。

大部分儿童软件要么是各种各样的操作练习活动，要么是一些机械的游戏。但还是有一些很好的软件能让幼儿更有创意、更有效地开展活动。这样软件能够让幼儿轻松地进行创造、编辑、清除、再创造、保存工作；存储和整理照片、录像；通过网络获得大量的信息（图片或文字）；制作动画；创编音乐；制作看上去很专业的故事书，等等。

班里的电脑、打印机要结实耐用。从长远来看，购买高质量的产品是值得的，因为班里的电脑注定会被幼儿滥用。此外，还可以购买一个儿童专用的键盘。这种键盘跟普通键盘差不多，但是按键更大，也少了许多特殊的功能键。

问题预防

- 像对待班级中的其他活动区一样对待科技区。必要时使用报名表，以便幼儿可以轮流进区活动，同时确保每个想要进去的幼儿都有机会。鼓励那些不愿意进去的幼儿试试看。在区角活动时间，把科技区和其他活动区放在一起供幼儿选择。
- 明确使用电脑的规则，并把它们以图文并茂的方式张贴在电脑上或者电脑旁边。这些规则包括"只能碰触键盘或者屏幕，而且触碰时手要干净""轻轻敲击键盘""遇到问题时,要立即寻求帮助"。
- 如果班级中有个别幼儿或者一部分幼儿特别精通电脑,使用时也很小心,那么可以把他们打造成班里的电脑专家,请他们帮助遇到问题的小伙伴,解答大家的疑问。
- 使用一些特殊的电脑程序,防止幼儿进入电脑系统和无意间访问一些不适宜的网站。幼儿只能使用你精心挑选的软件。
- 一台电脑只能供两个幼儿使用,这样做可以缓解许多幼儿想同时使用电脑的矛盾。在使用过程中,这两个幼儿会互相提醒彼此遵守规则,会进行讨论和协商,从而使活动具有了社会性成分。有些软件是专门为两个幼儿一起使用电脑设计的,但是它们的品质参差不齐,所以你需要精心选择。此外,要确保幼儿公平使用电脑或者合作使用电脑,而不是一个人看着另一个人用。
- 根据近期的活动主题或者参观内容,找一些适合幼儿的网站或者视频。把这些网址的链接放到电脑桌面上,这样幼儿就能轻松访问它们。
- 只让幼儿使用两种类型的软件:交互式优秀儿童图书(虚构的或非虚构的)软件;绘画和创编故事的开放式软件。在幼儿使用这两类软件之前,要对他们进行一些指导。
- 学习使用简单的网站编辑器(许多是免费的),为班级创建一个网站。这样你就可以记录、展示、保存和及时更新幼儿的作品、活动等。给班级中的每个幼儿单独设计一个网页,给予父母访问的权限,但是要注意保护幼儿,防止他人得到登录密码后做伤害幼儿的事情。你可以担任这些网页的"管理员",只允许特定的人登录。在开展项目活动时,可以把电脑作为一种有效的工具。比如,如果项目活动的主题是制作恐龙,那么你可以从互联网或者软件上获得许多关于恐龙的信息。你还可以用照片和录像的形式记录项目进程,并把它们放在班级网站上展示出来。
- 使用平板电脑或智能手机把幼儿的活动拍下来(事先要征得家长的同意)。你可以利用这些资料和幼儿一起讨论、回顾活动,也可以把它们放在幼儿和老师的档案袋中,还可以放在班级网站展示。

- 利用电子邮件与家长沟通。网络摄像头可以让家长在方便时看看班级中发生的事情，看看你正在做什么，增加家长对你的好感。
- 如果可以的话，请你花一些时间、付出一些努力参加电脑和其他科技方面的培训。你将学习如何排除故障、优化驱动器、更新驱动程序、为电脑杀毒以及做好日常维护工作。这样你就能节省很多时间，因为电脑的运行速度变快了，键盘的反应速度变快了，电脑故障减少了，同时你还能自己处理一些小问题，不让电脑总是"罢工"。
- 确保你身边有真正懂电脑的人，他可以让你的电脑正常运行，帮助你修复电脑故障。在购买电脑时，建议购买一个"延长保修服务"，因为只要把电脑放在班中供幼儿使用，就难免会出现电脑被损坏、需要修复的情况，即使它们的使用频率不高。
- 确保幼儿坐在电脑前的时候，坐姿正确，眼睛与显示器屏幕的高度一致。每次使用电脑不超过15分钟，这样做可以避免电脑使用不当，给幼儿带来问题或者潜在的伤害。

问题应对

不正确使用电脑和不爱护电脑

- 提醒幼儿牢记规则，确保他们理解并遵守规则。帮助幼儿充分理解哪些行为是错误的以及怎样才能正确使用电脑。可以坐在幼儿身边，帮助他们学会正确使用电脑，必要时给予大量的指导。在幼儿再一次使用电脑前，提醒他们想想应该怎么做。
- 如果某个幼儿总是用不恰当的方式使用电脑，那么说明他并不适合这个活动。可以让他参加其他运用感官材料进行动手操作的活动，满足他们的需求和兴趣。

想用电脑的幼儿太多

- 避免每个幼儿只能使用一小会儿电脑（比如5分钟），这样做虽然每天可以让更多的幼儿使用电脑，但是会让幼儿用得不过瘾。你需要限制的不是时间，而是人数。你可以规定每天使用电脑的幼儿人数，制订轮流使用表，比如，今天这一半幼儿使用，明天那一半幼儿使用。

- 添加一些不太昂贵的科技产品，如平板电脑、数码相机等。这样既让幼儿有更多的硬件设施可以使用，也给他们提供了有效学习的机会。
- 有时候，电脑之所以深受幼儿欢迎，是因为它的某一个软件有娱乐功能。所以，要为幼儿提供前面所说的软件。帮助幼儿用越来越复杂的方法使用一两个开放式软件，并指导幼儿回顾和编辑他们之前保存的作品。

不喜欢使用电脑的幼儿

这跟幼儿不愿意参加其他类型的活动是同样的问题。对于幼儿来说，有不同的体验、获得各领域的技能是很重要的，所以幼儿应该像喜欢听故事那样喜欢使用电脑。此外，在电脑上进行读写活动和利用印刷品进行读写活动，对于幼儿读写能力的充分发展同样重要。所以，所有的幼儿都必须能轻松地使用电脑。特别是那些家里没有电脑以及在家里不让用电脑的幼儿，更需要如此。

- 在使用科技产品方面，女孩得到的支持和鼓励比男孩少，结果导致学前阶段男孩和女孩在知识和技能的习得上不平等。请你格外留意你和班级同事是否存在这样的偏见（哪怕是无意识的）。因为很多女孩喜欢一起活动，所以可以让女孩结伴使用电脑。有一些软件蕴含了吸引女孩的元素，比如，软件中包含了女性角色、有女性的画外音，或者要求幼儿使用它与他人交流和互动等；还有一些软件的内容是男孩和女孩都可以玩的，这两类软件都能激发幼儿使用电脑的兴趣。
- 如前文所述，制订轮流使用表能保证每个幼儿都有机会使用电脑。不允许幼儿把自己的时间让给别人，同时你要了解他为什么不愿意使用电脑，以及怎样才能引起他的兴趣。也许，他需要学习一些具体的技能，然后在不用担心批评和失败的前提下进行练习。也许，他需要尝试另外一种软件程序，或者带有明确的目的使用电脑，比如，你可以对幼儿说："你今天在想象游戏区玩的餐馆游戏很棒，让我们创编一个餐馆故事吧。然后，我们用电脑把它打印出来，这样你就可以把它带回家跟家人分享了。"

没有电脑、电脑数量不足以及使用适合幼儿的软件所带来的压力

- 让班级中的幼儿玩多样化的活动和使用多样化的材料，以及在各种活动或者材料之间取得平衡是很重要的。因此，每 10 个幼儿使用一台电脑就够了，这样幼儿就能够有充足的时间在其他活动区游戏。

- 许多幼儿园的班级中没有电脑，这完全没问题。但是，在做出这样的安排时要慎重。因为教室中没有电脑可能会限制幼儿的学习机会，尤其是那些家中没有电脑的幼儿。许多学前教育专家强烈坚持，幼儿园的班级中应该配备电脑。我的观点是：你的班级中的确可以配备电脑，尤其是当你班级中的幼儿来自低收入家庭时，这样做更是必要的。但是，要对幼儿使用电脑加以限制。对于年龄大一些的儿童和成人来说，他们从事的大多数电脑活动就是坐在电脑前盯着屏幕，阅读屏幕上的内容，或者敲击键盘上的字母、符号与电脑互动。对于年幼的儿童来说，他们不应该有太多这样的行为。所以，电脑活动时间只是众多选择之一，并不能取代其他类型的活动。同时，如前文所述，所提供的软件和程序应该是开放式的。

- 如果你所在的幼儿园服务于低收入家庭，那么在班级中配备电脑是很重要的。要能让这些幼儿跟富裕家庭的幼儿一样，有机会使用电脑这种工具。贫困家庭的幼儿和富裕家庭的幼儿在科技产品使用上存在的这种不平等被称为"数码差距"，而幼儿园有责任来缩小这种差距。

- 给家长、评估者以及其他反对在幼儿园班级中配备电脑的人写一份声明，声明内容要清楚，篇幅在一页纸左右。在声明中，你不仅要阐述电脑的使用理念和方法，还要说明幼儿园课程内容多样化和平衡性的重要性。此外，你还需要说明使用开放式电脑软件的理由，指出它们符合发展适宜性原则。

10. 顺利进行的过渡环节——从一个活动转到另一个活动

过渡环节，是指幼儿从一个活动转向下一个活动所经历的时间段。在过渡环节，幼儿往往需要等待，可即便只是几分钟，对于他们来说也是很漫长的。所以，过渡环节经常会出现一些问题，比如，幼儿到处游荡、奔跑或做一些不应该做的事情等，而教师处理这些问题又会延误下一个活动。让幼儿等待，无论是有意的还是无意的，都不利于培养幼儿的自我调节能力。然而，教幼儿有效地度过等待的时间却能培养他们的自我调节能力。缩短过渡环节的时间，让幼儿平稳过渡，意味着他们将有更多的时间花在有意义的活动上。

问题预防

- 在安排班级一日活动的时候，要尽可能减少过渡环节的数量。提前安排好班级每位教师在过渡环节的分工和任务。
- 当过渡环节即将来临的时候，提前告诉幼儿并向他们解释清楚接下来需要做些什么。比如，你可以说："进入教室之后，把衣服挂起来，然后坐在地毯上准备听故事。"
- 安排好班级保教人员的职责，这样当幼儿从一个活动转向另一个活动时，教师已经准备好在那里等着他们了。
- 提前准备好下一个活动的材料，缩短过渡环节的时间。
- 只要有一个幼儿准备好了，就可以开展下一个活动。其他幼儿会被吸引过来，并且快速加入其中。
- 把过渡环节可以开展的活动列在一张单子上，包括幼儿喜欢的手指游戏、简短的歌曲、简单的活动等。把这张单子放在手边。涉及幼儿双手的一些活动，如手指游戏、用手语表演歌曲等，能够调动幼儿的积极性，并让他们用正确的方法使用双手。下面的游戏不需要任何材料，你可以考虑在过渡环节使用。当幼儿熟悉了这些游戏之后，你可以让他们自己主导游戏。

- 描述某个幼儿的穿着，让其他幼儿猜一猜你说的是谁。
- 一个幼儿表演一个动作（比如，弹钢琴、扫地、做比萨等），让其他幼儿猜一猜他在干什么。
- 说出一组物品的名称，让幼儿猜一猜可以把它们归在哪一类（比如，手镯、项链、耳环都属于珠宝）。
- 告诉幼儿你正在脑海中想一个大家都能看到的东西。每次只用一个形容词描述这个东西，直到有幼儿猜出来为止。

■ 区角活动时间，要求并帮助幼儿边活动边清理。同时，进入下一个区角活动之前，他们必须先把上一个区角清理干净。这种"随手清理"的规定能够避免幼儿在区角活动结束后，进行漫长且无趣的清理工作。

问题应对

进餐结束转到下一个活动

■ 当幼儿进餐完毕后，请他们清理自己的位置并快速进入下一个活动。要避免等所有小朋友都进餐结束后才开始下一个活动。如果下一个活动还没完全准备好，那么可以让幼儿先看看书或者画画。给幼儿提供一个存放未完成的作品的地方，以便他们稍后有时间时可以继续进行创作。

■ 如果班级中有两名教师，那么一名教师带领幼儿开始下一个活动，另一名教师陪伴还在进餐的幼儿。如果可以的话，邀请幼儿准备下一个活动。

■ 为了让过渡环节少一些，可以考虑在区角活动时间让幼儿吃点心或者用餐。把食物摆出来，让幼儿饿了的时候自取，成人只要照看一下即可。确保每个幼儿进餐前后把手洗干净，把桌面清理好。如果条件允许，可以让幼儿在吃完以后用湿纸巾擦手，这样可以缩短过渡环节的时间。

从室内活动转到室外活动

■ 室内活动结束后，可以根据幼儿鞋子的类型、衣服的颜色以及姓氏等分批解散幼儿。如果幼儿外出前需要穿外套，可以让幼儿互相帮忙穿上外套、拉上拉链、扣上扣子，而不是直接找老师帮忙。

- 尽量不要让幼儿排队。排队只会让幼儿感到无聊、紧张，进而导致他们推推搡搡、打来打去。理想的做法是，由一名教师带着最先准备好的幼儿先到户外去，其他准备好了的幼儿紧随其后。另一名教师负责在后面照看那些动作慢的幼儿。不过，在这个过程中要确保教师和幼儿的比例是恰当的。如果班级中只有一名教师，那么可以一边带领幼儿唱歌，一边帮助他们做好外出准备。如果天气不是很冷，那么在所有幼儿都穿上外套后（没拉拉链），就可以把他们带出去。拉拉链、戴手套、戴帽子等工作可以在户外进行，这样幼儿一穿戴好就可以进行活动了。

- 为了避免幼儿争抢某样运动设施，你需要提前做好安排。把所有幼儿的名字列在一张纸上，安排好每个幼儿玩的顺序。每个幼儿玩完以后，就可以把自己的名字划掉。每天进行轮换，以便每个小朋友都能第一个玩。可以用厨房计时器来计算每轮的时间。

从室外活动或者区角活动转到另一个活动

- 使用听起来很好听的铃声或者音乐吸引幼儿的注意，提醒他们即将要转到下一个活动了。你可以让一个幼儿走到一个个小朋友面前或者一组组小朋友们面前，一边轻轻地摇铃，一边说："还有 5 分钟。"可以使用有指针的钟表，让幼儿直观地看到 5 分钟有多久。你可以指着钟表上的数字对幼儿说："现在长针指着 5，等它走到 6 的时候，你们就要停止游戏了。"

- 5 分钟时间到了以后，这个幼儿可以边大声摇铃边说："清理时间到了！"你可以吸引幼儿的注意，并再次指着钟表告诉幼儿现在长针已经指到 6 了。坚持遵循这个流程，能让幼儿感受到过渡环节是一天中必不可少的内容，并不是老师随意强加的。这样做能减少幼儿因不得不结束游戏而产生的失落感，让他们更愿意开展下一项活动。

整理活动

- 在所有材料架上贴上材料的名称和图片,这样幼儿不需要成人的帮助就能很快地整理好材料。提供尺寸适合幼儿使用的拖把、扫帚以及其他清理工具,并把它们放在易于幼儿取放的地方。不过,簸箕和海绵要是正常尺寸的。教会幼儿使用这些工具。
- 为了让整理工作更有趣,可以把整理活动变成一种游戏。比如,可以让幼儿假装自己是清洁机器人、建筑工人或者饥饿的清洁怪兽。此外,唱歌或播放一首特殊的整理音乐,也能让整理工作变得轻松有趣。
- 对于认真整理的幼儿,要大加鼓励。比如,你可以说:"谢谢你这么认真地工作,让我们的班级变得整洁干净了!"

午睡醒来转到另一个活动

- 当幼儿睡醒以后,请他们从床上或者垫子上起来。引导先起床的幼儿做一些安静的活动,如玩橡皮泥、拼拼图等。在他们活动的同时,你可以帮助其他幼儿起床和穿鞋子。
- 要逐步且平缓地引导午睡醒来的幼儿过渡到下一个活动。你可以坐在幼儿身边,和他们聊聊天。问问他们有没有做梦,做了什么梦。如果之前灯被关掉了,现在可以慢慢打开。如果房间很暗,现在可以拉开窗帘。如果幼儿可以自己搬小床或者小垫子,可以请他们把小床或者小垫子放回之前堆放的地方。

离园

- 许多幼儿园在一日生活即将结束的时候,会让幼儿选择一些易于整理的活动玩。在这段时间,家长可以在不造成太多干扰的情况下接幼儿回家。这样的安排既能让幼儿顺利离园,也便于教师和家长进行简单的交谈。在幼儿回家之前,请他们把自己使用的东西收好。必要时,可以请家长协助。

- 如果幼儿是一起离园，那么可以用一个短暂的圆圈活动来结束一天的生活。如果圆圈活动之后还有时间，那么可以请幼儿看看书、听听音乐或者画画。当校车准备好或者家长来接的时候，分批送幼儿离开。幼儿离开的时候，提醒他们从抽屉里或者老师那里把自己的艺术作品带回家。
- 幼儿离开的时候，跟他们每个人都拥抱一下、握握手或者轻轻抚摩他们的胳膊。眼睛直视每个幼儿，称呼他们的名字跟他们说点什么，比如，"再见，卡洛斯，希望你和你的祖母周末愉快。两天后的周一，我们就能再次见到了！"
- 如果幼儿还在游戏，你可以和家长说说幼儿的一天是怎么度过的，描述发生过的有趣的事情，并做出一些积极的评价。

11. 成功的一日活动流程——生命中的每一天

幼儿园的一日活动流程能否成功，关键在于能否把长时间活跃的活动与短时间安静的活动交替安排，能否把教师主导的短时间活动与幼儿主导的长时间活动交替安排。幼儿天性活泼，只有通过探索和发现才能学得最好。强迫幼儿大段时间坐着参与安静的活动，会让他们感到压力，进而导致他们出现一些问题行为；同时，也减少了他们开展积极的学习活动的时间。

下面列举的例子能帮助你为幼儿制订切实可行的一日活动流程表。你可以做出调整，以便更适合你的教育目标、班级设施、用餐时间、户外时间、空间限制以及幼儿的需求。

在许多半日制幼儿园里，幼儿每天在园的时间不到4小时。所以，你可以根据需要调整下面的一日活动流程表。但是，不要缩短区角活动时间和户外活动时间。需要的话，可以缩短其他环节的时间。

半日制幼儿园一日活动流程

8:30—8:45	幼儿自选易于整理的活动参与，如拼图、绘画、阅读、桌面游戏等
8:45—9:00	圆圈活动
9:00—10:00	区角活动
10:00—10:15	整理、洗手、如厕
10:15—10:30	点心时间
10:30—10:50	小组活动
10:50—11:40	户外运动
11:40—11:55	集体活动（朗读、听音乐、讨论）
11:55—12:20	区角活动和整理
12:20—12:30	圆圈活动和解散

全日制幼儿园一日活动流程

7:00—8:35	区角活动（幼儿自选各种活动玩）
8:35—8:45	整理活动
8:45—9:00	圆圈活动
9:00—9:05	洗手和如厕
9:05—9:25	早餐
9:25—10:15	户外活动（包含创造性律动活动和舞蹈）
10:25—11:30	区角活动（包括项目活动）
11:30—11:40	整理活动
11:40—12:00	小组活动
12:00—12:05	洗手和如厕
12:05—12:25	午餐
12:25—12:30	刷牙
12:30—12:45	集体活动（包括动作游戏、读故事、唱歌）
12:45—13:00	睡前瑜伽或者睡前故事（幼儿躺在小床或垫子上）
13:00—15:00	午睡时间
15:00—15:15	集体活动
15:15—15:30	点心时间
15:30—16:15	户外活动
16:15—17:00	区角活动
17:00—17:15	圆圈活动
17:15—18:00	区角活动和整理

第二章

班级问题
——控制但不高控

本章既囊括了丢失拼图这样的小事,也囊括了应对不适宜的课程这样的大事。当教师能够控制怎样教授幼儿时,即使没办法控制教什么,他们也比那些没有这种自主权的教师更有干劲,对工作更满意,在幼教岗位待的时间更久,工作效率更高(Parker,2015)。不幸的是,现在的教师越来越没有自主权了。

控制但不高控,是幼儿教师必备的一种重要能力。当教师给予个别幼儿必要的帮助来引导他解决问题,教他掌握问题技能时;当教师坚定但有同情心,快速但平和地应对幼儿的问题行为时,这种能力就显现了出来。

1. 班级环境创设——有效、实用、优美

你如何布置和装饰班级环境，选用何种家具、设施和材料，都会影响幼儿的学习和行为。枯燥的环境会让幼儿感到厌烦，繁忙的环境会让幼儿过度兴奋，没有条理的环境会让幼儿感到困惑，幼儿的这些表现会增加教师工作的难度。布置有序且富有吸引力的班级环境能够引发幼儿的积极行为，促使他们全身心投入有意义的活动中。所以，你要控制班级环境，让环境反映你的教育理念、教育目标和活动内容，让环境为你所用、为幼儿所用，把班级变成一个美丽的地方。

问题预防

- 为了避免幼儿尤其是托小班的幼儿发生争执，玩具要一式几份。可以提供一些可以推拉的玩具、可以放东西的卡车玩具、低矮的骑乘玩具。要确保所有玩具的零件都足够大，以免被幼儿放到嘴里导致他们窒息。
- 为幼儿提供的玩具和游戏要涉及不同的技能水平，具有不同的难度层次。比如，投放有 4 个拼块、10 个拼块、25 个拼块的拼图；投放让幼儿可以根据自己的能力水平，采用不同方式拼的拼图；投放开放式材料等。这样既可以让能力强的幼儿接受一些挑战，又不会让能力弱的幼儿感到受挫。同时，随着幼儿能力的逐渐发展，他们可以随时追求更高难度的任务。
- 摆放家具的时候不要留长长的过道，以免幼儿在教室里奔跑。安静的活动区（如阅读区、桌面游戏区）和喧闹的活动区（如积木区、表演区）要分开。
- 定期更换材料和玩具，以免幼儿产生厌倦感。提供大量幼儿不需要成人帮助就能自己使用的材料和玩具。用柔和的颜料粉刷墙面，或者在墙面上张贴颜色柔和的海报，能营造一种平和的氛围，抚慰幼儿的心灵。可以考虑悬挂一些名画的复制品或者自然风景画。还可以考虑购买一些自

然风景或美术作品的挂历。要避免教室里的色彩太纷杂、太鲜艳，这样的色彩是成人喜欢的，但是会让幼儿过度兴奋。

- 定期调整想象游戏区。比如，首先创建邮局的场景，在幼儿玩了两三周之后，把它变成餐厅的场景，再玩了几周之后，把它变成露营的场景，等等。如果你的教室空间足够大，那么可以有两个想象游戏区，一个是有关"家庭场景"的想象游戏区，可以一直存在；另外一个是可以不断变化的想象游戏区。鼓励幼儿构想游戏主题，创编游戏情节。
- 在所有的玩具架和柜子上贴上图文并茂的标签，这样幼儿不需要成人的帮助就可以把材料放好。
- 如果教室空间很小、形状不规整或者有其他不足，那么对于某些面积比较小的活动区，你要限制幼儿的人数，避免他们发生争执，确保他们的安全。每次只允许 2 ~ 3 名幼儿在小型水桌、木工桌边玩。可以张贴幼儿能理解的图片，表明活动区的数量要求；也可以在活动区一旁安装可以挂幼儿姓名卡的挂钩，通过挂钩的数量来表明该活动区能够容纳的小朋友的数量。
- 班级中很受欢迎的活动区（如想象游戏区、积木区等）的场地要大一些，要容纳尽可能多的幼儿。这些区要避免限制人数（除非场地特别小），否则会让幼儿感到很受挫。另外，在这些区限制人数反而会导致更多的问题。
- 班级中坚硬的物品（如椅子、桌子、地板、墙等）和柔软的物品数量要平衡。比如，可以提供豆袋沙发、大的靠枕、容易清洗的地毯、壁挂等。
- 至少创建一个私密的空间，让幼儿想要独处时可以使用。比如，在盛电器的大箱子上开一个门，给大箱子涂上颜色，在里面放上垫子。
- 专门开辟一个空间，存放幼儿未完成的艺术作品或其他作品。为每个幼儿提供一个私人的存储区域，让幼儿可以把自己的作品、备用衣服以及从家里带来的毛绒玩具放在那里。

问题应对

空间太小

- 如果你所在的幼儿园场地有限且每间教室的面积都很小,那么你可以和其他教师协商给每间教室安排不同的活动。这样一来,不同年龄段的幼儿就可以轮流分享所有教室。比如,第一间教室用来开展美术活动,第二间教室用来开展表演游戏,第三间教室用来开展集体教学活动,以此类推。不同班级的教师一起协商安排活动流程表,每个人负责照看一间教室,而不仅仅是照看自己班中的幼儿。
- 为了有更多可以使用的空间,同时让教室变得更有趣、更有创意,可以在教室内搭建一座阁楼。注意:天花板要足够高,而且要有足够的资金建造结实耐用的、安全的阁楼。同时,你可能还需要得到房屋建筑部门的许可,画出设计图纸,并得到数位有资质的建筑师的认可。
- 在架子腿、桌子腿或者其他比较重的家具和设备下面安装轮子。轮子上要有制动装置,以免家具和设备"乱跑"。这样你就可以更灵活地利用空间,更轻松地将家具移到一旁以腾出足够的场地,让幼儿进行集体活动或者运动。

储存空间不足

- 在墙壁的高处安装一些架子,以便提供额外的空间用来存放日常用品、档案袋、教师的私人物品以及你为即将开展的活动收集的材料。要确保架子牢牢地固定在墙壁上,以免它们掉下来。如果封闭的柜子价格昂贵,那么你可以考虑用布把开放式架子盖上,让房间看上去更整洁一些。同时,这样做也能防止幼儿被架子上的东西吸引而分散注意。
- 把未来一两个月甚至更长时间都用不到的大物件、材料箱收起来,放在仓库里、地下室或者其他地方。如果没有这样的地方,你可以向你的朋友、同事或者家人寻求帮助。你也可以询问一下当地的商业机构或者社会组织,也许他们有额外的场地,可以帮助你。给提供帮助的人或机构送个小礼物（比如感谢卡）表示感谢。
- 所有储存的物品都要登记造册。当把物品拿回班级时，记得从册子上划掉它。新储存的物品也需要登记。最好跟储存物品的人签订一个书面协议，表明是自愿储存，并承认这些物品是幼儿园的财产。

天花板太高和开放式空间太大

- 悬挂布制品或类似的吊饰，以降低天花板的高度。吊饰要远离灯具、热源，以免发生火灾。悬挂之前，跟当地的消防局取得联系，让他们来检查，确保没有违反相关规定。
- 教室空间太大的话，容易导致幼儿奔跑和大声喧哗，所以可以用隔断把空间划分一下。隔断大概 1.2 米高，以便教师可以查看班级的整体情况；同时要确保隔断不容易倒，也不容易绊倒幼儿。在教室的两根杆子之间或者两面墙之间挂一块布，也能起到隔断的作用。暂时不用的空间可以留作室内运动的场地。
- 可以在几组书架或者几组柜子之间悬挂好看的布，以创建几个舒适的空间。你也可以在大的纸板箱上做出门窗，然后给它涂上颜色，并在里面放上一些垫子。

没钱购买材料和设施

- 教师自制的材料通常是班级中使用得最多、最受幼儿喜欢的材料。你可以在材料店和玩具商店寻找灵感，看一看自己能制作哪些材料。你要经常做出调整，让材料更加适应自己班级幼儿的文化背景、适合幼儿的发展水平，对幼儿更有意义。给这些材料覆上透明贴纸，让材料经久耐用。
- 邀请家长和同事帮助你收集可以重复使用的游戏材料，比如，硬纸板、纸、麦片盒子、纸筒、蛋托、果汁桶、托盘、布、丝带、杂志、明信片、游戏卡等。
- 为那些伸出了援助之手的家长举办一个派对。为他们提供点心，并给予他们充足的时间聊一聊。此外，鼓励家长利用材料创编一两个家庭游戏带领幼儿玩。
- 跟当地的制造商取得联系，也许他们可以给你提供一些废旧材料，比如，纸、木片、塑料容器、布等。
- 重复利用一些纸张，每年可以给幼儿园节省数百元。有些纸单面有字，有些专用纸发挥不了它们的用途了，这时你就可以把它们回收利用。你可以请当地的公司（尤其是打印店和废品店）捐赠一些这样的纸，也可以从家长的工作场所获得一些。
- 木匠、手艺好的家长或者朋友能够帮助你制作家具和玩具架。这些家具和玩具架与商店里的类似，但是要少花很多钱。
- 可以到二手家具店寻找一些有用的物品。这些物品可能只需要稍微修补一下，重新刷漆或者上几个螺丝就可以用了。但是，要记得登陆厂家的网站看一看，以防这些物品因为安全问题或者其他原因被召回。

共享对教室的控制权

- 为了避免出现一些问题，至少每月跟与你共享教室的教师碰一次头，讨论材料该如何使用和清洁，明确哪些材料是共享的，哪些材料需要放在一边或者锁起来。可以邀请园长参加你们的讨论会，这样他既可以适时调节气氛，避免你们之间出现僵局，也能帮助你们判定哪些决定是合理的。当你发现教室维护得很好时，请记得给另外一位教师写一张感谢的字条。
- 如果每天或者每周结束的时候，你都需要移动家具或者把材料收好，那么在所有家具的底部都安上轮子可以让你的工作更轻松一些。那种能折叠、能被锁起来的架子，使用起来非常方便。
- 在幼儿园一日生活接近尾声的时候，邀请其他同事和幼儿一起帮忙把东西放好，清理干净。这样一来，你就不用在下班后拖着疲惫的身躯、压抑着想要回家的渴望，花很多时间进行整理了。

2. 课程难题

优质的课程是最重要且最有效的预防一大堆问题的策略。它不仅能预防幼儿的问题行为，也能避免家长产生抱怨。那么，什么是优质的课程呢？优质的课程要能促进幼儿进行最有效的学习和发展，要与文化和社会价值观相适应，要能满足社区、家长和幼儿的需求。

我们可以把幼儿园的课程划分为四类，这四类是由两条线交叉形成的一个矩阵。其中，一条线代表满足幼儿的需求和兴趣，另一条线代表给予幼儿的权限。对于幼儿来说，权限意味着他们能够做出适合他们年龄水平的选择和决定，能追求自己的兴趣，能使用各种各样的材料，能表达和表现自己的创造力、个性、感受和想法。每一条线都是一个从多到少的连续体。在图2.1中，矩阵中的四个象限代表了四类课程。象限 A 代表了促进幼儿最佳发展的课程。象限 B 代表了促进幼儿总体发展的课程，以便让他们不落后于同伴。象限 C 代表了促进幼儿的特定领域的发展，满足个别幼儿特定发展需求的课程。这样的课程通常是针对有特殊需要的幼儿设计的，既包含了辅导计划，又包含了个别化教育计划。从理论上来说，这样的课程应该聚焦于培养幼儿的技能、知识和气质，让他们能在一般的班级中正常地生活和学习。最后，象限 D 代表了为学前班儿童设计的课程，让他们为接下来的小学生活做好准备。

大部分教师都没有权利决定使用何种课程。但是，在同一所幼儿园，我看到既有非常好的班级，也有很糟糕的班级。这两类班级的教师使用的是同样的课程，接受的是同样的培训。每一种课程都有这样的情况，包括蒙台梭利课程、华德福课程、创造性课程、高瞻课程、心智工具课程、瑞吉欧课程等。除了运用其他教学策略外，这些好的班级的教师都能够很自信地坚持自己独特的教学风格，调整课程的某些内容，以更好地满足班级幼儿的兴趣和需求，使它更符合社区和幼儿家庭的文化。在做出调整的同时，只要这个课程是幼教领域公认的优秀课程，这些教师就会忠实地执行这个课程的目标和意图。

	幼儿获得较多的权限		
幼儿的需求和兴趣得到较大的满足	**A** 探究式学习和项目学习是这类课程采取的主要教学策略，课程内容源自幼儿的兴趣和需要。这类课程能促进幼儿各领域的发展，目标主要是培养幼儿的气质，如理解能力、创造性表达能力、自我效能感等。 **举例：** 瑞吉欧·艾米莉亚课程、生成课程以及芬兰、澳大利亚、新西兰的国家课程。	**B** 所有的活动或者其中一些活动是由课程编写者设计的。任何基于项目的学习活动都是对预设话题的研究或者调查。它能促进幼儿各领域的发展，但是对某一领域更为关注，比如，幼儿的自我调节能力或者认知能力。这类课程主要是为那些贫困家庭的幼儿和少数族裔的幼儿设计的，旨在促进他们的总体发展。 **举例：** 创造性课程、高瞻课程、心智工具课程、蒙台梭利课程。	幼儿的需求和兴趣得到较小的满足
	C 活动是为了满足特定幼儿的需求而设计的，活动内容是在对幼儿进行了正式评估后确定的。教师会制订个别化教育计划，然后通过一对一形式、小组形式、嵌入式学习形式等来实施活动，旨在促进幼儿在某一个或者某几个目标领域的发展。 **举例：** 专家针对天才儿童和有特殊需要的儿童设计的个别化课程。	**D** 课程的主题、内容、实施顺序都是课程编写者预设好的。大部分课程都需要购买配套的材料。课程聚焦于帮助幼儿习得特定的知识和技能。幼儿发展目标是接受权威，学习具体的技能和行为，为入学做好准备，在考试中有好的表现。 **举例：** 以某一特定内容为主的课程，如积木搭建数学课程等；一般的综合性课程，如华德福课程等。	
	幼儿获得较少的权限		

图 2.1　课程矩阵

不管怎样，课程是非常重要的。如果课程鼓励教师对幼儿做出回应，并且课程理念与教师的教育理念高度一致，那么教师就能很好地实施课程，课程的实施效果也会非常好。如果课程目标、课程内容与家长的价值观以及家长对幼儿的期待高度一致，那么家长就会非常高兴，也会支持课程的实施。如果上述两种情况都能实现，那么幼儿就能健康茁壮地成长。

然而，如果课程的理念与教师的教育理念不一致，或者课程目标与家长的价值观不一致，那么它就会成为一个问题，必须得到解决。比如，如果一位教师认为社会性想象游戏是学前教育课程的重要内容，那么让他在蒙台梭利幼儿园工作就不太合适，应该让他去采用心智工具课程模式的幼儿园。如果一位家长希望让孩子学习具体的、可测量的"入学准备"技能，那么瑞吉欧课程模式就不适合他的孩子，他的孩子应该学习以入学准备为目标的课程。

文化差异

在课程问题上存在着文化和阶级差异。在美国，许多贫穷的工薪家庭和移民家庭对幼儿抱有的期待更现实。他们希望自己的孩子至少为入学做好准备，希望他们能跟那些富裕家庭的孩子或者高学历家长的孩子一样在学业上获得成功。然而，缺少社区资源，缺少轻松且自由的时间，对幼儿园如何运作缺乏了解，以及自己之前的求学经历不太愉快（可能因为母语不是英语），所有这些因素导致这些家庭的家长无法为孩子提供富裕家庭的孩子所能得到的家庭教育支持。因此，这些家长指望幼儿园来做这些事情，并且认为幼儿园能够做好。面对这些家长，教师的挑战在于使用以儿童为中心的、有意义的、积极的、互动式的教学策略来满足他们的期待和幼儿的教育需求。

教师面临的一个更大的挑战或者严重的问题，是被要求按照一定的顺序实施预设好的课程，即图2.1中象限D中的课程。这种课程很难让教师灵活且积极地回应幼儿的需求。本节阐述了应对这类问题的方法。

了解美国和世界上主要的学前教育课程是有好处的，能帮助你审视自己的课程。

问题预防

- 有的幼儿园使用的是以儿童为中心的、灵活的课程，你可以尝试在这样的机构工作。这种课程能够减少大量的潜在问题，幼儿也很少表现出问题行为。同时，因为不需要事事都围绕课程来，所以你可以把时间和精力放在开展有意义的活动以及与幼儿进行积极的互动上。
- 了解一些关于课程的观点，以便必要时你能够清晰简洁地表述出来。比如，"幼儿是通过积极探索对自己有意义的事物和自己感兴趣的事物来学习的。当教师在幼儿原有的水平上提出挑战时，幼儿的学习能就得到进一步的促进。不同年龄段的幼儿各不相同，同一年龄段幼儿的经验、兴趣、能力水平也存在差异，因此课程活动必须能够满足幼儿个体的需求。此外，课程还需要整合各领域有意义的活动，因为幼儿是无法把知识分成科学、数学、语言等类别的。项目活动是实现以上目的的有效方式。"
- 要相信自己有能力实施一个积极回应幼儿的、以儿童为中心的课程，并且能够促进项目活动的开展。如果你不是很自信，可以参加相关的课程培训、工作坊，读一读有关的书籍，看一看相关的视频，或者到别的班级进行观摩学习。
- 如果你所在的幼儿园准备采用一种新的课程，那么你可以自愿报名和其他教师一起来选择这种新的课程。
- 如果园领导要求你实施一种新的课程，那么你一定要让园领导了解：如果你没有接受充分的课程培训，没有必要的课程材料，那么你是无法充分实施课程的。

问题应对

即将采用一种新课程

如果你所在的幼儿园通知大家，幼儿园购买了一种非常棒的新课程，每个教师都要实施它，那么你必须了解以下重要信息。

- 为什么要使用这种课程？这种课程的儿童发展目标是什么？它属于图2.1中四个象限中的哪一个？如果它是一种编制好的课程，那么它具备一定的灵活性吗？如果有，体现在哪些方面？是由课程的研发者还是由第三方机构对教师进行培训？培训是按照课程研发者制定的时间表进行吗？培训结束以后，教师在班级中是否还能得到辅导和支持？幼儿园希望教师用多久的时间能完全实施新课程？家长会得到哪些信息？
- 尽可能从多个角度了解这种课程。看看人们对它的客观评价，在网上寻找有关这种课程实施的视频，到一直使用该课程长达两年以上的幼儿园观摩班级活动，问问这所幼儿园的老师和园长这种课程的优势、劣势、挑战、价值，以及他们喜欢课程的哪些方面和不喜欢课程的哪些方面。

预先设计好的课程

- 基于近几十年来对儿童发展和学习的研究，我们知道预设课程与我们所认为的最佳幼儿教育课程相背。针对不同的对象，如家长、教师、园长、政策制定者等，你可以使用相关的信息和资料作为论据来支持你反对这种课程。
- 了解你所在的幼儿园使用这种课程的原因，以帮助你找到最佳的应对方法。你所在的幼儿园使用这种课程可能基于以下几个原因：
  ①选择这种课程的人不知道该课程的不足，也不知道有更好的课程可以选择。
  ②因为某种原因只能选择这种课程，或者因为这种课程是免费的。
  ③认为家长理解并喜欢这种课程。
  ④认为本园的教师没有能力自己设计主题和活动。
  ⑤跟以儿童为中心的、积极回应幼儿的课程相比，教师或园长认为这种课程节省时间，实施起来更容易。
  ⑥这种课程可以让所有班级开展统一的主题和活动。
  ⑦在仔细和全面考察了各种课程模式之后，选择这种课程的人发自内心地认为它是对幼儿最好的课程模式，而且它的目标、内容与幼儿

园的目标、理念、价值观相吻合。

⑧以上几种原因都有。

如果是原因①②，那么说明幼儿园并不是特意选择这种课程的，在这种情况下，你还有可能部分调整或完全改变这种课程。如果是原因③④⑤，那么说明幼儿园是有意选择这种课程的，但是这些理由并不充分。如果是原因⑥，那么说明幼儿园是从整个园所的角度出发有意选择这种课程的，所以你很难对它做出调整，除非有另外一种课程也能达到同样的时间和成本效益。如果是原因⑦，那么说明选择这种课程的人意图非常强烈，因此很难反驳和改变他的想法，除非选择这种课程的人不再在幼儿园工作，或者他改变了自己的教育观念。

- 建议对这种课程做出一些微小的、渐进的、让所有教师都能接受的改变。比如，教师们每年商定一个课程之外的主题。然后，你们彼此分享活动的想法，互相帮助制订计划。在实施活动计划之后，你们一起讨论幼儿的反应，看看哪些活动有效，以及你们希望在哪些方面进行不同的尝试。然后，你们一起决定是否要把这个主题和相关活动作为课程的一部分长期保留。
- 如果上述办法都没用，你还可以试试这样做：
  ➤ 在预设的主题和活动之外再补充一些更能回应幼儿兴趣和需求的活动，但是这要求你必须很快把预设的活动完成。
  ➤ 可以微调预设的主题和活动，以适应本班幼儿的情况。比如，当前预设的主题是"社区的好帮手"，如果正巧你们班级一名幼儿的母亲是警察，那么围绕主题开展的大部分活动就可以聚焦于警察这个社区的好帮手。
  ➤ 对于幼儿需要的一些最重要的东西，并不直接通过课程提供给他们。比如，幼儿需要体验被重视的感觉，需要被关心和照料；需要在得到支持与接受挑战之间取得平衡；需要有机会与同伴互动；需要阅读很多优秀的儿童图书，听到很多优秀的儿童故事；需要尽可能到户外和大自然中去，等等。

精心设计主题

主题或者单元是幼儿园课程最常见的结构。一个主题可以持续2～4周，为艺术、数学、科学、语言、实地考察和其他各类活动的整合提供了基础。大部分课程都是依据主题建构的。如果能设计一个对幼儿有意义的主题，且能引发多样化的活动，让幼儿积极投入地参与，那么基本上可以解决所有的课程问题。要想做到这一点，最好的方法是使用基于项目的生成性课程，而这种课程的主题源自幼儿的兴趣和需要。下面列举了一些这样的主题。有趣的是，这些主题都与权力、力量或者控制有关，抑或与三者都有关系。此外，这些主题都涉及让幼儿感到害怕的事情或者危险的事情，甚至"生死"话题。这些主题对幼儿来说是很有压力的，所以当教师允许他们自己生成游戏点子时，他们通常就会把它们"表演出来"。

- "动物的野性"主题来自一所靠近动物园的幼儿园，是教师在认真地观察了幼儿的游戏后生成的。
- "大大的、高高的"主题来自一所城市幼儿园，也是教师在观察了幼儿的游戏后生成的。
- "泰坦尼克号的沉没"主题与"大大的、高高的"主题来自同一批教师，生成于一首幼儿非常感兴趣的歌曲——《大轮船的沉没让人悲伤》(It Was Sad When the Great Ship Went Down)，这首歌是班级中的一名小朋友介绍给大家的。

主题也可以来自与幼儿年龄相关的发展任务。比如，对于4岁的幼儿来说，他们的发展任务包括：知道什么是好，什么是坏；如何感到人身安全和心理安全；如何应对强烈的情绪情感。主题还可以基于重要的社区事件（好的事情，如欢度节日；坏的事情，如房子着火）、幼儿的家庭生活经历（如家庭自驾游、去郊区露营和钓鱼、参观城市的博物馆等），以及让几乎所有幼儿都感到不舒服的一些经历（如去医院看病、坐飞机旅行、自己家的房子将要被拆建等）产生。主题要能够很容易地引发一些动态的活动，并能让幼儿通过想象游戏表演出来。一些静态的主题，如春天、颜色、岩石、大树等，通常不会引发这样的活动。但是，与某些地点有关的主题除外，如机场、超市、建筑工地等，因为这些地点涉及各种不同的角色和大量的动作，所以以这些地点为主题能引发幼儿进行大量的活动。有些很棒的主题可以帮助所有幼儿解决对他们来说非常重要的问题。这些主题也涵盖了幼儿的发展任务。尽管这些主题是抽象而复杂的概念，但是通过生动的、有意义的活动能够把它们具体化。你可以参考下列主题及它们所包含的活动。

分离：在成长过程中，所有人都会面临与人和场所分离的问题。幼儿每天都要面对分离，今后也不可避免地要面对这个问题。可以设计一个关于分离的主题，给幼儿提供具体的活动，向他们展现分离的困难和痛苦，但也要向他们表明分离会带来积极的结果，尤其是当他们能得到精心的照料时。

- 科学活动：从成熟的蕨类植物上移植幼苗，让幼儿看看植物是如何分离的。把关注点放在怎样照顾幼苗让它活下去并生长上面，并用图表记录幼苗的生长情况。也可以同时移植几棵幼苗，且每棵幼苗给予的照顾都不一样，比如，不浇水、浇一点点水、浇很多水；然后，引导幼儿分别观察和记录幼苗的生长情况。
- 烹饪活动：把鸡蛋的蛋清和蛋黄分开，然后用蛋清和蛋黄分别做一道菜。向幼儿指出一样东西可以被分成不同的部分，但是每一部分都很棒。
- 语言活动：为幼儿读一读有关讲述分离的书。《奇幻森林历险记》和其他许多童话故事都涉及分离的问题。你还可以给幼儿读读《我每天都爱着你》（*I Love You All Day Long*）和《妈妈的爱心吻》（*The Kissing Hand*）。把发生在你和幼儿身上的分离故事制作成书，比如，走丢了但是在这个过程中懂得了怎样寻求帮助。
- 项目活动——桥梁：带领幼儿进行一场头脑风暴，用图表的形式记录跨越"分离"这座桥的所有方法，可以是字面意义上的跨越，也可以是一种比喻的手法，还可以是心理上真的跨越过去。然后，根据幼儿的兴趣生成不同形式的项目活动。比如，可以调查并搭建不同类型的桥；可以与班级中住得很远的幼儿互动，调查、使用和记录跨越"分离"这座桥的工具与策略；也可以带领幼儿探索家长的不同职业、工作场所以及他们为什么不能到父母的工作场所而必须跟父母分开。

公平：几乎所有幼儿都强烈地认为，每个人都应该得到公平的对待。如果他们不能得到公平的对待，那么他们就会很伤心。

- **数学和科学活动**：经常开展投票表决活动，可以增强幼儿的数学技能。幼儿可以投票表决的事情包括：读哪本书或者唱哪首歌；某一项班规是保留、调整还是取消；班级宠物叫什么名字；项目活动的主题是什么。可以让幼儿站在不同的区域来表示他们做出的选择。比如，投票"是"的幼儿站在圆圈的右边，投票"否"的幼儿站在圆圈的左边。有时候，还需要给那些难以做出决定的幼儿提供第三种选择，比如，站在圆圈中间。这样一来就避免了幼儿会做出多种选择的问题。你可以通过图表的方式对比选票结果。

  为了确保每个幼儿都能得到同样多的物品，你可以向幼儿演示如何利用天平称重；如何利用直尺、积木、一段绳子来进行测量。在给幼儿分食物、饮料、玩具的时候，可以向他们展示并简单解释分数、除法的概念。

- **社会与认知活动**：和幼儿一起讨论创建一个清单的各种方法，以决定他们轮流玩某种玩具的顺序。可以采用下面的方法：按照幼儿姓名的首字母顺序；按照从小到大的年龄顺序；按照从高到矮的顺序；按照摇骰子时从大到小的点数顺序。你可以问问幼儿的意见，让他们投票选出最公平的方法。至于其他的方法，可以在接下来的日子里使用。在所有方法都被实施过一遍以后，再次让幼儿投票表决。

- **项目活动——好运气和坏运气**：有时候你会成功，有时候你会失败。本项目所涉及的活动适合5岁及以上的幼儿，能够帮助他们应对成功和失败（主要是失败）所带来的情绪感受。你只需要设计一个活动，然后不断地拓展这个活动就可以了。第一个活动是让幼儿知道，随着时间的推移，好运气（成功）和坏运气（失败）的数量最终是平衡的。让两个幼儿组成一组抛硬币，其中一个人总是选择正面，另一个人总是选择背面。每一组幼儿抛 20 次硬币,然后数一数硬币正面赢的次数(正面为好运气,背面为坏运气)和背面赢的次数(背面为好运气,正面为坏运气)。然后,把班级中所有幼儿得到的结果相加。最后的结果会表明,好运气和坏运气的数量几乎是一样的。接下来,幼儿再玩一个更复杂,但是也很常见的有关运气的游戏。多人玩多次,并计算每次谁赢了、谁输了。然后,用图表统计出来以让幼儿直观地了解,一段时间下来,输和赢的数量几乎是一样的。接下来,带领幼儿看一看每次游戏的输赢主要是由运气决定的(好运气和坏运气),还是主要由技巧和策略决定的(跟运气无关),抑或以上两种因素都有。然后,根据这三种类型创建一个表格,把每个游戏放进去。弄清楚每个游戏涉及的所有方面,包括运气(抽取了什么牌、掷骰子的情况等)和技巧(选择和运用了一种策略;快速思考;耐心;推测对手下一步会做什么)。仔细看看那些更多依靠技巧的游戏,从而确定需要哪些技巧才能玩得很好以及提升这些技巧的办法。帮助幼儿调整游戏规则,让运气在游戏的输赢上产生更大或者更小的影响。然后,组织幼儿讨论并投票决定他们最喜欢哪一种游戏。最后,帮助幼儿根据他们喜欢的游戏元素设计一个新的游戏。如果这个游戏涉及运气元素,那么还要考虑运气会在多大程度上影响游戏的结果。

变化:变化是生活和成长的一部分。尽管有时可能很痛苦,但是变化意味着成长。变化的例子无处不在。

- 烹饪活动:把生鸡蛋的特点写下来,请幼儿预测当用不同的方法(煎、煮等)烹饪鸡蛋时,它们会变成什么样子。然后,烹饪鸡蛋,并引导幼儿观察加热后它们有什么变化。品尝鸡蛋。烹饪其他加热后也会发生变化的食物,并把它们做一对比。向幼儿指出,鸡蛋加热后变硬了,蔬菜加热后却变软了。鼓励幼儿寻找原因。
- 科学活动:向幼儿演示水的三态变化:固态(冰)、液态(水)和气态(水蒸气)。讨论每一种状态的独特性。引导幼儿在未来一个月的时间内观察并追踪天气的变化,同时记录每天早、中、晚的气温。讨论为什么会发生这些变化以及这些变化带来的好处和问题。不要向幼儿呈现一些不太寻常的变化，比如，毛毛虫变蝴蝶，因为这对于幼儿来说很难理解，成人也很难解释清楚。也要避免让幼儿观察一种长期的变化（如四季的更替、大树的变化），因为他们很难直接观察到。

- 语言活动：给幼儿读一读这些书，如《千变万化》(*Changes, Changes*)、《永远爱你》(*Love You Forever*)、《一生》(*Lifetimes*) 等。
- 美术活动：让幼儿尝试混合和改变颜色。给幼儿提供一小塑料罐水、干净的塑料杯、眼药水瓶、食用色素和倒脏水用的盆子。提供纸巾或水彩纸，让幼儿在上面滴上颜料，观察颜色的变化。
- 项目活动——有关家庭变化的故事：本项目活动主要探索幼儿家庭经历的变化。请家长帮助幼儿确认家庭经历的一个重大变化，包括移民到美国、家里添了一个新生儿、搬家、养宠物、一次特殊的家庭旅行、家庭成员或宠物去世，以及难忘的事件（如赢得比赛或者救助了他人等）。可以通过照片把这些变化分类展示在一张大挂图上，作为这个项目活动的一项成果。在这张大挂图上，每个类别设置一栏，如搬家、新生儿、新宠物、宠物去世、家庭成员去世等。在每一栏里放上幼儿的姓名以及宠物、新生儿、新家的照片等。再根据这张挂图制作一张柱状图，用来表明每一栏里的幼儿人数。接下来，帮助每个幼儿制作一本讲述他们的家庭变化的图书。书里的内容要详细一些，要包括该变化对家庭的影响。最后，制作一本班级图书，让每个幼儿利用一页篇幅讲述自己家庭的变化。你可以把这些内容上传到班级的网站上。你也可以选择2～3个故事制作成短剧，让幼儿表演出来。他们排练短剧，制作道具和服装，并准备在项目展示的时候表演给父母看。如果幼儿不愿意现场表演，你可以用录像机把短剧拍下来播放给家长看。有的幼儿可能还愿意在家长会上把他们的故事读给父母听。家长也可以讲故事、唱歌等。

你还可以考虑其他的主题，如"选择和做决定""感到害怕或者安全""我很生气"等。在幼儿熟悉了主题活动和主题所要传达的观点后，整个学年中当他们的生活遇到了跟主题有关的问题时，你都要随时带领他们复习和回顾。

比如，当幼儿有一些日常冲突时，可以引导他们运用在"公平"主题中学到的技能来解决。如果突发了幼儿很感兴趣的事件，比如，附近的建筑工地开始施工、一场暴雨即将到来等，那么你可以缩短或者延迟正在进行的主题，把焦点放在幼儿感兴趣的事件上。

3. "当然，我会教幼儿阅读"——用不恰当的方式教幼儿阅读的压力

过去，这种压力——比如，采用直接教学法让幼儿记住字母的名称和发音——主要来自家长，他们希望幼儿在幼儿园和今后的学习中有良好的表现。但是现在，这种压力来自学校教育体系、政府的教育行政部门、政治家、媒体、玩具公司等。目标也从"想让幼儿在幼儿园有良好或者突出的表现"变为"需要幼儿在测试中得高分"。家长也感受到了这种新的强大的压力，并把这种压力施加给了幼儿园的教师。但是，对于家长担心他们的孩子不能为上小学做好准备的这种心情，我们是很难指摘的。

压力会导致家长对幼儿抱有不现实的期望，也会让他们形成以下错误的想法：

- 幼儿的学习方式和大年龄儿童的一样。
- 死记硬背等同于学习和理解。
- 认字和阅读是一回事。

问题预防

- 向家长保证，幼儿正在通过以下方式学习阅读：
  - 出于各种原因，以各种形式接触优秀的儿童文学作品和大量的文字。
  - 理解文字是有含义的，知道文字是一种交流方式。
  - 有很多机会进行书写，而且正在学习写得好一些。
  - 在游戏中进行书写，比如，在餐馆游戏里写菜单、在诊所游戏里写处

方等。他们可能只是乱涂乱画，也可能写一些类似字母的符号，还可能自己发明一些文字。
- ➢ 在教师的鼓励下，认识、书写自己的名字和其他小朋友的名字。
- ➢ 口述故事，然后由教师写下来读给他们听，或者他们自己读。
- ➢ 欣赏由他们自己绘制、由教师配文的图画。
- ➢ 背诵押韵的儿歌。
- ➢ 每天都能听到并运用新的词语。

■ 告诉家长，以上这些才是教幼儿阅读的正确方式。它们不光培养幼儿的前阅读能力或者让幼儿为阅读做好准备。可以把这些观点变成书面表述，发给家长和那些正在参观幼儿园的人；也可以把它们变成《班级家长手册》或者《幼儿园家长手册》的一部分内容；还可以在教室和班级网站上张贴它们。

■ 询问新生家长关于阅读教学的看法，判断他们的理念是否和你的理念吻合。

■ 保存好幼儿的作品，如幼儿口述的故事、制作的标记、书写的作品、画的画等。把它们作为班级幼儿阅读和书写能力发展的佐证，展示给新生家长看。

问题应对

面对家长施加的这种压力，你可以向他们保证你会教幼儿阅读，而且每个幼儿的阅读能力都将得到最充分的发展。对于很多家长来说，阅读仅意味着幼儿能够认识字母，进而读出单词。在他们看来，阅读教学首先就是要教幼儿认识字母，然后教他们掌握字母的发音，最后教他们组合字母发音读出单词。但是，能阅读是指能够理解文字的含义。文字是一种交流、记录、表达的形式。理解文字的含义一定要能认读单词吗？毫无疑问是的。但是，仅仅认读单词并不是阅读。教幼儿阅读，意味着要安排幼儿体验文字承载和传达信息的多种方式，如姓名标签、购物单、交通标志、给实地考察的照片配的文字说明以及《花婆婆》、《野兽国》（*Where the Wild Things Are*）、《古纳什小兔》（*Knuffle*

Bunny）等故事。这就意味着要为幼儿提供丰富的语言活动，让他们拥有一定的词汇量来理解阅读的内容。

- 针对那些已经准备好并有兴趣学习字母发音的幼儿，不管他们的年龄大小，都应该帮助他们学习。可以先从幼儿自己的名字开始，然后逐渐扩展到家庭成员、宠物、朋友的名字。
- 采用鹰架式书写（Scaffolded Writing）策略，让幼儿（哪怕是3岁的幼儿）用线条来代表文字在纸上书写信息。虽然幼儿是逐渐学习一个个字母的发音的，但是他们总是会书写一个完整的信息并把它大声读出来。这就让我们把关注点放在阅读和书写的交流和传达意义的功能上。
- 大声为幼儿朗读他们喜欢的故事也是一种非常棒的方法，能保证幼儿长大以后成为阅读者。你需要经常为幼儿朗读（半日制幼儿园每天最少一次，全日制幼儿园每天最少两次），并且让家长知晓。精心选择图书，要挑选幼儿感兴趣并且他们容易理解的图书。使用原版的经典儿童文学作品，避免选择经过改编的、卡通化的版本。如果幼儿开始变得坐立不安，那么停止朗读。可以稍后再继续，也可以选择一本幼儿更感兴趣的图书。朗读的时候要声情并茂，采用不同的声音来诠释不同的人物角色。可以给单个幼儿朗读，也可以给全班幼儿朗读。各个时段都可以朗读，包括区角活动时间。
- 创设一个文字丰富的班级环境。比如，教室里到处都贴满了标记、每个小柜子上都贴上了幼儿的名字、墙上粘贴了简单的图表、玩具和材料架上贴上了图文并茂的标签、书柜上有大量优秀的图书等。还可以设计一张签到表，让幼儿每天来园的时候把自己的名字写在上面。
- 使用一张轮流表，这样幼儿就可以报名玩班级中很受欢迎的一个玩具或者区域，玩好以后把表格上自己的名字划掉，喊名单中的下一个小朋友来玩。
- 把幼儿的书写作品展示在墙上或公告板上。另外，利用照片把幼儿参与项目活动的全过程展示出来。
- 设置一个舒适的阅读角，在里面放一些柔软的枕头和许多吸引幼儿的图书。

- 在积木区、想象游戏区、美术区提供记号笔、铅笔和空白的纸。
- 把幼儿的名字张贴在教室里的很多地方,如工作表、生日表、储物柜上等。
- 创设想象游戏区,如办公室、医院、邮局、图书馆等,以便幼儿可以模仿成人在这些地方进行阅读和书写。
- 实施个别化教育。大部分6—7岁的幼儿对阅读感兴趣并且为阅读做好了准备。但是,对于更加年幼的儿童或者已经开始阅读的幼儿,你需要提供额外的帮助。你可以提供一些有趣的、好读的图书,比如,苏斯博士撰写的一系列书籍。对于大多数幼儿来说,《在爸爸身上蹦来跳去》(*Hop on Pop*)或《绿鸡蛋和火腿》(*Green Eggs and Ham*)可以作为他们独立阅读的第一本书。
- 良好的语言技能和丰富的词汇是幼儿进行阅读和书写的基础。你自己要口齿清晰,鼓励幼儿尽可能多地运用语言,让幼儿经常接触新单词、新短语。
- 利用进餐时间让幼儿使用语言来传递食物、倒牛奶等。
- 教幼儿唱包含新词语的歌曲,为他们朗读包含新词语的故事,并向他们解释这些词语的意思。
- 设计桌面游戏和想象游戏。在这些游戏中,幼儿需要互相交流来确定角色、轮流的顺序、规则等。
- 吟诵有韵律的手指游戏、儿歌,唱有韵律的歌曲。偶尔空出一些词语,这样幼儿就可以"捕捉"到韵律,并把缺了的词语填上去。
- 要意识到一些潜在的阅读问题。对于语言技能不足的幼儿,比如,犯很多语法错误、词汇量很少等,你需要特别关注。你可以将这类幼儿交给语言专家进行测试和评估。提早发现问题,有助于防止幼儿在后期出现阅读问题。

> **文化差异**
>
> 为贫困家庭提供早期教育服务的幼儿园要严肃对待幼儿的读写发展问题。与富裕家庭的幼儿相比，来自贫困家庭的幼儿听到的词汇量要少很多，语言也不丰富，这就导致幼儿之间出现了"成绩鸿沟"，或者更准确地说是"语言鸿沟"；甚至在幼儿3岁时，这种鸿沟就出现了（Hart & Risley, 2003）。然而，严肃对待并不意味着要诉诸于直接教学法和死记硬背，或者对幼儿能学什么、学习速度有多快、能坐多久以及能专注多久等抱有不切实际的期待，进而让幼儿生活在压力之下。幼儿园要目标明确、考虑周全，为幼儿提供丰富的语言材料，让他们积极从事自己喜欢的语言活动。

4. 让测试没有眼泪——除了老师的眼泪

本节讨论的是跟直接评估幼儿有关的问题。关于过度使用和错误使用测试的问题，后面的章节会有详细的解释。

评估幼儿的目的在于更好地了解幼儿，以便对幼儿实施有效的个别化教育，确保课程活动能满足幼儿的需要和兴趣，以及能成功地与家长合作，促进幼儿的发展。但是，很难准确地评估幼儿，因为幼儿的发展是快速的、不均衡的，有时候甚至不是沿直线前进的。我们都看到过幼儿因为生病或者创伤性事件而"退步"了，但是他们又会反弹回来。如果测试的内容太复杂，或者测试的问题以幼儿不熟悉的方式描述，那么根本就测不出幼儿的真实知识和能力。要想准确地评估幼儿，最好的方法是在一段时间内，有目的地观察幼儿在各类日常活动中的表现，并且在家里和幼儿园都要进行这样的观察。关于幼儿在家的行为表现和能力，你可以从家长那里了解，也可以在家访过程中通过直接观察了解。使用结构清晰的观察记录表或等级评估表很有帮助，它们能引导你对所有的幼儿进行同样的观察，并且能对各个发展领域进行观察。记录下幼儿真实的话语和行为，可以用纸笔记录，也可以拍照或者录像；收集幼儿的绘画和书写作品。这些材料能对观察记录表或等级评估表进行很好的补充。

但是，也许你会被要求实施其他类型的测试，即给幼儿打分，然后将测试结果与同龄人的样本进行比较。这种常模参照测验并不是为了直接改进教学而设计的，而是为了筛查幼儿可能存在的能力不足问题，测量幼儿的学业成就或者"入学准备"情况。通过这种筛查测试，你能够判断是否需要一位专家对某个幼儿进行更全面的测试，并最终决定该幼儿是否需要接受特殊的教育。筛查测试非常重要，因为它能够识别问题，让幼儿尽早得到帮助。

成就测试通常在一学年开始时进行一次，结束时再进行一次（中间可能会有1～2次）。根据成就测试的分数，你能够判断一个幼儿的知识和能力是低于、等于还是高于同龄幼儿的平均水平。用于决定平均分数的幼儿群体被称为"常模"，他们能反映美国幼儿基本的性别、种族、民族等情况。然而，被选作常模的幼儿跟你班级中的幼儿可能完全不同。班级中的幼儿在前后两次测验中获得的成就（即发展的程度和速度）是不同的。你要把幼儿的成就测试分数与常模中幼儿的分数做比较，以评估和判断幼儿、教师、幼儿园、学校制度以及影响幼儿取得进步的因素，从而缩短低收入家庭和高收入家庭幼儿之间以及不同民族、种族幼儿之间的成就差距。

文化差异

所有的测试都存在文化偏见，因为它们反映了特定的文化，有着特定的知识基础和价值观。我们不能因为幼儿没有回答出测试中与特定文化经历有关的问题，就认为他们能力不足。比如，住在市中心的幼儿可能不知道"湖"是什么，而住在郊区的幼儿也许不知道"马路牙子"是什么。

问题预防

- 预估测试中可能出现的问题。比如，你可能知道，哪些幼儿对测试感到紧张，甚至不能接受测试，特别是当实施测试的人是他们不熟悉的人时。你也可能知道，哪些幼儿很可能在测试中表现不佳。与家长合作，寻找一些策略来帮助这些幼儿。比如，允许幼儿从家里带一个能抚慰他心灵的物品，测试的时候允许一名家长在场，把测试安排在一天中让幼儿感到最舒服的时间，以及跟幼儿解释接下来要做什么。

- 帮助幼儿熟悉测试问题的类型，但是不要使用真正的测试题目。在游戏活动、集体讨论、故事活动或者其他类似的活动中，偶尔但是有规律地按照测试中问题的表述方式提问，比如，"哪一个与其他不同？""有什么东西不见了吗？""刚才发生了什么？""你认为接下来会发生什么？""谁的最多，谁的最少？"

- 在测试开始前告诉幼儿他们可以做的事情，比如，可以要求多一点时间，要求老师重复问题，要求喝水或者休息一会儿。

- 提前准备好测试场地。如果测试是在教室以外的地方进行，那么要把这个地方布置得舒适且富有吸引力。为幼儿和你自己准备一杯水、一个计时器、一些玩具和材料。但是，玩具和材料不要让幼儿看到，只有当幼儿需要短暂休息时才提供给他们。

- 好好了解测试内容，知道测试的优势和不足。确保测试是针对你班级中幼儿的年龄段有目的地设计的。筛查测试不能用作成就测试，反之亦然。

- 认真阅读测试说明，以了解它给予幼儿多大的灵活性。比如，幼儿能再测试一次吗？能鼓励幼儿吗？在中止测试之前，允许幼儿犯多少个错误？是否可以把测试内容拆分，让幼儿在一天中的不同时间或者不同的日子里分别接受一部分测试？

- 了解常模与你班级的幼儿在年龄、居住地址、文化、种族、民族、家庭收入方面是否具有可比性。你可以从测试指南、手册或者网站上找到这方面的信息。如果他们之间不具有可比性，那么你可以要求使用不同的评估工具；或者在报告和讨论测试结果时，做出说明。你班级中的幼儿在他们特定的生活背景下需要掌握的技能和知识是独一无二的，跟常模中幼儿需要掌握的可能截然不同。

- 在实施每一个测试前，你都需要接受广泛的培训，获得持续的支持，阅读《测试手册》，以及花时间进行练习。只有这样做，你才能获得准确的测试结果，确保测试能顺利进行，同时不会让幼儿"消极等待"。
- 在对幼儿进行任何评估前都要通知家长。学年伊始，把将要使用的评估工具告诉家长，帮助他们了解其中一些项目。告诉家长评估的目的以及将如何使用评估结果。如果不分享结果，要跟家长解释原因；如果分享结果，要说清楚怎样分享以及何时分享。

问题应对

不适合的测试

- 导致测试存在问题的原因有很多。如果许多幼儿都能正确回答每个问题，又或者许多幼儿对任何题目或者大多数题目都答不出来，那么说明这个测试的年龄跨度不够，很明显不适合你的班级。如果幼儿在最初的测试中得分很高，那么接下来就很难表明幼儿学到了什么，或者无法判断一学年中幼儿的发展速度。如果幼儿几乎对所有问题都答不上来，那么我们就不能知道他们了解什么和能做什么，他们的发展速度可能就会被夸大。
- 如果幼儿读不懂测试所使用的语言，不理解题干，或者答题的方法太难，那么他们就可能回答不上来问题，或者测试的结果就不够准确。比如，测试可能会要求幼儿用铅笔在正确的答案下面画一个小小的对钩或者一条线。幼儿可能知道答案，但是不具备准确勾画的能力；幼儿也可能不知道答案，但碰巧标注了正确的答案。
- 收集一些额外的能反映幼儿的知识和能力的信息。这些信息在你看来很重要，但是在测试中测不出来或者测得不准确。比如，你在教学中花了大量时间来促进幼儿的创造性表达，培养幼儿的问题解决能力、对他人友好的态度，教幼儿懂得尊重环境、尊重彼此之间的差异。然而，很少有评估工具能够测试这些内容。即使你班级中的幼儿在学业成就测试上得分很高，他们在这些重要能力发展和品质培养上所取得的进步也难以被识别、重视和赞扬。

- 如果测试采用的是等级评估法，那么你可以把观察到的与测试内容有关的幼儿逸事记录下来，也可以把你认为很重要但是测试中没有的内容写下来。这样做能更全面地反映幼儿的发展，同时也提供了有用的信息，帮助你制订计划以及和家长、同事讨论测试的结果。
- 通过多种方式展现幼儿的学习与发展，从而降低评估的重要性。你可以保存幼儿的绘画和书写作品、录像、录音、拍照片、记录幼儿的语言、填写观察记录表。全面记录幼儿的能力、知识、品质，尤其是那些测试中没有的内容。在与他人讨论测试结果的时候，你可以分享这些信息。
- 对于测试中的题目，尽可能在日常活动中通过观察自然地获得相关信息。然而，在日常生活中有时很难自然地看到幼儿的特定行为或能力。比如，有些题目想要了解幼儿是否能够排序（把物品按照一定的顺序排列，如从矮到高、从大到小、从轻到重等），你可以寻找或者制作有关排序的材料以及设计简单的排序游戏来考查这一点。你可以把硬纸筒切成不同的长度，然后把它们笔直地摆放在一个容器里。你也可以把 12 个不同尺寸的小石头放在蛋托中，让幼儿排序。如果有的幼儿不能独自排序，你可以提供一些游戏化的指导。比如，你可以提问："我把石头按照一定的顺序放好了。你知道是什么顺序吗？你能按照不同的顺序摆放，看看我能不能猜出来吗？"最初，幼儿可能需要协助。开始活动时，你可以引导幼儿把物品分开，然后按照从左到右的顺序有条理地摆放。这种方法对于大部分幼儿都有用。
- 寻找一个或多个可以替代的测试。这些测试可以为你提供同样的信息，但是更为有效、准确，更适合你班级的幼儿。你可以要求从这些测试中选择一个使用。

幼儿对问题没有反应或者觉得很有压力、很沮丧

- 如果幼儿对测试没有反应，尝试了几次都是如此，那么中止测试。可以在《测试手册》中准确地记录下发生了什么事情，也可以在备注页上写清楚，表明这名幼儿不能参加测试，无法给出分数。不能给出零分，因为零分意味着幼儿参加了测试，但是都答错了；可是，事实并非如此。
- 有时候，幼儿会通过转移你的注意或者提与测试无关的问题来表达自己的焦虑或沮丧。从表面上看，这些行为并不像焦虑或沮丧，但事实上却是。幼儿这样做只是想"保留面子"或者不想让你失望。像对待其他更明显的压力行为一样，认真对待这些行为。
- 一旦看到幼儿表现得很焦虑（无论是直接的还是间接的），就要中止测试。告诉幼儿可以短暂地休息一会儿，并用计时器设置3分钟左右的休息时间。和幼儿一起伸展一下身体，并为他们提供2～3个活动让他们从中选择，如看书、画画、拼拼图等。休息时间过后，提醒幼儿他还可以通过其他方式获得更多的掌控感。如果幼儿还没有准备好重新接受测试或者还是感到很焦虑，那么就结束测试。在《测试手册》上或备注页上详细记录下发生了什么事情。

幼儿曲解了问题

- 如果几乎所有的幼儿都曲解了问题，那么说明这个测试不适合幼儿。参考上文所述的应对建议。
- 如果只是一部分幼儿曲解了问题，而且不是因为语言差异引起的，那么可以根据测试指南重述一遍问题。尽管测试题目通常不能被改动，但是因为测试者所表述的方式不一样，每个测试又都是不同的。
- 如果幼儿很明显知道问题的答案或者能够完成任务，但是不能表示出来，那么无论是什么原因都应该注明。同时，也要写清楚你是怎么知道幼儿知道问题的答案或者能够完成任务的。测试结束以后，补充更多的细节并且复印一份。如果允许的话，那么可以不给这个题目打分；如果打分表上没有地方可以写评论，那么可以添加备注页加以说明，同时把复印件连同与测试有关的评价、信息、批评、问题、资源等一起放到文件夹中。即使你不清楚幼儿是否知道答案或者能否完成任务，但是你可以肯定的是幼儿无法回应或者做出了错误的回应是因为他们不理解问题，你也需要按照上面的方法记录下来。

与家长和其他人分享测试结果——好消息和坏消息

- 家长或者其他人可能会问你,跟班级中的其他孩子或者跟一般孩子相比,他们的孩子表现怎样。媒体每天都在促使家长对孩子进行比较和排名。由于这些分数对你来说并没有用,所以你可以使用在线系统来计算分数。然后,你可以坦诚地说你不知道分数,而且也不想知道分数。同时,你可以告诉他们幼儿对测试有什么样的反应,包括他们对觉得有难度的内容和特别擅长的内容都有什么样的反应。此外,你还可以告诉家长测试的目的和局限性、与测试有关的问题,以及你通过观察和记录获得的有关幼儿的其他细节。列举幼儿在各个发展领域所取得的进步,详细地向家长描述幼儿,可以极大地降低他们把自己的孩子与其他孩子进行比较的倾向。

- 当然,家长有权利充分了解有关他们孩子的评估信息。但是为了大家好,可以让园长、研究者、评价专家把常模参照测验的结果告诉家长。这样一来,既避免了家长在班级层面上比较孩子的成绩,也不会影响你和家长之间的关系。

测试给教学带来的压力

- 这种压力是很好理解的。毕竟,如果一个测试内容是要求幼儿单脚站立30秒,那么你为什么不让幼儿提前练习呢?我们都希望幼儿表现得好、得高分,所以让幼儿练习测试题目听起来是很有道理的,也是一种积极的做法。然而,有两个理由告诉我们不要这么做。一个理由是这种做法对于提高幼儿的技能是没有效果的,所以对幼儿的分数的影响也不大。幼儿展现这种技能的能力与年龄、发展有关,跟经验关系不大。当然,经验也是很重要的。有时,缺乏经验,幼儿照样能完成任务;但是如果不具备这种能力,那么幼儿是不可能完成的。另一个理由是练习是一种错误的教学方法,会让你的课程变得更有预设性,缺少对幼儿的兴趣和需求的回应。你可以参考前面关于课程的内容来获得更多的信息。

■许多测试尤其是筛查测试中的题目，只是反映了幼儿的某些能力，它们本身并不重要。比如，一项测试题要求幼儿复制一张简单的图表，或者把小块积木堆起来，这个题目评估的是幼儿的小肌肉动作和手眼协调能力。但是，当幼儿投入类似的但对他们更有意义的活动时，如区角游戏活动、日常生活活动（如倒果汁）等，这种技能将得到更好的发展。这样一来，幼儿既能发自内心地学习，也能毫无压力地把技能表现出来。如果你能提供吸引人的、有挑战性的、复杂的活动，尤其是基于幼儿兴趣的项目活动，那么，幼儿就能很轻松地掌握这些基本的技能，不需要教师的直接指导，也不需要练习。

5. 个别化教育——对幼儿进行不同的指导

个别化教育意味着对幼儿进行不同的指导。对于幼儿教师来说，这是一个非常棒的术语，因为我们的职责就是促进不同幼儿的发展和学习。

所有优秀的教师，无论是幼儿教师还是中小学教师，其特点之一都是能够实施个别化教育，即使班额很大，也依然可以做到。为什么个别化教育如此重要呢？因为个别化教育能让幼儿感到自身的价值，感到自己被关爱；能让活动更吸引人，对幼儿更有意义；同时，它也是最有效的促进幼儿学习与发展的方法之一。你越重视个别化教育，你的班级就运转得越顺利。幼儿的问题行为将会减到最少，积极的、富有成效的活动将会大量增加。

个别化教育意味着你的班级一日作息安排能够满足每个幼儿对活动和休息的需要。它意味着班级的设施、材料和布局能促进每个幼儿的成长，意味着你选择的活动对每个幼儿来说都是优质的活动，也意味着你展示活动的方式让每个幼儿都觉得虽然有一定的挑战，但是能够成功。这可能吗？当然，也许并不是任何时候都能满足所有幼儿的个别化需求，但是大部分教师通常不需要额外的努力就能够比现在做得更好。很多情况下，只要跟现在稍微有所不同就行了。个别化教育有三种水平：针对幼儿个体、针对特定的一组幼儿、针对全班幼儿。特定的一组幼儿通常有着相同的需求和其他共同点。特定的一组幼儿可能是班级中最小的幼儿或最大的幼儿，也可能是一群说相同母语的幼儿。如果幼儿的母语不止两种，那么可以在班级中多设几个基于语言的小组。你也可以设置基于性别的小组：女孩、认为自己是男孩的女孩、男孩、认为自己是女孩的男孩。思考满足这些幼儿的方式很重要，你可以提供特定的支持，可以借助课程活动和材料，可以协助他们与其他幼儿建立联系，还可以保护他们不受到同伴和成人的偏见影响。由于这些小组里的幼儿经常把自己跟班级中的其他幼儿分开，因此，帮助他们完全融入班集体是非常重要的。在班级层面上对幼儿实施个别化教育很重要，因为每个年龄段的幼儿都有各自的优势、劣势和独特性。比如，你班级里的幼儿今年看上去相处融洽、彼此喜欢、快乐游戏，但是在明年，他们就可能争吵不停、互相抱怨、性情乖戾。

文 化 差 异

对于个体的重要性，不同的文化有不同的看法。有的文化把人视为个体，有的文化则把人视为群体中的一员，尤其是家庭中的一员。美国的主流文化则是个人主义。在美国，人们高度重视个人的权利和需求，高度赞扬个人的成就，家庭和社区的纽带作用则很弱。幼儿成人后居住在离父母和原来小区很远的地方，是很常见的现象。在其他大部分文化中，人们会教育幼儿先把自己视为集体的一分子，其次才是单独的个体。与美国文化极端相反的是，某些非西方文化让人的群体属性取代了个体属性，导致一个人几乎没有自己的个性。然而，个别化教育与个人主义并不是一回事。个别化教育的确重视和强调个人独特的兴趣和需要，但是其主要目标是有效地帮助幼儿获得成功、做出贡献、担负起自己作为集体一分子的责任。现在，幼儿园的班级和家庭是幼儿生活的集体，稍后学校的班级是幼儿生活的集体，等幼儿长大成人后，工作场所、家庭和社区，甚至整个社会就是他们的集体。

问题预防

- 尽可能多地了解班级幼儿的生活。他们有多少兄弟姐妹？多大了？在培养和教育幼儿方面，每个家庭的观点是什么？每个家庭空闲时会做些什么？
- 可能的话，对每个幼儿进行家访。这样你就能深入了解幼儿的生活。你也可以约家长在公园或者类似的地方见面，这样当你和家长交流的时候，幼儿可以独自玩耍。
- 向每个家长提问一些基本的问题，比如："作为孩子的老师，你希望我了解孩子的哪些事情？你对孩子未来的五年有什么希望和梦想？孩子什么时候算长大了？"
- 通过仔细观察，深入了解幼儿的能力。记下每个幼儿的强项和弱项，把你的观察记录放在文件夹里。定期参考文件夹，更新你对某些幼儿的了解；尤其是在制订计划的时候，更要以此为依据。这样做能让你对每个幼儿能做哪些事和不能做哪些事抱有符合实际的期望。
- 针对有特殊需要的幼儿，你要向他的家庭成员和一直帮助他的专家寻求建议，看看如何在日常的每一类活动中对他实施个别化教育。
- 假定幼儿对活动有不同的回应方式，并为之做好准备。假定任何一个活动都不能让所有幼儿或者部分幼儿成功参与，设计玩这个活动的其他方法或者设计一个备用活动。
- 尽可能从社区、幼儿家庭或其他地方寻找优秀的志愿者来帮忙。以小组的形式或一对一的形式对幼儿进行个别化教育的效果会更好。花些时间告诉志愿者，对于特定的幼儿他们可以有什么期待。此外，还要对他们进行培训，以便他们可以有效地指导幼儿。
- 如果你无法得到额外的帮助，那么可以以小组的形式开展活动。当一组幼儿开展活动时，其他幼儿进行区角游戏。如果你只有一个助手，那么你可以把全班幼儿分成两个小组。这样，每个幼儿都会得到更多的关注，在小组中也有更多的机会进行交谈。
- 在区角活动时间对幼儿进行个别化教育，且至少持续一小时。在教室里巡视，观察每一组幼儿或者每个幼儿，看看他们对什么感兴趣、正在解决什么问题、遇到了什么挑战及活动中表现出哪些能力。向幼儿提问或者与他们交谈，以拓展他们的思维和创造力。在不妨碍幼儿游戏的前提下，在尽可能少的直接帮助下，促使幼儿在更高的水平上开展活动。比如，你可以说："跟我说说你正在画的画。""如果我没在这里帮助你，你能想到一些方法拿到书吗？""我建议你们暂停1分钟，彼此聊聊，然后制订一个计划。""你怎样让萨拉答应你可以轮流玩玩具，而不是从她手上抢玩具玩呢？"

- 为不同技能水平的幼儿提供相应的设施和材料。比如，既投放包含5个拼块的拼图，又投放更难的拼图；既投放一些好骑的三轮车，又投放两轮的滑板车或者一些带辅助轮和不带辅助轮的小自行车；投放记号笔、钢笔、粗铅笔和普通的铅笔；既投放简单的桌面游戏材料，又投放有一定难度的桌面游戏材料。
- 提供许多不同种类的开放性材料，比如，各种小贝壳；各种颜色和大小的瓶盖；不同形状、大小、颜色的石头等。使用这些材料对幼儿进行个别化教育具有无限的可能性。
- 布置班级环境，使其具有灵活性且最大程度地遵循"通用设计"的原则。这意味着环境能够为所有幼儿使用，不需要做出必要的改良。

问题应对

真的能为全班、小组和每个幼儿制订个别化教育计划吗

- 在制订计划的时候，你要尽可能与教学团队的每个成员，包括志愿者见面交流。这样一来，每个人都能为个别化教育贡献出自己的点子，都能知道要做什么，也都感到自己有责任对幼儿进行个别化教育。
- 采用一种系统的方法来制订个别化教育计划。一种做法是：每天安排一个活动或者调整一个活动，以满足至少一名幼儿的兴趣和需求。按照这种方式，你每个月能为全班每个幼儿提供一次或者两次个别化活动。创建一个表格，在第一列写上每个幼儿的名字，在第一行写上月份的名

称，在每个幼儿的名字下面，简短地写下为这个幼儿设定的目标。在设计并实施了个别化活动后，把活动日期和对活动过程的简短描述写在当月下面、幼儿名字右边的方框里。这样做能够确保每个幼儿每个月最少接受一次个别化活动，也便于记录活动时间和内容。有的教师能经常进行个别化教育，特别是对那些需要更多支持和帮助的幼儿。此外，当你对某个幼儿或者一组幼儿进行随机的个别化教育时，请在课程计划表中做简短的备注。

- 在制订个别化活动计划之前回顾上周开展的活动，看看哪些活动成功了、哪些活动没成功以及为什么没成功。要特别关注有特殊需要的幼儿，回顾哪些活动对他们有效和哪些活动对他们无效。

- 下面举例说明如何为一组幼儿和个别幼儿制订活动计划。比如，你为幼儿的小组活动设计了一个游戏。其中一个游戏内容是，幼儿需要发出并遵循口头指令，比如，"把一块红色积木放到椅子下面"。你知道有些幼儿会觉得这很简单，但至少也会有一个幼儿觉得这很难。因此，你又增加了两个可以替换的指令："把一块蓝色积木放在椅子扶手上，把一块黄色积木放在椅子后面。""把一块积木放在椅子上。"设计个别化教育的多种实施方法很有帮助，因为在游戏过程中思考可以替换的指导方法是很难的，同时你也可以在活动开始前收集一些可能会用到的额外的材料。

- 个别化教育的目标应该是促进幼儿各领域的发展，包括社会性、情感和认知等。比如，在设计上面的游戏时，如果你知道将有1~2个幼儿在等待轮流时会出现一些困难，那么可以思考几种能帮助他们的策略并写下来，比如：

  ➢ 允许他们可以早点轮到，并且在这个活动结束后让他们快速开展下一个活动。

  ➢ 让小组的一半成员参加活动，一次做两遍，并且加快活动的速度。这样一来，幼儿轮流等待的时间就被缩短了。

  ➢ 通过调整游戏让所有幼儿都能参与活动。幼儿可以两人一组，结伴工作。

  ➢ 让活动能更多地调动幼儿身体的积极性。可以增加或调整一些指令，比如,"请跳到椅子上,然后把红色的积木放上去"。

虽然精心设计了,但是活动仍然无法满足一部分幼儿的需求

- 无论你在制订计划时考虑得多么周全,活动都会有一些意外的情况。你要仔细观察,并随机做出调整。如果大部分幼儿都很躁动或者感到无聊,那么就得调整活动了。把活动内容简化,缩短活动时间,或者让幼儿更积极地参与其中。必要时,可以把一个以前开展得很好的活动拿出来,让幼儿参与。之后,再回到预设的活动中。

- 如果某个幼儿在完成预设活动时遇到了困难,那么可以为他调整活动计划或者给予他额外的帮助,但是记住不要强调幼儿遇到的困难。比如,在烹饪活动中,一个手臂肌肉力量不足的幼儿在把水从大罐子里往量杯里倒时遇到了困难。你首先可以询问幼儿是否需要帮助,如果他需要帮助,那么可以为他提供几个选择:"把水从很重的大罐子里往杯子里倒是很难的。你愿意从小罐子里往杯子里倒吗?或者等大罐子里的水少一些时再倒?或者你愿意让朋友帮助你吗?"

- 避免强调某个幼儿存在的问题。如果某个幼儿因为大肌肉动作能力不足或者超重,而不能和其他幼儿一样进行开合跳,那么请忽略他们之间存在的差异,要感谢这个幼儿所付出的努力,稍后当你私下和他在一起时再帮助他。这样既可以避免让这个幼儿感到自己跟别人不一样、不如别人,也可以让你为他提供直接而有效的帮助。

- 如果某个幼儿能够轻松且快速地完成你设计的活动,那么为活动增加一些难度。比如,你发现在同一个烹饪活动中,有一名幼儿知道如何测量半杯。那么,在放下一个配料时请这个幼儿测量四分之一杯。必要时,你可以跟他聊聊操作要点:"四分之一就是一半的一半。你能在杯子上找到这条线吗?就在杯子底部和半杯线的中间。"

- 在活动现场对幼儿进行个别化教育,一个很重要的方式就是简短地陈述一下每个幼儿的具体情况或者独特性。比如,你可以说:"现在轮到拉斐尔了,他一直在非常耐心地等待。""西拉,你的妈妈今晚就旅行回来了,你一定很兴奋。""看看迪亚哥的画,他画得很细致,使用的色彩也很明亮。""我不知道海豹和海狮有什么区别,让我们问问凯莉吧。如果她也不知道,那么她可以问问她的爸爸,因为她的爸爸是一位海洋生物学家。"

当幼儿一天中的大部分时光都心情不佳时,可能是日常作息安排出了问题

- 你需要修改日常作息时间表,以满足班级幼儿的需求。日常作息安排最重要的是要日复一日且前后一致,一日活动中的内容要变化,同时要能够满足幼儿的需要、兴趣,回应幼儿的文化。如果班级中的一部分幼儿很容易疲惫,或者注意力集中的时间很短,那么,你需要缩短集体活动的时间,延长区角活动时间。此外,你也许还需要增加一个短暂的休息时间。对于认知能力超过同龄人的幼儿或者特别有天赋的幼儿,你可以在区角活动时间,给他们提供更有挑战性的活动。如果在额外增加的休息时间里,他们不觉得累,那么可以给他们提供安静的活动,包括阅读、书写、绘画或者其他他们感兴趣的活动。
- 在整个学年中,你可能需要多次调整日常作息时间安排,因为幼儿在变化和成长,他们的行为、睡眠和饮食模式也会随着季节变化。
- 如果你班级中的幼儿被分成两拨,在一天中轮流来上幼儿园,那么在决定把哪个幼儿放到哪一拨时需要遵循的一个主要标准是幼儿的日常节律。习惯午睡的幼儿或者起床早的幼儿,可以参加上午那一拨。

6. 混龄教育——机遇与挑战并存

幼儿教师教授并照顾一组有年龄跨度的幼儿,现在越来越普遍了。有时,这么做只是权宜之计。不过,混龄教育是一个好方法,无论对于幼儿还是教师来说都有许多好处。但是,混龄教育也存在许多挑战。尤其是如果你之前没有带过混龄班的幼儿,更会面临一些问题。但是,经过一个调整期之后,大部分教师都会觉得带混龄班的幼儿很值得，不愿意再去带单一年龄的班级了。其中，混龄教育带来的一个回报是教师能与幼儿相处很长一段时间，帮助幼儿从班级中的"小宝宝"成长为"领导者"，被其他"小宝宝"崇拜。有时候，兄弟姐妹会加入一个班级，这样班级中就更有家庭的氛围了。在学年之初，对于一个全新的班级，教师不需要教幼儿班级常规，也不需要告诉他们老师期待哪些行为，这样能节约大量的时间和精力。年幼的儿童通过参加更复杂的游戏和活动能得到许多好处，比跟同龄幼儿在一起时收获更多。研究表明，与年幼的儿童在一起，年长的儿童在各方面发展都不弱，同时年幼的儿童比跟同龄人在一起时表现得更好。与单一年龄班的幼儿相比，混龄班的幼儿更容易移情，拥有更高水平的社会交往技能，对幼儿园、同伴和自己抱有更积极的态度（Saqlain，2015；多伦多大学儿童资源和研究中心，2014）。

问题预防

- 儿童的年龄跨度不能太大。把婴儿、学步儿跟学前儿童安排在一起并不合适，因为不仅会存在基本的安全问题，而且难以满足年龄跨度内的所有幼儿的需求。他们需要不同类型的材料和设施，需要不同的管理策略和日常作息安排。
- 寻求支持，以有效地指导混龄班的儿童。特别是如果你之前没有带过混龄班，或者没怎么接触过年幼或者年长的儿童，那么你更需要获得一些支持。这种支持包括：接受培训、购买新的材料和设施、有额外的制订计划的时间、有时间观察有经验的教师如何带混龄班、有一位知识渊博的导师观察自己的带班情况并给予反馈意见，等等。
- 让幼儿之间存在的能力和技能差异为你所用。鼓励幼儿之间互相帮助——请年长的儿童帮助年幼的儿童，让年幼的儿童向年长的儿童寻求帮助。让年长的儿童为年幼的儿童"阅读"。
- 采用一种系统的方法来观察、评估幼儿和制订计划，因为幼儿的需求范围将会很大。你的观察记录表或评估表要适合不同年龄的幼儿，你也可能需要使用不止一种观察工具。

问题应对

与年长的儿童有关的问题

- 有些年长的儿童太愿意帮助年幼的儿童。他们会代替年幼的儿童发言，帮助年幼的儿童做一些他们本来能做的事情。年长的儿童怎样才能不过度帮助年幼的儿童呢？比如，你可以对年长的儿童说："指出拼图块在哪里就好了，让利亚自己拼上去。""让奥马尔自己搬箱子，你可以跟在他后面，防止箱子掉下来或者奥马尔被别的东西绊倒。""首先，让我们听一听伊莎贝尔想要说什么。"

- 有些年幼的儿童总是对年长的儿童提出无理的要求。如果年长的儿童看上去很苦恼，那么建议他们使用一些温柔的策略，避免年幼的小朋友总是烦他们。比如，他们可以说："我一会儿可以帮助你，但是不是现在。你可以让其他人帮忙吗？""我只能和你玩几分钟，因为我还得完成我自己的任务。"

- 任何活动中都不允许年长的儿童排斥年幼的儿童。你可以提醒年长的儿童遵守规则："每个人都可以参加活动。"你也可以告诉他们："说，'你可以玩'。"教给年长的儿童一些技能和策略，让他们可以邀请年幼的儿童参加想象游戏或者其他彼此都适合的活动。通常，可以建议他们增加一个角色，而且这个角色既能促进游戏的开展，又是年幼的儿童喜欢且对他们有意义的，如弟弟或者妹妹、儿子或者女儿、助手、病人、顾客等。最初参加年长儿童的游戏时，让年幼的儿童当小狗或者小宝宝是一个不错的办法，但是不能一直让他们担任这种被动的、服从的角色。最终，他们要摆脱这些角色，担任更加平等的角色。

- 年龄偏见在儿童之间是普遍存在的，年长的儿童有时候会取笑和欺负年幼的儿童。混龄班的一大好处是可以消除这种偏见，但是需要教师积极主动、付出努力。要让所有的幼儿明白年龄偏见是不被接受的，而且要坚持按照这个原则对幼儿的行为迅速做出反应。在全班范围内强调要对别人友好、帮助别人，并示范这样的行为以及教幼儿采用一些积极的方式来满足自己的需求。这样做能极大地减少年龄偏见现象。像对待攻击性行为一样对待年龄偏见问题。提醒年长的儿童遵守这个规则:"使用你的语言和双手来帮助别人,而不是伤害别人。"

与年幼的儿童有关的问题

- 协助年幼的儿童向更多的小朋友寻求帮助并与他们建立友谊,而不是只跟1～2个年长的儿童玩。
- 教会年幼的儿童用恰当的方法向年长的儿童寻求帮助,或者吸引他们的注意。你可以对年幼的儿童说:"阿尔玛正在和埃琳娜说话,你要等她们说完。""维克托不喜欢别人拍他的胳膊。你要想吸引他的注意,可以看着他并喊他的名字。"
- 帮助年幼的儿童学会加入年长的儿童玩的更复杂的游戏,并在其中扮演一个角色。首先,他们需要看一看,弄清楚想象游戏的场地、场景以及里面的各种角色。其次,他们可以扮演一个角色来丰富游戏内容,比如,"我可以当另一个顾客吗?"当然,他们也可以问一问自己能扮演什么角色。
- 年幼的儿童可能会觉得自己能力不足,或者被年长的儿童的行为吓到,进而不参加某些活动,特别是那些超出了他们现有的技能和知识水平的活动。虽然很多年幼的儿童没有参加活动,但是他们一直在认真地观看。对于他们来说,这样做有助于他们熟悉活动,获得参与活动的自信。但是,其他年幼的儿童则需要在你的协助下完全参与到所有的活动中。

满足不同年龄幼儿的需要,对他们进行个别化教育

- 从家长群体或者社区机构中招募志愿者,寻求他们的帮助。
- 玩具、游戏和材料的数量要充足,要既有简单的,又有挑战性的。
- 修改班级一日作息时间表。你可能需要增加或者减少某一特定活动的时长,如大肌肉动作活动、区角活动等,你也可能只需要调整活动的顺序。
- 要求拥有更多的时间或者给自己更多的时间来制订计划,这样才能充分做好准备,满足班级中不同年龄幼儿的需求。开始时,你可以聚焦于那些感到最困难的幼儿。你可以参考前面章节中阐述个别化教育的内容，寻找更多的点子。

7. 我们觉得快乐吗——成功的实地考察活动

实地考察是幼儿园的重要活动。尽管开展这样的活动需要花一些钱，也有一定的风险，但却是值得的，因为幼儿可以通过看、听、闻、摸等亲自体验周边的世界（这是幼儿学习的最佳方式）。对于那些服务于低收入家庭的幼儿园来说，实地考察活动更有必要，因为大部分家庭负担不起这样的花费，也没有时间给幼儿提供这样的经历。在带着班里的幼儿实地考察了繁忙的码头后，在之后的几周时间内，幼儿不用我鼓励，自己就用积木搭建了复杂的轮船和码头，画出了轮船图，表演开轮船、装货、卸货等。

展示考察活动的照片，或者把照片做成一本书，再添加幼儿的点评和回忆，这样做有助于拓展考察活动的教育价值，增强考察活动的趣味性。给幼儿提供观察和体验新事物的机会，并在之后为他们提供时间，通过想象游戏和艺术活动进行再创造，这样做可以有力地促进幼儿的学习与发展。如果可能的话，每个月可以安排一次实地考察活动。实地考察活动不需要特别复杂，也不需要去一个非同寻常的地方。你可以展现幼儿熟悉的地方的新的一面。你可以带领幼儿参观当地有名的餐厅，观摩食物是如何制作的，向厨师和餐馆工作人员提问。这样的活动非常棒，为幼儿进行社会性想象游戏奠定了基础。尤其是如果你提供了一些橡皮泥用来"烹饪"，提供了纸笔写菜单，提供了托盘、大罐子、盘子、木勺和相关的材料，那么活动的后续效果会更好。

问题预防

- 开展实地考察活动之前，让家长签署同意书，同时张贴一个很大的通知提醒家长。
- 为了预留出准备的时间，把实地考察活动安排在前半周，但是不要放在周一。幼儿在前半周注意力更集中。实地考察结束后,在这一周剩下的几天时间里,可以组织幼儿玩游戏、讨论实地考察活动或者把考察经历画下来。

- 仔细勘察考察地点并做好规划。你要提前进行实地考察,以免你和幼儿在活动中遇到一些突发情况。确保考察活动中幼儿有东西看、有事情做,能一直吸引他们的注意和兴趣。美术馆这样的地方不太合适,因为它不允许幼儿触碰里面的东西,会让幼儿很受挫。邀请一个人担任主持人,他既要了解此次考察的内容,又要跟幼儿打过交道。收集一些关于考察地点的信息,对主持人提供的信息进行补充。

- 考察活动要简短和简单一些。不要因为几个地方离得很近,就让幼儿都去考察。只在一个地方考察,但是如果这个地方很大,那么最好也要限制一下幼儿的参观范围。比如,在动物园只参观2～3个地方。深入了解几种动物比表面上看很多种动物更有教育意义,也不会让幼儿感到疲惫。如果实地考察需要的时间比较长,那么可以安排至少30分钟的自由活动时间,让幼儿可以在附近的公园或广场上自由游戏;也可以把这段时间安排在野餐后。

- 开展实地考察活动之前,跟幼儿稍微透露一下他们将会看到什么。可能的话,展示几张考察地点的照片。读一读跟本次考察活动有关的书,唱一唱与本次考察活动有关的歌曲。比如,在参观五金店之前,可以唱《约翰尼用一把锤子干活》(*Johnny Works with One Hammer*),可以阅读《克里斯蒂娜的工具箱》(*In Christina's Tool Box*)。

- 让每个幼儿都戴个徽章或者标签,上面有幼儿园的名字和电话,以防幼儿走失。出去考察的时候,可以把全班幼儿分成两组。如果条件允许,可以向你熟悉的有责任心的且法律上允许和一群幼儿单独待在一起的成人求助,如幼儿园管理人员、家长、志愿者等。每个成人负责4～6名幼儿,并且在整个考察过程中对这几个幼儿全权负责。确保每个成人都有一部工作电话,而且即使周围很吵的时候,也能保证听到它的声音。每个成人要定期清点人数。此外,在考察过程中要求每个幼儿都有一个伴儿。

- 制定1~2条安全规则,比如,"全程只能走,不能跑""和班级待在一起,和你的伙伴待在一起"。确保幼儿理解规则的意思。必要时,在开展考察活动之前可以让幼儿练习这些规则,比如,组织幼儿进行一次短途行走。特殊的考察活动需要设置特别的规则,比如,"远离水""要把手脚放在栏杆后面"等。告诉幼儿如果他们走丢了或者跟大部队走散了应该怎么做,说的时候语言要尽可能简洁明了。比如,你可以对幼儿说:"寻找穿制服的人或者带小孩的妈妈,对她说:'请你帮助我,我走丢了。'然后,给她看看你身上的标签。"

- 准备一根长绳子并在上面打很多结,以便外出考察时使用。进行考察活动时,让每个幼儿握着绳子上的一个结,同时由两名成人分别握着绳子的两端。注意要控制绳子的长度、结的位置(以免后面的幼儿踢到前面的幼儿)和幼儿走路的节奏。这样一来,你既保证了幼儿的安全,又给了他们一些责任和自主权。

- 带上点心和足够的水。在炎热的天气里更需要如此。在安排考察活动时,要留出幼儿吃饭、喝水和如厕的时间。在考察过程中,幼儿走时间长了肯定会累,如果他们又饿又渴,那么接下来会发生什么就可想而知了。所以,不要让这样的事情发生。

- 用照片记录每次实地考察活动,并把它们做成一本书。把幼儿描述和回忆的内容写下来,附在照片下面。制作一份电子版,上传到班级网站上。在开展实地考察活动之前,跟幼儿一起回顾其中的一两本书。问问幼儿哪些方面进行得顺利、哪些方面进行得不顺利、他们最喜欢什么和最不喜欢什么。然后,讨论如何把这些经验和教训运用到即将到来的考察活动中,让这个考察活动更成功、更有趣。

- 预想到考察活动有可能不成功并为之做好准备。你需要考虑:考察的地点附近有别的地方可以让幼儿去吗,如公园、广场等?如果需要缩短行程,提前返回幼儿园,应该怎样安排?

- 设计一个备用活动,以防当天因为某种突发情况不能开展实地考察活动,比如,幼儿园的校车坏了需要维修、打算乘坐的公共交通停运了、重要的助手生病了等。
- 带上急救箱、纸巾、备用衣服,以防万一。
- 炎热的天气,要给每个幼儿涂上防晒霜,让他们戴上遮阳帽;寒冷的天气,要让每个幼儿穿上暖和的外套和鞋子,戴上帽子和手套。一年中的任何时候,雨衣和雨靴可能都是必需品!外套和帽子可以根据当天天气的变化随时穿脱。给幼儿准备抽绳束口背包,让他们把外套、帽子或者其他小东西放进去。你可以把幼儿园的名称、地址、电话印在背包上,这样一次就解决了两个问题。此外,还为幼儿园做了免费的广告。
- 新学年伊始,你可以在幼儿园附近找个地方,组织一次短暂的实地考察活动。要尽可能多找一些成人帮忙。当幼儿掌握了实地考察的技能,能够遵守实地考察的规则时,可以增加考察活动的时长和复杂度。

问题应对

幼儿太兴奋,不遵守规则,也不听从指令

- 在考察活动中,幼儿会因为很多原因"失控",让你难以应对。即使你尽了最大努力去预防这种行为,它也有可能发生。最常见的原因是考察地点有太多的刺激,或者考察地点跟幼儿的兴趣、需要、发展水平不匹配。可能的话,调整活动计划,带领幼儿去附近的公园或者广场玩,或者带他们散散步(应该在关于外出考察的家长同意书中说明,做出这样的调整是必要的)。要让园长和其他必要的人知晓,你要带孩子去哪里。另外一种方法是缩短考察活动行程,带领幼儿返回幼儿园。
- 如果只是某个幼儿让考察活动进行得不顺利,导致大家不快乐,那么在考察过程中可以安排一个成人陪着这个幼儿,而不是让另一个小朋友跟他结伴。如果实在没办法,在考察活动当天,你可以考虑把这个幼儿放到其他班级。不管怎样,你都不能因为一个幼儿而剥夺大多数幼儿进行实地考察的机会。

没有交通工具或资金

■ 幼儿园周边或许有很多可以免费参观的地方，如商店、公司、公共服务场所、社会组织、机构等，你可以把它们作为实地考察的场所。即使幼儿很熟悉这些地方，也是可以去的。在实地考察活动中，幼儿不仅能得到店主或工作人员特别的关注，还能走到幕后去参观。这些与他们平时跟着父母作为顾客去这些地方的体验是完全不同的。可以带领幼儿参观以下地方：图书馆、邮局、消防局、警察局、电信公司、报社、火车站、剧院、医院、诊所、医生的办公室、兽医的办公室、牙医的办公室、验光师的办公室、动物救助站、学校、花店、五金店、汽车专卖店、汽车修理店、照相馆、艺术工作室、木工店、发廊、广播电台、废品回收中心、旅馆、餐厅、工地、银行、超市、宠物店、电脑店、西饼店等。

■ 让幼儿带着明确的目标进行实地考察，能提升考察活动的效果。一个有效的办法是为每个幼儿提供一张带着纸的写字板，让幼儿把自己观察到的内容记录下来。你可以把纸钉在或者粘在硬纸板上，这样就可以制作一张写字板了。纸张和写字板大小应该是信纸的一半（即 14 厘米 × 10 厘米），便于幼儿的小手拿握。把一小块尼龙搭扣的钩面粘贴在一根铅笔上，把它的绒面粘贴在硬纸板的边上或者最上面。

■ 在每个幼儿的写字板上放一些小照片或者图片，跟幼儿即将在考察活动中看到的或可能看到的内容相吻合。鼓励幼儿在看到实物之后，与图片核对。这样做会让幼儿感到自己长大了；同时，你也让幼儿知道考察时该关注什么，让他们带着目的去考察。可以让幼儿两两结伴一起行动，以提高他们的社会交往技能和语言技能。挑选一系列东西让幼儿寻找：有的是他们熟悉的、常见的；有的是他们熟悉的、不常见的；有的则是大部分幼儿不熟悉的。但是，大部分东西都应该是这个参观地点所特有的。这些办法能把一个熟悉的考察活动变成一次独特的经历。

■ 另一个办法是带领幼儿沿着幼儿园所在的小区散步，或者到附近的一个公园散步。当你们走过不同的地方时，如高楼、繁忙的街道、公园、操场、市场、水池、天桥等,提醒幼儿关注那些不同寻常的事物,比如,特别的声音、颜色等。散步时也可以给幼儿提供一个关注点,进而引发他们进行大量的随机学习。比如,给幼儿一个小口袋,让他们从地上收集不同种类、颜色的树叶或不同种类的荚果。但是,每一种只要收集1~2个就可以了。在围着小区散步的过程中,当需要寻找一些难以收集的东西时,如大树、花、各类商店等,写字板上的清单就非常有用了。随着幼儿技能的不断提升,你可以增加这个活动的难度,让幼儿识别一些比较抽象的东西。比如,识别气味:香甜的气味(花朵)、臭臭的气味(香烟、汽车尾气)、强烈的气味(肥料)、各种食物的气味(熟食、面包、咖啡、比萨)。回到班级以后,针对幼儿看到的、记录的和收集到的东西进行讨论,给它们分类并绘制图表。

8. 幼儿把家里的玩具带到幼儿园——没收、允许还是管制

尽管大部分教师都规定不许把家里的玩具带到幼儿园,但是幼儿依然会带来。他们渴望由此与家庭保持联系,得到一些安全感,同时也想要炫耀自己拥有的东西。幼儿通常会利用这些玩具,跟班上有同样兴趣的小朋友互动、交朋友。你要在一定程度上满足幼儿的这些需求。完全压制它们则会导致幼儿出现不恰当的行为,引起他们的挫折感,进而引发其他问题行为。本节为你提供了多种方法,让你在允许幼儿把家里的玩具带到幼儿园的同时,避免由此而引发的一些问题。

问题预防

- 至少每周给幼儿一次机会来分享玩具。你可以通过展示和交流活动来实现。为了避免展示和交流活动持续太长时间,可以让一部分幼儿周一分享,一部分幼儿周二分享,以此类推。要禁止幼儿带某些玩具来园,如像武器的玩具、芭比娃娃等。鼓励幼儿分享他们自制的玩具或者非购买

的玩具。关于让展示和交流活动吸引人的其他方法，你可以从第一章的"圆圈活动和集体活动"中寻找。

- 当幼儿把家里的玩具带到幼儿园进行展示和交流时，允许他们邀请别的小朋友在区角活动开始后的前10分钟和他们一起玩这些玩具。
- 为幼儿提供很多交朋友和互动的机会，包括身体上的互动和社交上的互动。寻找方法，把幼儿的家庭生活兴趣（与商业玩具无关）纳入班级。比如，围绕家长的职业、爱好创建想象游戏区或兴趣中心。从幼儿的家中借一些材料放到里面，哪怕是一个小物件（如一块玉米薄饼、一本书）也会很有帮助。
- 建议幼儿把父母、宠物、家和他们喜欢去的地方的照片带到幼儿园。这些照片同样能实现幼儿把玩具带到幼儿园的初衷。
- 把有关从家里带玩具到幼儿园的规定用简明扼要的语言写下来，并张贴在家长公告栏里，以便家长带领孩子报名登记的时候阅读。

问题应对

拥有一个别的小朋友梦寐以求的玩具，能让幼儿在同伴中赢得主人的地位和权利。但是，幼儿往往会滥用这种地位和权利，比如，允许一部分小朋友使用这个玩具，不让其他小朋友使用，或者当别的小朋友正在使用的时候，一把从他们手中夺过来。上述预防策略能够降低这类问题发生的可能性。

- 如果幼儿依然像上面所说的那样滥用自己的主人地位，那么你可以介入调解。帮助幼儿协商一个轮流使用的规则或者寻找其他方法。跟幼儿解释清楚，如果他们要玩从家里带来的玩具，那么他们必须遵守跟玩班级玩具一样的规则。幼儿也可以选择把玩具放在自己的小橱子里或者其他安全的地方，等到放学时再把它带回家。帮助幼儿用更友好的和更有效的方法交朋友。
- 当幼儿把玩具从家里带到幼儿园后，要立刻进行检查。如果玩具不适宜，那么要提醒幼儿遵守班级规则："像武器的玩具、芭比娃娃等都不可以带到幼儿园来。"然后，帮助幼儿找一些别的东西来进行展示和交流。比如，幼儿可以说一说他的特殊穿戴，也可以说一说他和家人做的一件事情，还可以说一说班级中他特别喜欢的一样东西，等等。
- 如果幼儿偷偷地把家里的玩具带到了幼儿园并且这个玩具是适宜的，那么可以邀请他在展示和交流活动中分享。如果玩具不适宜，那么要跟幼儿解释清楚原因并且让幼儿做出选择："你是希望我帮你保管这个玩具，还是把它放在你的小橱子里，等到放学时带回家？"帮助他弄清楚哪些玩具是适合带到幼儿园的。
- 如果还是有很多幼儿存在这样的问题，那么暂时禁止幼儿从家里带玩具到幼儿园，等一个月以后再解禁。

9. 消失的恐龙、乐高积木和手套以及其他神秘现象

在幼儿园里，衣服和玩具（或者玩具零部件）是最容易丢失的两样东西。无论丢了哪一样都是让人很懊恼的，不仅因为衣服和玩具价格不菲，而且因为需要花时间来填补上。再说，丢失问题本来是可以避免的。如果经常丢东西，那么说明班级的布置很无序。尽管忙碌的成人和活跃的幼儿不可避免会弄丢东西，但是运用本节提供的办法可以将丢失东西的可能性降到最小。

问题预防

衣服不见了

- 在《家长手册》和新生家长会上，要求家长把幼儿的名字标签贴在幼儿所有的衣服上。同时，也要说明，尽管你已经很精心了，但是偶尔还是会出现衣服丢失的情况，或者衣服被其他小朋友不小心带回家，再也找不到了。这样做可以让家长知道，孩子入园几个月以后很有可能会丢东西。要求家长检查孩子每天带回家的衣服，确保这些衣服都是自己孩子的。提醒家长许多幼儿的衣服很相似。
- 去户外活动的时候，带上一个箱子或者指定一个地方存放幼儿脱下来的

夹克、外套或其他衣服。
- 确保每个幼儿都有一个衣橱或箱子，用于存放自己的私人物品。在室内时，要始终要求幼儿把脱下来的衣服放到自己的衣橱里。
- 每天离园前快速检查幼儿的衣橱。在离开某些地方的时候，如参观场所、操场、体育馆等，也要好好检查一下，因为幼儿在这些地方很可能会脱掉夹克、外套等。
- 准备一个失物招领箱，把它放在教师们能看到的地方。同时，也要准备一些干净的、新的或者没怎么穿过的幼儿衣服备用，可以是别人捐赠的，也可以是从二手商店以便宜的价格买来的。如果你可以用差不多的衣服来代替丢失的衣服，那么家长的不满也许会因此消失。

玩具或玩具零部件不见了

- 如果另一个班级要使用你们班级的玩具，那么要在这些玩具上贴上你们班级的名字。如果你们幼儿园的物品要跟其他幼儿园分享，那么要在这些物品上写上你们幼儿园的名字。制作一份清单，把班里的每样东西都列出来，这样你就知道丢了什么。当班里添加了新材料或者有材料被拿走的时候，要及时更新清单。
- 在幼儿园的教室里，大部分盛放玩具的硬纸箱都禁不住长期使用。玩具从轻薄的箱子中掉出来进而被弄丢也是常见的现象。可以收集一些结实的塑料容器（最好是透明的，这样找东西容易一些）。塑料容器的大小和形状可以多种多样。但是，要确保某一个特定游戏的材料能完全放到它的容器里，同时还有很多的富余空间，不会让玩具零部件掉出来。
- 根据玩具包装箱上的信息，把你购买的玩具的网址、实体店地址、电话号码等列在一张单子上。如果玩具上有型号，也要在单子上注明。这样，你只要花很少的钱就可以订购到丢失的玩具。但是，你也可能需要等几个星期才能收到货。许多公司都提供在线或者电话购买服务。
- 在所有的玩具架和容器上贴上标签。同时，要求幼儿操作结束后，要把玩具或游戏材料放回原处。

- 给拼图和所有的拼块编号。比如，在一幅拼图背面用永不褪色的记号笔写上数字1，然后在这幅拼图的每个拼块后面都写上数字1。在第二幅拼图的背面写上数字2，在第三幅拼图的背面写上数字3，以此类推。如果不同拼图的拼块混到一起了（在幼儿园教室中，这种情况很常见），那么你就可以通过寻找拼块后面的编号很容易地把它们分开。

问题应对

当衣服不见了时

- 请幼儿和同事帮忙寻找丢失的衣服。成立一个"搜索队"，以游戏的形式进行寻找。
- 如你所知，为孩子购买衣服所花的钱对于家长来说是一笔不小的支出，所以孩子的衣服丢失了会让他们很生气。再次向家长解释幼儿园关于丢失衣服的规定，并把书面文件展示给家长看。说说你是怎样寻找丢失的衣服的，并向家长保证你会继续寻找。给每个家长发一个通知，以免丢失的衣服被其他幼儿不小心带回了家。在家长公告栏也张贴一个通知。在知道你很着急，很认真地对待这件事，并且正在竭尽全力寻找丢失的衣服后，大部分家长都会比较满意。

当玩具或玩具零部件不见了时

- 区角活动结束的时候检查玩具架，确保所有玩具都被放回了原位。检查一下拼图，确保所有的拼块都在。如果有拼块不见了，推迟开展其他活动，请全班幼儿一起寻找。必要时，移动玩具架、桌椅、地毯或者其他家具来寻找。检查一下垃圾桶和废品回收箱，看看所有盛放玩具的容器。让所有幼儿检查一下口袋和储物柜。如果某个幼儿把小玩具放了自己的口袋里，那么要假定他并非有意为之。如果你知道或者怀疑幼儿是故意的，那么请参考第五章关于"偷东西"的内容来了解如何处理这类问题。
- 之所以进行这种全面的搜索，有这样几个原因：第一，等待的时间越长，找到丢失的玩具或玩具零部件的可能性就越低。第二，这样做是在教育幼儿，班里的玩具是很宝贵的，必须被精心照料。经过一两次这样的搜索之后，幼儿就会更加留意不要把玩具弄丢。

- 如果还是找不到，让保育员打扫卫生的时候继续寻找。如果一两天以后还是找不到，按照前面所说的方法跟玩具公司联系重新订购一个。可能的话，让幼儿看看你是怎么订购的，这样他们就能心怀感恩，也能更加爱惜玩具。当订购的玩具到了后，在集体活动时间和幼儿一起把它打开。
- 如果丢失的玩具可以制作，不需要购买，那么可以邀请幼儿参与制作过程。比如，可以用锯子锯木片来制作拼图块，也可以用厚纸板制作拼图块，只是最后需要在上面覆上膜。

10. 意外伤害——降低风险，迅速急救

没有什么事情比幼儿受伤更让你感到害怕的了。你不仅担心幼儿的健康，还焦虑如何应对着急的家长或者生气的园长。你可以做许多工作来预防这类问题发生，但是即便在最好的幼儿园，幼儿也难免发生意外。尽管避免幼儿受伤是你的一个最重要的任务，但是幼儿的身体和情感的充分发展是需要他们进行一些冒险活动的。要在这两者之间取得一种平衡是很难的。每一个保险公司都希望幼儿园没有操场，但是操场给幼儿的发展带来的好处远远超过它带来的风险。

意外事故发生后，如果你充分了解急救知识和急救程序，能迅速拿到一整套急救用品，能快速地从医疗专业人士那里获得帮助，那么你就不会那么焦虑了。

问题预防

- 在幼儿加入你的班级之前，要求家长填写一张紧急情况登记表。登记表上要包括幼儿的医生的姓名、电话，保险信息，以及家长同意教师在遇到紧急情况时送幼儿到最近的医院救治。至少每半年更新一次表格，同时保留一份副本。把原件放在幼儿的档案里，把所有幼儿的副本装订在

一起，在开展实地考察活动的时候使用。
- 与幼儿玩角色扮演游戏，让幼儿了解当有小朋友在户外、在实地考察过程中或者在教室里受伤时，你会做什么和他们应该怎么做。
- 无论在室内还是在室外都要制定一些安全规则。
  - "在教室里时只能走，不能跑。"
  - "不玩玩具的时候，要把它们从地上捡起来。"
  - "荡秋千时要先坐稳再荡。"
  - "滑滑梯时要屁股坐在滑梯上滑下来。"
  - "使用攀登架时要双手一起攀爬。"
  - "骑自行车的时候要戴头盔。"

- 经常强化这些规则。当幼儿遵守规则时，要注意到他们并给予反馈："我很高兴看到你们戴着头盔来保护自己的安全。"让幼儿分组玩角色扮演游戏，练习这些规则。
- 取得急救证书和心肺复苏证书。大部分红十字会都可以提供急救培训。但是，重要的是要求和接受与直接救助幼儿有关的培训。
- 准备好急救包、止血包、一次性无菌手套，并把它们放在你可以迅速拿到的地方。把这些东西放好，如果你使用它们了，那么要在24小时内补充上。请当地的健康部门检查你的急救包，看看是否需要再添加一些东西。当带领幼儿到户外或者带领他们进行实地考察活动时，要带着你的急救包。有的幼儿对某种食物或蚊虫的叮咬严重过敏，所以急救包里也应该有肾上腺素注射液。理想的情况是，每一所大型幼儿园都应该配备一台自动体外除颤器，同时提供1—8岁儿童专用的电极贴片。
- 在手边放一本有关儿童急救步骤的最新书籍。在你的智能电话或者其他电子设备上安装红十字会的急救软件并熟悉该软件的使用，这样一旦幼儿发生意外，你就可以迅速查找信息。
- 把一些冰袋放在冰箱里，在幼儿头部轻微受伤或者四肢轻微扭伤时使用。
- 你也可以准备几包冷冻的豌豆，效果也很好，而且它们既有一定的柔软度又不贵。但是，你要把豌豆放在结实的塑料袋里。在使用冷冻的豌豆之前，要用薄而干净的茶巾或布把它们包起来。
- 为了防止幼儿窒息，不要给3岁以下的幼儿提供爆米花、花生和整颗葡萄，也不要给4岁以下的幼儿提供花生。至于气球，任何年龄段的幼儿都不应该玩。
- 把有毒的或危险的物品锁到柜子里，并在上面贴上表示恶心的标签，告诉幼儿这个标签是什么意思。向幼儿举例说明："有些东西看上去是食物或饮料，但实际上是用来清洁的。如果小朋友不小心吃了它们或者喝了它们，就会生病。"
- 所有插座都需要使用安全保护盖，以免幼儿触电。查一查相关部门的要求或者相关书籍，了解使用哪种防护盖并遵循其他关于预防幼儿受伤的建议。所有幼儿园都要这么做。
- 把室外和室内所有有毒的植物移走，用无毒的植物代替。
- 为幼儿提供充足的饮用水。尤其是热天在室外的时候，更要让他们多喝水。如果室外没有饮水机，那么你可以带一壶水和一些纸杯到室外。每个幼儿都应该有自己的防晒霜，请家长提供幼儿专用的防晒霜。
- 在制定了安全规则且幼儿充分理解了规则之后，为他们提供机会进行身体冒险活动，同时要保证幼儿尽可能不受伤。大部分幼儿都喜欢挑战自己，所以他们不愿意遵守安全规则。如果幼儿知道他们将有许多冒险的机会，那么他们就有可能遵守规则。
- 了解哪些设施和活动有可能导致幼儿受伤。幼儿在操场上活动或者操作体育设施时，最容易受伤。

问题应对

当幼儿想要开展或者开展了一项危险的活动时

- 活动可能存在危险，也可能真的很危险。当然，如果只是有潜在危险，那么通过采取控制措施可以确保幼儿的安全。然而，如果活动真的很危险，比如从高处往下跳、扔石头等，那么必须阻止幼儿进行。尝试寻找这项活动吸引幼儿的原因，即它可以满足幼儿的哪种需要，然后寻找或者设计一个同样能够满足幼儿的这种需要但是更安全的活动。

- 让我们通过一个例子看看，当幼儿从事具有潜在危险的活动时，你能够做些什么。比如，当幼儿在攀爬架上攀登时，首先，你要拿出垫子，放在攀爬架下面。然后，你要站在一旁密切观察幼儿，确保他们不会狠狠地摔下来。每次允许一名幼儿做一些冒险的动作，但是你要给他提供保护和支持。根据设施情况和幼儿的能力水平，教幼儿做一些挑战性的动作，比如，吊在一根单杠上，运用摆动动作依次抓住下一根单杠，或者从杆子上滑下来。教幼儿跳下来的时候要屈膝。如果有需要，可以添加其他安全设施，如更多的垫子、护膝、头盔等。每次只允许一名幼儿使用设施，如果需要，轮流的时间可以短一些。
- 当介绍其他活动的时候，如基本的体操动作、翻滚游戏、从适当的高度跳下来、荡绳游戏等，同样要给予幼儿指导和支持。
- 邀请一名会滑板、滑冰或者擅长其他街头运动的大孩子来到你们班。在他展示技能之前，请他说一说自己身上的安全装备以及为什么要使用这些装备。鼓励他说说自己花了多长时间练习，以及他是如何控制危险的。

当幼儿受伤时

- 虽然本节不能涵盖幼儿可能受到的所有伤害或者提供一套急救课程，但是下面这些基本的处理方法几乎适用于所有的意外伤害。
    - 行动迅速，态度冷静。
    - 要求其他成人帮忙，镇静地告诉他发生的紧急情况。如果你不能迅速拿到急救包，那么请他去拿。
    - 不要移动受伤的幼儿，除非你已经知道是什么问题。
    - 如果幼儿不能动或者失去意识了，那么请遵循下列 ABCD 急救原则：A.评估现场情况，打急救电话，开放气道；B.检查呼吸，必要时，进行人工呼吸；C.检查脉搏，必要时进行胸外按压；D.如果人工呼吸和胸外按压都没有作用，那么就要使用自动体外除颤器了。

➢ 如果幼儿有意识，再次跟他保证，他很快就会好起来，你也会在一旁照顾他。

➢ 如果你不太确定该做什么，或者幼儿的受伤情况并不常见，那么你要稳定受伤幼儿的情绪，同时请另一个同事拨打急救电话并查阅急救图书或者软件，看看可以做些什么。

■ 在幼儿受伤以后，给家长写一份说明（或者填写提前打印好的表格），解释发生了什么事和你所采取的措施。你和家长都需要在书面说明或者表格上签字。你自己还需要复印一份留存。这样做，既能使所有的信息简单明了，又能保护你和家长不用承担不必要的责任。

■ 每月或每学年末，回顾一下你所做的记录，看看幼儿身上最常见的意外伤害是什么。然后，通过具体的调整措施来减少伤害发生的概率，比如，修理或移走某些设施，制定新的班级规则，重新摆放家具或材料，募集资金重新铺设操场地面，等等。

当幼儿食用或饮用了有毒的东西时

■ 如果幼儿晕倒了或不能呼吸了，那么你要立即拨打120急救电话。如果幼儿意识清醒，那么你可以拨打中毒控制中心的电话并告诉专家这些信息：幼儿的年龄，大概体重，幼儿食用或饮用了什么，以及是什么时候咽下去的。认真倾听专家的指导。

11. 为那些你无法预料的紧急情况和灾难做好准备

这个话题越来越重要了。即使你所在的地方可能不容易发生洪水、地震或其他自然灾害，你也有必要读一读。想必你已经在新闻里听到人们灾后往往会说："我从来没想到会发生这样的事情！"毫无疑问，气候变化导致全世界各地的天气变得越来越不寻常和不可预测。另外，做好应急准备，也有助于你应对火灾、停电、房屋倒塌、化学物质泄露、炸弹威胁、家附近出现了危险动物、所在的小区来了枪击犯等突发事件。

问题预防

- 在为紧急情况做准备时,以下几个方面最为重要:
  - 有一份完善的针对多种突发情况的应急预案。
  - 对幼儿园所有相关教师进行应急准备培训,培训内容既包括一般的应急准备,也包括幼儿园自己的应急方案。
  - 准备好充足的食物、水以及其他救援物资,能供幼儿和教师使用数日。
  - 定期进行疏散演习,可以在一天中的不同时间进行,也可以在一周中的某一天进行。

- 检查安全设备的时候要知道怎么查看、如何测试,以确保设备能正常运行,或者看看是否需要更换它们。每隔三个月一次检查你的灭火器、烟雾探测器、一氧化碳探测器、自动体外除颤器等设备。每隔半年一次邀请专家到幼儿园检查洒水和警报系统,观看疏散演习,检查应急预案,并提供反馈意见。

- 每月至少进行一次疏散演习。新学年伊始,在第一次真正演习之前,慢慢带领幼儿亲身体验整个疏散过程,熟悉逃生路线。反复做几次。告诉幼儿他们正在干什么,以及为什么这么做。告诉他们当铃声或者警报声响起的时候,他们应该做什么。此外,还要确保每位教师都清楚自己在疏散演习中的任务。

- 让幼儿练习"停下来,卧倒,在地上滚"的步骤,这样他们就知道假如身上着火了应该怎么办。除非你所在的地区发生地震的可能性极低,否则也要让幼儿练习"伏地,找掩护,坚持住"的步骤。

- 如果你位于龙卷风多发地区,那么要定期带领幼儿进行龙卷风疏散演习。首先,带领幼儿快速转移到大楼或者建筑物的最底层,找一个最深处且远离窗户和玻璃的地方躲起来。然后,要求幼儿蹲下并用双臂护住头部。

- 不仅要向幼儿演示这些动作如何做,还要给他们播放录像。如果你计划安排不同种类的演习,那么它们之间至少要间隔三个星期以上,以免幼儿混淆。

问题应对

进行疏散演习时,幼儿吵闹、无序、动作太慢

- 之所以出现这样的问题,可能是因为幼儿并不知道演习活动很重要,要认真对待。如果你所在的幼儿园没有专门的警铃用于疏散演习,或者疏散演习时使用的铃声与日常其他铃声没有区别,那么你可以使用能发出很大声音的口哨、锣或大的金属摇铃代替。警铃只能用作疏散演习,不能用作其他用途。警铃应该向幼儿传递一种情况很紧急的信息,所以如果要用口哨的话,你就要快速、大声地吹出一连串短促的声音。为了让幼儿快速做出反应,他们必须把这个声音和疏散演习联系起来。如果你还打算带领幼儿进行其他不需要疏散的演习,那么你可以使用另外一种装置发出不同的声音。
- 充分利用身体语言,以确保传达的信息是严肃的。比如,后背挺直,表情凝重,语调紧迫,但同时要保证口齿清晰。
- 演习开始,关掉教室里的灯(但不要太黑),提醒幼儿遵守疏散规则。运用上面提到的身体语言和语调,提醒幼儿"快速而安静地走""跟紧前面的人""听从老师的指挥"。
- 注意提醒幼儿走到哪里停下,比如,"走到大攀爬架后面的栅栏处停下来"。
- 邀请幼儿园所有的管理人员和可以提供支持的同事参与到演习中,这样一来,疏散沿途每隔一小段距离就有一名成人。一旦有幼儿不能集中注意或者不能跟着队伍走,成人就可以很快帮助他。
- 带着幼儿的点名册,在到达目的地之后清点幼儿人数。点名时,要喊每个幼儿的全名,这样既显得很正式,也是在告诉幼儿演习是很重要的,要认真对待。
- 使用秒表计算幼儿撤离教室的时间。跟幼儿一起制定一个目标来减少安全撤离教室的时间，并为实现这个目标而一起努力。
- 当幼儿和成人安全抵达户外后，简短讨论一下这次疏散花了多长时间，哪些方面做得好，哪些方面还可以改进。然后，在当天晚些时候或者第二天，再带领幼儿进行一次疏散演习。
- 在一天中的不同时段安排疏散演习。即使幼儿正在室外活动，他们也需要按照演习要求到达一个指定地点。
- 当幼儿对演习很熟悉后，可以对演习的某一方面做出调整。比如，把一个出口或门口堵上，让幼儿换其他的路线逃生。因为真正遇到紧急情况的时候，最近的出口可能被碎石、大火、浓烟等挡住。

12. 生病或有其他健康问题的幼儿——打喷嚏、咳嗽时遮住口鼻

和其他孩子相比，幼儿园的孩子是否生病的频率更高，病情也更严重？当然。只要很多人在一段很长的时间内共处一室，彼此间紧紧挨在一起，就容易生病。此外，幼儿比成人更容易生病，因为他们的免疫力低下，也不善于通过卫生措施预防疾病。然而，只要幼儿园采取了合理的疾病预防措施，教师也清楚常见病的原因并采取了预防方法，幼儿园的孩子生病的频率和病情的严重程度就和那些没上幼儿园的孩子一样，或者只比他们略高。此外，上幼儿园的孩子对更多的病毒具有抵抗力和免疫力，因为他们接触的病毒更多。

问题预防

- 当你生病的时候，最好待在家里。你可能因为请不到病假或者很难找到代班的老师而觉得自己有义务坚持工作，除非病得快要死了。然而，如果你带病工作，那么你很可能会把病毒传染给班里一些幼儿，幼儿之间又会互相传染，最后反过来再传染给你。作为幼儿教师的你应该知道这一点。
- 确保班里的所有幼儿都接种了疫苗。你可以从当地的健康部门获得有关

疫苗接种的信息。大部分地区都要求上幼儿园的孩子按时接种疫苗。
- 幼儿在入园之前，应该接受医生的身体检查。医生会给出一份说明，表明幼儿能充分参与幼儿园的所有活动还是有一些限制。此外，这份说明还能表明幼儿是否有一些特殊的需要或存在一些特殊的问题，比如过敏，有些食物不能吃，患有哮喘、糖尿病等。
- 要求家长填写《幼儿健康情况和既往病史表》。这张表格非常有用。比如，当你注意到一个幼儿身上出现了类似水痘的斑点时，你就可以通过查询表格知道这个幼儿是否得过水痘，或者是否注射了水痘疫苗，进而判断斑点的性质。
- 在家长带着孩子报名登记时，把幼儿园有关孩子生病的规定告诉家长，特别是要告诉他们孩子得了哪些病需要在家休养或者需要被提前接回家。此外，还要告诉他们有关头虱、如何处理严重的传染病以及幼儿用药等方面的信息。
- 联系当地的健康部门，获取关于识别和应对一般性传染病的方法，看看他们是否可以为幼儿园提供一些建议。
- 对于大部分常见疾病，可以提前印制宣传单，把疾病的症状、建议采取的治疗措施以及何时允许幼儿返回幼儿园等信息列在上面。
- 当幼儿有发烧、腹泻、咳嗽和其他症状时，许多幼儿园都要求要等这些症状消失并继续观察24小时，确定这些症状不再出现且幼儿觉得自己能够完全参加活动时，再让他们返园。
- 教幼儿懂得，打喷嚏和咳嗽的时候如果没有纸巾，那么要用胳膊肘内侧挡住脸。向幼儿示范一下。这样做比用手遮挡更能有效阻止病菌的传播。当然，班里最好提供充足的纸巾。
- 用温水和消毒皂彻底清洗你的双手。同时，要确保幼儿经常且认真洗手，这是教师能做的预防幼儿生病的最重要的事情。此外，在给幼儿换完尿布，自己上完厕所和帮助幼儿上完厕所，自己擦完鼻涕和帮助幼儿擦完鼻涕之后，以及在为幼儿盛饭菜前，你都需要洗手。随身携带一小塑料瓶洗手液，以防你和幼儿不能很快到达水池边；之后，要尽快用肥皂和流动的水把手洗干净。
- 认真监督幼儿洗手。确保他们在这些情况下彻底洗净双手：早上入园后；上完厕所后；擦完鼻涕后；进餐和吃点心前；玩了泥土、沙子、颜料后。如果幼儿进餐后弄得身上一片狼藉，那么也得要求他们洗手。
- 在手边准备好稀释后的漂白剂，但是不能让幼儿拿到。大部分健康机构都建议：日常使用的话，一勺漂白剂加一升水，出血的情况下按照1:10的配比。这种稀释后的漂白剂可以用于清洁厕所和水池，其他有需要的地方也可以使用。由于它的气味不好闻，不能引起幼儿的食欲，因此只有在餐前准备时才用于清洁餐桌的表面。
- 在水池里用温肥皂水定期清洗玩具。大部分幼儿都喜欢做这件事情。针对学步儿，不仅每天都要清洗他们的玩具，还要把玩具放在厨房杀菌剂或洗碗机里每周消毒一次以上。
- 处理伤口和准备食物的时候要戴一次性无菌手套。
- 把垃圾尤其是用过的纸巾放在有盖子的容器中。半日制幼儿园每天最少清空一次垃圾桶，全日制幼儿园每天最少清空两次。
- 幼儿的小床或垫子之间最少保留90厘米的距离，让相邻的幼儿头脚相对睡，以免午睡的时候互相靠得太近。
- 如果要求幼儿刷牙，那么需要检查每个幼儿是否有自己的牙刷。之前章节提供的一日活动流程安排里包括了刷牙时间。存放牙刷的时候要注意牙刷头不能碰到任何东西，尤其是其他牙刷，可以用塑料的旅行牙刷盒；可以在每个幼儿的储物柜上装一个挂钩；可以用支架把牙刷互相分开等。幼儿只能碰自己的牙刷。用比较淡的漂白液经常给牙刷消毒（之后要彻底冲干净），或者把它放在洗碗机里消毒。最少每星期检查一次牙刷，如果有破损的要及时更换。
- 为幼儿提供一个"恢复精力"的地方，如果幼儿感觉不好，他可以躺在这里的小床或者垫子上。这个地方要远离其他幼儿，但是成人能看见。此外，生病的幼儿等待家长来接的时候也可以在此等候。
- 研究培养幼儿健康习惯的方法，鼓励和帮助家长也这么做。比如，"让我们动起来"项目,提出了五种方法:营养充足,健康饮品,身体运动,鼓励和支持母乳喂养,限制对着屏幕的时间。

问题应对

幼儿带病上学或上学期间生病

- 当幼儿来园时,对他们进行快速的健康检查。查看幼儿裸露的皮肤——脸、脖子、胳膊、手、腿——是否有明显的疹子和擦伤。检查幼儿的面部皮肤颜色,看其是否跟平时不一样。发红或者苍白都是发烧的信号。检查他们走路的样子,看其是否没精打采、走路僵硬、磕磕绊绊或一瘸一拐,跟原来不一样?他们是否过度抓挠自己?是否流鼻涕,鼻涕的颜色是黄色的还是绿色的?让你所在机构的保健医生看看你所关心的幼儿,然后你们一起做出决定,打电话给家长,照料幼儿。同时,让这名幼儿保持舒适并尽量远离其他幼儿。

- 通常来说,发烧的幼儿、得传染病的幼儿都应该待在家里,以便更好地休息和接受治疗,同时避免传染给其他幼儿。有些疾病并不会在幼儿中间传染,比如中耳炎、莱姆病。然而,许多疾病是会传染的(从一个人传到另一个人),比如结膜炎(红眼病)、普通感冒;也是易传染的(很容易从一个人传到另一个人),比如流行性感冒、大肠杆菌疾病。头虱并不会传染,但是会通过幼儿间共用的帽子、梳子等在幼儿中间传播。幼儿即使不发烧,也有可能患传染病,因此要从幼儿的行为表现和其他症状来寻找线索。

- 如果幼儿在上学期间生病了,那么要通知家长(如果家长来不了,可以找紧急联络人)把幼儿接回家。

- 如果你怀疑幼儿患了某种疾病,那么当家长来接幼儿的时候,给他发一张疑似疾病的传单。要清楚地告诉家长,你并不知道幼儿到底得了什么病,但是他的症状跟传单上的某一项吻合。

- 如果幼儿得了严重的传染病,那么要立刻把他跟其他幼儿隔离,并请家长把他接回家,尽快接受治疗。所有的家长都需要根据幼儿的状况,知道完整的、准确的疾病信息。你也要通知当地的疾病防控部门,要求他们采取措施进行指导和监督。他们通常会要求你报告某种疾病的病例,包括莱姆病、荨麻疹、风疹、贾第虫病、肝炎、百日咳等。

严重过敏的幼儿

- 如果幼儿有严重的过敏反应,尤其是威胁生命的过敏反应,那么你需要知道幼儿过敏时会有什么症状,应该怎么做。过敏反应包括:脉搏快速且微弱;呼吸困难;皮肤出疹子;出汗;恶心呕吐。过敏反应可能会导致幼儿休克。当幼儿有严重的过敏反应时,你需要给他注射肾上腺素,让他服用抗组胺药物,还需要赶紧送他去急救室进行救治。
- 引起过敏的常见原因是蜜蜂叮咬、乳胶物质、特定的食物。有些幼儿对特定的食物非常敏感,以至于在幼儿园要完全禁止食用这类食物。花生是最常见的容易引起幼儿严重反应的食物。90%的幼儿过敏反应是由这8种食物引起的:牛奶、鸡蛋、花生、坚果、小麦、大豆、鱼、贝类食物。
- 每个有严重过敏史的幼儿都应该有自己的过敏反应书面应对计划(由幼儿的过敏医生和家长共同制订)。你可以把这个计划放在幼儿的档案袋里,外出考察的时候也要带着。这份计划描述了哪些东西会引起幼儿过敏,如果发生过敏怎么做,以及其他的相关信息。
- 如果你的班级有严重过敏的幼儿,那么你有必要知道如何使用过敏急救包。急救包中应包括肾上腺素自动注射器和抗组胺药物。外出考察的时候要带着急救包。当你不在或者走开的时候,要让其他工作人员知道如果幼儿发生过敏反应,应该怎么做。
- 有的幼儿对灰尘、毛发、小动物过敏,因此你需要把班级宠物移走,同时减少枕头和地毯的数量。如果使用亚麻布或者毛毯,那么每周都要用热水清洗。
- 有的幼儿对于某种化学物质过敏,而这种化学物质可能存在于清洁产品中、颜料中、香水中或者类似的物品中。如果非用不可的话,那么你可以选择天然的、无毒的产品。
- 班级的空气质量是一个很重要的考虑因素，对幼儿（尤其是过敏的幼儿）和你自身都非常重要。日常除尘（用潮湿的布）和用专业的机器给毛毯吸尘，对过敏的幼儿来说是非常有帮助的。用于供暖的设备和空调里的过滤器应该具备很高的质量，并且每个月都要进行清洁。如果空气非常潮湿，那么需要额外的空气净化器、除湿器，避免产生霉菌。

头虱：一个令人讨厌但不影响健康的问题

- 头虱是很小的没有翅膀的昆虫，只生活在人类的头皮上。我们的血液是它们的食物，我们的头发是它们的"巢"。它们爬行得很快，因此能够快速通过幼儿共用的帽子、梳子等进行传播。一个头虱每天产6颗卵，牢牢地粘在靠近头皮的头发上，这些椭圆形的白色的卵很难清除，一星期左右就会孵化出来。由于某些原因，头虱问题在10岁以下的幼儿身上更普遍（Nichols，2016）。幸运的是，它们不传播疾病，只会令幼儿很痒。
- 你可以做很多事情来阻止头虱的传播，比如，不要让幼儿共用帽子、梳子、枕头、发带等物品。<u>一旦看到幼儿抓头，就要检查他的头上是否有头虱。</u>
- 有头虱的幼儿不需要被提早接回家，也不需要待在家里接受治疗。
- 健康专家会定期研发出新的治疗头虱的方法，如果你的班级有幼儿有头虱问题，那么你可以给家长推荐最好的治疗方法，也可以在幼儿园实施这个方法。

患有哮喘的幼儿

- 哮喘是儿童常见的慢性病之一，患病幼儿的数量还在持续增加。儿童患病率比成人高，低收入家庭幼儿患病率比高收入家庭幼儿患病率高，黑人幼儿比白人幼儿和拉丁美洲幼儿患病率高。幼儿发病时，因为肺部的呼吸道肿胀和黏液增多会感到呼吸困难。常见疾病、剧烈运动、过敏反应都会引发哮喘。大部分患有哮喘的幼儿可以正常参加活动，但是需要一定的限制，比如要比其他幼儿休息多一些。

- 大部分患有哮喘的幼儿需要服药，通常是使用气雾剂，有的幼儿需要定期使用，有的幼儿发病时使用。你和幼儿的家长一定要确保，无论幼儿走到哪里都随身带着药。对于所有的药物，你都必须要清楚剂量和用法。
- 跟过敏或其他严重的健康问题一样，每个患有哮喘的幼儿都应该有自己的书面应对计划，并且被保存在档案袋中（外出考察的时候带着）。书面应对计划应包括会引发疾病的潜在原因，如果发病了怎么做，以及其他有关的信息。作为幼儿的教师，你需要知道这些信息而不是临时查档案袋。此外，你还要知道幼儿应该如何使用气雾剂或其他设施。如果幼儿发病了，那么你要帮助他保持冷静，同时你自己也要保持冷静，用平稳的声音与他交谈。让他坐直，抚摩或者轻拍他的后背，同时采取治疗措施和寻求必要的帮助。如果你不在，那么要确保其他工作人员知道在幼儿哮喘发作时应该做什么。

在校期间需要按时服药的幼儿

这件事通常会给教师带来麻烦，因为教师必须要记得在一天中的不同时间给不同的幼儿吃不同的药。如果忘记了，那么既对幼儿有害，也会引起家长强烈的担心。这件事也会让教师有压力，因为他们担心自己弄错药，进而导致幼儿产生不良反应。

- 告诉家长让幼儿的医生开药方。如果可能的话，请医生每天开两份或者更少的剂量，这样就能够让幼儿在家里服药了。家长可以通过电话与医生或药剂师沟通此事。
- 要把药锁好，不让幼儿接触到。
- 使用"按时服药提醒"闹钟，这种闹钟很小也很便宜。家长也许愿意购买一个借给你。每个幼儿都应该有一个不同的"按时服药提醒"闹钟，并在上面贴上名字标签。当然，你也可以使用智能手机上的相关软件帮助你实现这个目的。
- 只能喂幼儿吃有医生和家长签名的药。这样做可以限制药的数量。不要因为家长的要求而给幼儿吃没有医生处方的药。要坚持从医生那里获得处方。
- 如果有家长在幼儿园附近工作或住在幼儿园旁边,那么要求他到班里帮助你。当幼儿抗拒吃药时;当需要特定的喂药技巧,而不仅仅是让幼儿吞下量好的一勺药时,更要如此。唯一的例外就是有慢性病的幼儿,比如患有哮喘的幼儿。
- 要求家长提供简短的书面信息,描述幼儿服药需要注意的事项和可能产生的负作用。你需要知道药物是否有饮食禁忌,是否与其他药物相冲突,是否会让幼儿打瞌睡或过度活跃。
- 让家长找药剂师提供小的、额外的、贴有标签的瓶子,在幼儿园里使用。这样做既可以省去家长的麻烦,不用每天带药到幼儿园;也方便你自己,不用每天离园时让幼儿把药带回家。
- 在存放药的地方张贴一张表格,记录下幼儿的服药情况。这样做可以帮助你记住是否给幼儿喂药了以及什么时候喂的药。每个幼儿都要有一张记录表。

很脏的幼儿

为了保证幼儿的身体健康,也为了让幼儿被同伴接纳,适度的干净是有必要的。在幼儿园,高标准的清洁是需要的,因为很容易传播疾病。如果因为幼儿身上很脏导致了问题,那么你可以参考下面的建议:
- 与家长会面,最好是进行家访,以了解幼儿身上很脏的原因。让他们知道你对幼儿的担心是出于积极的原因:幼儿交不到朋友,伤口可能会被感染,幼儿身体不舒服,等等。跟家长解释,在班级里需要较高的清洁标准,因为这么多幼儿长时间在一起密切接触。如果需要的话,帮助他们找到清洗衣服和让幼儿保持干净的便捷方法,问问他们还有什么是你可以帮忙的。
- 家庭清洁程度只有在影响幼儿健康的情况下才需要关注,如果存在这样的情况,可以请当地的社会服务机构帮忙。遵循你所在机构的规章制度。通常,园长会打电话给社会服务机构。之后,社会服务机构会为家庭提供一位受过培训的健康工作人员帮助家庭解决这些问题。
- 在幼儿入园后，尽快帮助他清洁自己。幼儿应该清洁所有裸露在外的皮肤，特别是手和脸。如果需要，协助幼儿完成。如果幼儿的衣服很脏，有一种强烈的难闻的气味，那么可以给幼儿提供一套干净的衣服穿（捐赠的或二手的衣服）。做这些的时候要低调，以免幼儿尴尬。大部分幼儿在回家之前想要换回自己的衣服。
- 教其他幼儿尊重衣服脏的幼儿。提醒他们遵守"友好待人和尊重他人"的班级规则。示范友好、尊重的态度，并指出这个幼儿的优点。

文化差异

一定程度上，清洁是个人的、文化的事情。有的人和有的文化接受体臭，对于身体和衣服的清洁要求比美国主流文化要宽松得多。导致一个幼儿穿脏衣服或身体不干净的原因可能与文化有关，也可能与贫穷或其他原因有关，比如清洁条件受到限制，没有水、肥皂、洗衣机、烘干机等。

在追踪了一名衣服脏、有尿液气味的幼儿后，我发现他的父母存在发育迟缓的问题。但是，这个幼儿并没有这方面的问题。入学之前，他一直跟祖父母住，现在则跟父母住。我告诉他的父母，我很关心他们的孩子，因为其他小朋友不愿意和他玩，仅仅因为他的衣服比较脏而且有味道。家长做出了积极的反应，并且感谢我的帮助。我也得到了他们的允许，可以跟幼儿的祖父母聊聊，因为祖父母在必要时能给这对家长提供帮助。

超重或肥胖的幼儿

尽管近年来2—5岁幼儿的肥胖率有所下降，但是跟20世纪80年代相比，还是高出了很多。肥胖率的下降有很多原因，包括：学校午餐食谱的改进；校内和校外的体育活动的增多；家庭开始食用更健康的食物；在日常活动中融入了更多的身体运动等。与儿童肥胖有关的问题涉及儿童的健康、自我形象及儿童被其他同伴歧视等。尽管遗传和家庭收入影响肥胖，但是生活方式仍然是最主要的因素，也是可以改变的因素。幼儿园要与家庭合作，因为仅仅依靠幼儿园的食物、运动活动是不足以让幼儿发生重大变化的，还需要改变家庭生活方式。

- 帮助幼儿增强体力。通过逐渐拓展运动的种类、数量和延长运动的时间来增强幼儿的体力。
- 找到幼儿喜欢的运动或项目。大部分幼儿会在自己感兴趣的活动上花更多时间。比如，如果幼儿喜欢打篮球，那么可以安装一个矮一点的篮筐，提供一个小球，这样他就能玩得很好，拥有成就感。然后逐渐升高篮筐，从而加大活动的难度。同时，教幼儿玩其他篮球游戏，促进幼儿与同伴的社会性互动。
- 跟家长谈一谈，让他们了解，保持适当的体重与身高比例无论对于幼儿的身体健康还是心理健康都很重要。超重和肥胖的幼儿，跟同伴相比，会有更多的问题行为，抑郁的比例也更高。他们更容易生病，尤其是容易患哮喘和 2 型糖尿病（Mayo Clinic，2015）。2015 年，得克萨斯州的一名 3 岁肥胖儿童被确诊为最年轻的 2 型糖尿病患者（Knapton，2015）。
- 帮助家庭寻求医生或营养学家的帮助。医生或营养学家能为家庭制订健康饮食和运动计划。你要在幼儿园积极实施这个计划，以支持幼儿和家庭。为家庭提供可选择的活动，代替幼儿对着屏幕的时间。为家庭列出容易操作的游戏的清单。为他们推荐好书和全家都能玩的游戏。推荐好的手机软件、视频、网站，鼓励他们运动和健康饮食。

13. 婴儿、乳房、臀部和界限——跟幼儿谈一谈身体、关系和个人安全

许多教师在跟年幼的儿童谈论有关性、生殖器话题的时候，都会感到很不确定。他们很担心被家长误解，害怕他们把这种健康的谈论看成变态，尤其是男教师更担心。我们生活在一个对性非常矛盾的社会中。在英语中，最粗

鲁的、无礼的话是跟性有关的俚语。我们很难把赤裸的人体与性分开，很难把性和色情作品分开。媒体上经常会描述赤裸裸的性场面，但是直接讨论身体和性还是让人不舒服。这不利于培养幼儿健康的性观念发展。从1992年到2014年，虐待幼儿（包括性虐待）的比率实际上下降了64%（Finkelhor et al.，2014，2015）。84%的儿童性虐待发生在儿童或者犯罪者的家里，其中50%的犯罪者是儿童的家庭成员（Townsend & Rheingold，2013）。

文化差异

关于一个人能在公共场合说什么，关于什么时间、什么地点和什么人赤裸身体是适宜的，以及关于身体、身体功能和性的所有话题，都具有很大的文化差异。在撒哈拉沙漠以南的非洲国家，女性的乳房和性没有什么关系，它们只是一种食物来源。当然，即使在同一个国家，比如美国，家长的观念和养育孩子的行为也因为宗教信仰、文化背景、所在地区的不同存在很大差异。因此，要了解幼儿家庭中与这些话题有关的禁忌。一种办法是让家长列出他们用来描述排尿、排便以及男女生殖器的词语是什么。

许多家庭希望性教育只在家中进行（通常也就意味着根本没有性教育），但是在幼儿园里进行性教育是不可避免的。当幼儿提出问题时，教师必须诚实且直接地回答。有些幼儿如厕时需要帮助，有时还需要教师帮他们换衣服。大部分幼儿教师会跟幼儿谈论个人安全和"私密部位"。

有一天，我带着班里的幼儿开展活动，让每个人说一说为什么喜欢其他小朋友。特拉维斯说："我喜欢塞巴斯蒂安的'小鸡鸡'。"当时，我感到非常吃惊，说话也有点结结巴巴。我说："谢谢你回答这个问题，特拉维斯。阿梅莉亚，你为什么喜欢玛利亚？"过了一会儿，我开始担心塞巴斯蒂安会跟父母说"特拉维斯说喜欢我的'小鸡鸡'"。同样，其他幼儿也可能跟家长复述，导致家长对幼儿说的话以及为什么说这样的话产生误解。我意识到我需要跟特拉维斯和塞巴斯蒂安的父母谈一谈，告诉他们发生了什么事。但是首先，我要跟特拉维斯谈一谈。在谈话过程中，特拉维斯告诉我，他在卫生间看到了塞巴斯蒂安的"小鸡鸡",发现他的跟自己的不一样。我们的幼儿园坐落在一所教堂里,我们使用的是常规的成人卫生间。男卫生间用的是小便池,所以幼儿小便时能看到彼此。特拉维斯切除了包皮,但是塞巴斯蒂安没有,我知道这一点是因为我监督过他们如厕。当我把这件事告诉他们的父母的时候,他们只是哈哈一笑。真是松了一口气!

具有健康的性观念对年幼的儿童意味着:他们对自己的身体感觉良好,能用正确的语言描述身体部位且不认为这些话是不好的话,他们对身体有健康的好奇心,他们懂得在说到身体话题时什么是社会接受的行为。

荷兰的学校系统采用了一种综合的性教育课程,被称为"春心萌动周"(Melker,2015)。这是一套课程,从四五岁的幼儿一直延伸到高中最后一年。在荷兰,人们认为有必要提早对儿童进行性教育,这样学生到了初中和高中以后谈论性话题的时候就会感到自在很多。针对年幼的儿童,这套课程有五个模块:我是谁;我感觉怎么样;赤裸身体(什么时候可以赤裸身体,什么时候不可以,以及使用正确的语言描述身体部位);家庭中;我们是朋友。荷兰少女的怀孕率和青少年性疾病传播率是全世界最低的。

问题预防

- 在班级中投放不同类型的关于身体和个人安全的儿童图书。
- 投放的玩具要包括男孩和女孩的玩具。
- 既不回避也不总是谈论身体部位、身体功能、婴儿等话题。要使用正确的术语谈论这些话题,包括可能使用幼儿没有听过的词语,如尿道、子宫、睾丸、阴蒂、肛门等。唯一例外的词语是"尿尿/拉屁屁",因为它已经被社会接受成为专用语了,使用排尿、排便这样的正确术语反而看上去太正式了。
- 如果你所在的机构还没有关于促进幼儿健康的性观念发展的课程或方法,那么你可以借鉴荷兰的课程。如果你所在的机构有相应的课程或方法,那么请你根据本节学到的内容判断课程的优劣。
- 跟幼儿谈论什么样的触碰是善意的和什么样的触碰是恶意的,谈一谈个人安全。有现成的课程可以供你购买和使用，但是你不一定有必要这么做。虽然成人有责任保护幼儿不被侵犯和虐待，但是幼儿也应该学习一些基本的技能来保护自己。不幸的是，在几乎所有的猥亵儿童的案例中，幼儿都认识罪犯，很多案例中犯罪者还是幼儿的亲戚。所有的家长都应知道，你将跟幼儿讨论哪些信息。你可以通过图片、简单的故事、角色扮演游戏、示范、提问、讨论等教会幼儿以下内容：

➢ 要问一问大人，包括老师、父母、年长的手足等。如果有人想要给他们一些东西，比如玩具、糖果，或者要带他们去某个地方，那么他们一定要问问大人，得到大人的允许才行。

➢ 存在善意的触碰和恶意的触碰。善意的触碰会让他们感到被爱、被呵护。恶意的触碰会带来伤害，造成不舒服和害怕的感觉。碰到恶意的触碰时，他们一定要学会说"不"。

➢ 比自己大的人不能触碰自己的私密部位，除非是爸爸妈妈、医生和护士。即便是医生和护士，也只有在爸爸妈妈在场的情况下才能触碰他们的私密部位。

➢ 不能把恶意的触碰当成秘密，要告诉成人，得到成人的帮助。

问题应对

不适当的言语

■ 当幼儿使用俚语的时候，要教他们使用正确的术语。但是，不要直接纠正他们。比如，如果一个小男孩说"嘘嘘的时候很疼"，那么你可以说："我感到很抱歉，你的阴茎受伤了，坐下来休息一会儿，等你感觉好点了再起来。"对于身体的其他部位也要这么做。比如，婴儿在母亲的子宫里成长，而不是在肚子里成长。屁股叫臀部，屁股上的那个洞叫肛门，男孩和男人有阴茎和睾丸，女孩和女人有阴道和阴蒂（尽管阴道是身体内的器官，但是也要使用正确的术语），男性和女性都有两个乳头。

关于性的提问

- 幼儿提出的大部分关于性的问题，反映出他们健康的好奇心，包括婴儿是怎么来的，男人和女人是什么关系，人体是怎么回事。对于这些问题，要给予诚实、简短、直接的回答。但是，要确保你充分了解幼儿真正想知道的是什么。比如，当一个幼儿问小宝宝是怎么来的，他真正想知道的是生育过程而不是性活动。同时，你也可以问问幼儿他认为小宝宝是怎么来的。这样可以揭示幼儿提问的本质，了解幼儿的理解水平，进而有效地回答他的问题。

- 大部分 8 岁以下的幼儿无法理解性交和怀孕，因为这里面涉及一些抽象的概念，包括排卵、精子、卵子、受精等，让幼儿难以理解。事实上，大部分成人也无法准确理解这些概念。因此，回答幼儿的提问时要简洁、直接，但是实事求是。不要用"种了一颗种子"这种比喻的说法，因为年幼的儿童只会按照字面意思理解，而不会觉得它是比喻的意思。

- 这里有一个比较恰当的解释——"当爸爸妈妈彼此相爱，然后决定要个小宝宝，或者再要一个小宝宝时，小宝宝就来了。爸爸和妈妈紧紧拥抱，共同在妈妈的子宫里创造了一个小小的胚胎。这时，他看上去还不像一个婴儿。他要在妈妈的子宫里待很长一段时间，逐渐长出胳膊和腿、手和脚、手指和脚趾以及身体的其他部位。当胎儿长大了、强壮了，他就会从妈妈的阴道里钻出来。现在，你可以问问题了。"

- 不必解释一些特殊的情况，比如人工授精、剖腹产等，除非跟幼儿的家庭情况相关，或者幼儿问到这些问题。这些额外的信息可以以后再说，或者等幼儿追问的时候再说。

互相探索身体

- 如果你看到幼儿正在互相探索生殖器，并且都很投入和感兴趣而非一方操控另一方，那么你可以告诉幼儿："在卫生间以外的地方要穿好衣服，不能触碰别人的阴茎或阴道。因为它们很娇弱，容易受伤或疼痛。被内裤遮挡的部位是私密的部位，除了爸爸妈妈、医生和护士，不能让别人看。我知道你们想要了解阴茎和阴道，那么我们一起来读一读有关的书吧。"如果有家长因此提出疑问，那么你可以帮助他们了解，这样做的目的是保证幼儿的个人安全，同时满足幼儿健康的好奇心，帮助他们对自己的身体感到良好。在家里有个办法，就是让幼儿（特别是10岁以下的幼儿）看一看裸体或身体，这样做能帮助他们更了解身体，但是坚决不要触碰私密部位。

第三章

幼儿面临的挑战
——能力不足、残疾等

本章的内容关注的是那些有额外需求的幼儿。他们需要特殊的支持来满足自己的需求，他们需要参加所有的活动，需要成为班级中平等的一员。在接纳这类幼儿的同时，每个人都会从中受益。班级反映了我们所生活的社会的多元化，在这个环境中，所有幼儿都习得了民主的技能和态度：接受和欣赏差异，公平，同情，助人。

幼儿面对的挑战中有些是一般情感的极端化，比如恐惧、害羞。还有一些挑战并不存在于幼儿身上，而是幼儿所处的环境，比如，他是班级中唯一一个来自非英语家庭的幼儿。又如，跟同龄人相比，他是认知能力超常（天赋过人）的幼儿。

幼儿的额外需求范围很广，包括语言支持、关注、鼓励等。幼儿也许需要复杂的、定制的设备，比如可以升到高处的轮椅，电脑化的交流设备；也许还需要简单的设备，比如指示棒、翻页器、铅笔抓握器。有时候，具有挑战性的幼儿已经很有能力了，并不把自己当成有缺陷的人，但是他们仍然需要保护和帮助，以便应对其他幼儿（成人）的偏见。

1. 幼儿是未发育成熟还是真的哪里不对

由于你是幼儿的第一任教师,因此你可能会遇到之前没有被发觉的有特殊需要的幼儿。这样的幼儿在某些方面比较"突出",他的行为与同伴的不一样。比如,他说的话很难让人理解;他总是很笨拙,跑步不协调;他不跟别的幼儿接触;他的行为看上去比真实年龄小。有时你很难识别出这些问题,因为没有人意识到这些问题的存在;但是,有时候是家长否认他们的孩子有问题,或者家庭医生说幼儿长大了就好了。

你如何知道幼儿真的有缺陷?系统而仔细地观察幼儿,回顾他这个年龄的发展里程碑,阅读与你所担心的行为或问题有关的资料,跟幼儿的家长交谈,帮助幼儿安排一次发展筛查测试。除此之外,如果你仍然担心或者不确定,那么可以建议家长带着孩子到专门的机构进行进一步检查。

问题预防

- 观察所有幼儿。大部分幼儿园都会筛查所有的幼儿,这样做可以避免因为只挑选一部分幼儿而让家长不高兴,也可以避免让那些被挑选到的幼儿感到自己不一样。有些筛查测试——听力和口语测试——需要特殊仪器和有执照的专业人员实施。

- 对于新加入班级的幼儿,你要在学年之初或者在他们一进班时就对他们进行观察和筛查,但是你要留出足够的时间充分了解幼儿,也要让幼儿感到跟你相处是很愉快的。只有在放松和得到支持的前提下,幼儿测试的结果才比较准确,但是,也不要等待太久。与家长交流你所担心的问题,并尽快做出让幼儿转诊的决定。从跟专家预约到幼儿开始接受治疗,通常要花数月时间。

- 把有关观察、筛查和转诊的规定用书面的形式呈给所有家长。在他们给幼儿办理入园手续时,请他们签名授权。这样当跟他们讨论筛查和观察结果的时候，他们就不会感到意外了。你的书面文件里应该有以下内容：观察和筛查的原因；观察过程和你所使用的筛查测试工具；转诊到哪里和转诊的接收者是谁；幼儿和家长在观察、筛查和转诊过程中得到哪些帮助；保密协议。

- 使用的筛查测试工具要包括需要家长回答的问题，要求家长提供一些信息。有些筛查测试工具包括两部分内容，一部分内容是需要家长完成的，另一部分内容是需要教师完成的。这样的筛查测试工具有助于你和家长之间进行联系和沟通。
- 每年至少有两次定期与家长会面的机会，第一次应该安排在幼儿入园和接受筛查测试之后，第二次应该安排在学年结束的时候。这样一来，如果幼儿有问题，你就可以利用这个机会跟家长交流，不需要再专门安排会面了。专门约家长会面可能会引起他们的焦虑情绪，因此他们可能会拒绝参加，或者根本不出现。
- 如果有可能，对所有家庭进行家访。这样做能让你洞悉每个幼儿和家庭的情况。家访过程中，你也许会看到幼儿跟在学校完全不同的行为。把家访当成加强你和幼儿家庭之间联系的纽带，特别是第一次家访很重要。你不需要在头脑中设定一系列的交流内容或者特别的教育目的，家访的目的就是与家长建立信任关系，同时通过观察充分和深入地了解幼儿和家庭。

问题应对

如何既能观察每个幼儿，又有时间进行指导

既能观察每个幼儿，又有充分的时间对他们进行指导，并非不可能，但是你要有正确的、系统化的工具，同时也要有经验。

- 其中一个工具是简单、科学的观察表，主要作用是帮助你观察幼儿所有发展领域内的关键行为，确保为每个幼儿都记录该方面的信息。观察表中的项目要能反映典型活动和一日常规中可以观察到的幼儿的行为和表现，比如，"幼儿跑、跳、攀爬时动作敏捷，偶尔会被绊倒或摔倒"而不

是"幼儿能单脚站立 30 秒"。你可以在组织户外活动的同时对每个幼儿进行这方面的评估。

- 你需要的另外一个工具是简单的记录策略,主要作用是帮助你记录你所关心的幼儿的行为。一种办法是追踪观察并记录幼儿的某种行为,坚持一星期左右。你可以写下来,也可以用智能手机录下来。要准确记录幼儿到底做了什么,但是不要进行解读和评判。下面是一周中头两天教师记录的某个幼儿的情况:

星期一

8:44　进入班级时在门旁边滑了一跤摔倒了
9:00　想把椅子拉出来坐下的时候,踢到了椅子
10:20　圆圈活动的时候撞到了柜子上,膝盖肿了
11:43　倒果汁的时候溅到了桌子上
15:10　骑三轮车的时候偏离车道摔倒了

星期二

9:06　胳膊肘撞倒了牛奶杯
11:52　把装意大利面的碗弄掉了
14:55　几次尝试骑滑板车。其中,一次掉下来,另外两次很快放弃了,转骑三轮车
16:18　进教室的时候胳膊肘撞到了门把手

- 像这样的追踪记录很有帮助,尤其是对健康专家和早期干预专家很有用。它不仅能揭示幼儿行为的类型和频率,还可以揭示幼儿的行为模式:在一天中的某个时间或者一周中的某一天,行为的频率是否增加了,行为是否变严重了?

筛查测试结果不理想

- 筛查测试结果有时表明某一个幼儿需要接受进一步的评估,但是实际上这个幼儿是不需要再次接受测评的。也许因为这个幼儿测试期间感到不舒服、焦虑、难以集中精神、不理解引导语以及其他原因,所以测试结

果不理想。有时候，测试无法把需要进一步评估的幼儿筛查出来，有很多原因：测试题目或问题没有进行深入的探究，缺少某一特定发展领域的题目，幼儿测试当天的状态特别好导致幼儿的表现比平时好得多，幼儿猜对了答案等。为了纠正这些错误，在使用筛查测试结果时，你还需要参考对幼儿的观察记录以及家长的反馈信息。

- 如果一名幼儿在某一个或某几个发展领域的分数比同龄人低很多，而且在幼儿园和家庭中的观察结果也跟测试结果相符，那么就需要带他看看专家了。可以由幼儿园推荐专家，也可以请家长联系那些提供早期干预服务的机构。专家可以给幼儿做进一步诊断测试，判断问题的严重程度。测试的结果用于判断幼儿是否有"某一类的缺陷"，是否需要接受特殊教育服务。如果需要的话，那么接下来专家会给幼儿和家庭分别提供个别化教育计划和个别化家庭服务计划，包括幼儿应该在哪里接受服务——特殊学校、家庭、你的班级还是这三个地方都需要。如果幼儿继续在你的班级就读，那么你会或多或少地参与到计划的实施过程中，持续地对幼儿进行评估，不断地修正计划，以及支持和协助专家的介入。

家长否认幼儿有问题

- 有的家长对有关儿童发展的知识了解得不多，意识不到幼儿存在问题。但是，当你给他们提供一些客观的、没有过多专业术语的信息，并用关心的方式列举具体问题的例子时，他们会很愿意接受你的帮助。

- 有的家长即便认识到并且有证据证明幼儿有问题，也不愿意承认。通常，他们的出发点是好的，比如不想孩子被贴标签，被当成不正常的儿童；不想对孩子的问题负责，不想被孩子的问题困扰；不愿意承认他们自己也有同样的问题；不愿意让幼儿和家庭蒙羞。他们有各种各样正当的理由。然而，如果幼儿不能在特定的发展阶段接受他所需要的服务，那么家长的保护带来的最终结果是弊大于利。

- 你和你的机构在伦理上、法律上有责任（有些州规定如此）尽力去帮助幼儿获得他们所需要的服务。教师有义务不做伤害幼儿的事情，但是什么也不做有时候也是一种伤害。把它当成帮助幼儿的动力，把你与家长的交流、会面写下来，记录你为了履行伦理和法律上的责任而做出的努力。

- 对家长要持支持、友好的态度，乐于帮助他们。向他们提问，把他们当成他们孩子的教育专家。尝试理解他们是如何看待自己的孩子的。当他们感觉到你对他们的孩子真的关心时，他们就会倾听你担心的问题。在此期间，继续观察幼儿，收集信息；如果你怀疑幼儿有某种缺陷，那么多读一些相关的资料。

- 如果家长不想跟你进行非正式的交流，那么可以安排一次会面。告诉他们此次会面的目的是倾听他们的想法，回答他们的所有问题，尽可能多地了解他们的孩子，让你成为他们孩子的最好的老师。会面期间，你只要倾听、提问、讨论他们孩子的积极表现或一般表现就够了。不要捏造故事，也不要给出虚假的乐观的信息。给家长留一扇门表达他们的顾虑。如果家长表达了他们的顾虑，那么告诉他们你会仔细考虑他们说的事情，认真观察幼儿，下次会面的时候再次讨论。如果幼儿还没有做筛查测试，那么请家长签授权书同意幼儿接受测试，并告诉他们测试的结果可以表明幼儿是否需要接受进一步的诊断测试，同时提醒他们幼儿园进行筛查测试和转诊的流程。

- 你在陈述你担心的问题时，只需要告诉家长你观察到的现象，不要做出评价。比如，你可以说："我看到克里斯经常摔倒和撞到一些东西。这里有一些具体的例子，是我2月20日记录下来的。"如果你已经对幼儿进行了筛查测试，那么把结果跟家长分享，同时告诉他们从哪里可以获得更多的信息和帮助。

健康专家认为幼儿没有问题

- 有的内科医生、儿科医生或其他的健康专家偶尔会低估或否认幼儿的问题。你也许会听到这样的话——"孩子长大了就好了"。健康专家之所以这么说是因为他认为问题并不严重，或者认为幼儿有能力改正问题，尤其是如果幼儿在其他领域的发展足够好的话。

- 如果有机会，你可以跟健康专家和家长说，可以用积极的方法处理幼儿的问题。细心的、敏感的老师和专家，可以一起通力合作。当幼儿提高了技能、取得了进步后，他就会感到非常自信。与年长的儿童相比，年幼的儿童克服困难更容易、更快，有更少的耻辱感，尤其是来自同伴的耻辱。如果没有认真对待幼儿的问题，那么许多问题将会变得更糟。
- 也许还有其他原因造成幼儿没有得到需要的服务。通常是因为这些幼儿情感脆弱，情绪不稳定，其行为让老师很难应对，很有压力。即使家长不希望他们的孩子接受早期干预机构的服务，你也可以在班级中采取许多措施帮助这样的幼儿。大部分优秀教师都会这么做，即给幼儿提供个别化教育，尽可能多地阅读跟幼儿特定问题有关的资料，找到帮助他们的方法。下一章节会有更多关于应对有挑战性的和有缺陷的幼儿的建议供你参考。

寻找和支付专业服务遇到困难

- 如果你所在的机构没有办法和资金来聘请健康专家为幼儿服务，家长也负担不起这样的费用，那么你可以考虑以下办法：
  - 不管幼儿年龄多小，大部分地区的教育局都有责任对幼儿进行判断、评估，并为有缺陷的幼儿提供服务。
  - 许多非营利性组织、专业协会以及服务和慈善组织都能提供帮助，在某些情况下，甚至可以支付费用。

2. 融合教育——把残疾和有特殊需要的幼儿纳入进来

许多教师担心班级中会有面对挑战和有特殊需要的幼儿。他们担心自己没有丰富的知识和经验去帮助他们，无法处理他们的问题。他们担心这样的幼儿会占用自己太多的时间和精力，导致班级中的其他幼儿难以忍受。这些担心是真实而合理的。然而，大部分教师会发现，当帮助一个有缺陷的幼儿时，带来的乐趣远大于麻烦（无论是真正存在的还是想象的）。如果结果不是这样，那么要么是因为幼儿的需求没有得到满足（他的需求太复杂，无法从一般的班级中获得），要么是因为教师没有得到他需要的信息和支持。

如果你正在实施优质的学前教育课程（个别化的、积极的、社会性的、游戏化的、以儿童为中心的课程）和运用通用设计原则，那么你就不会觉得照顾和教育有缺陷的幼儿是困难的事情。你只需要拓展一些正在做的事情就行了，基本的方法和常规不变。比如，许多发展迟缓或情感脆弱的幼儿注意力集中时间短、在集体活动中待不住。毫无疑问，你的班级中可能就有这样的幼儿，只是程度不同罢了。把你对这些幼儿的期待稍微降低一些，包括你对幼儿发展和行为改进方面的期待。运用你已经在使用的方法——开展小组活动，缩短集体活动时间，在集体活动的时候为幼儿提供可选择的安静活动，让幼儿坐在你身边，积极吸引所有的幼儿参与活动——但是，这些方法的运用要比原来更早、更多、更持续。

在度过了最初的夹杂着好奇和担心的不安阶段之后，年幼的儿童通常会接受有缺陷的同伴。你很快会发现，有缺陷的幼儿首先也是幼儿。他们与其他幼儿的相同之处要比差异之处多得多。

问题预防

- 针对班中幼儿的特定缺陷，阅读有关的文章或书籍。每一种明显的缺陷都有由专家和家长组成的支持组织和协会，你可以从它们的网站上获取

第三章 幼儿面临的挑战——能力不足、残疾等

有用的信息和丰富的资源。
- 如果可能，提前帮助班级幼儿做好准备，请他们接纳有缺陷的幼儿。一种方法是与他们分享关于具有各种缺陷的儿童的图书和电影。优秀的作品不是把焦点放在幼儿的缺陷上，而是把有缺陷的幼儿作为一个好故事的一部分。运用这些素材跟幼儿谈论个体之间的差异和相同之处。
- 采取积极主动的办法，给幼儿提供积极而真实的信息，让他们认识有缺陷的人。可以通过下列具体的活动来实现：
  - 邀请有不同缺陷的人到班级中来，让他们坦诚地跟幼儿交谈，跟幼儿互动。理想的情况是，邀请的人中应该包括大孩子和青少年。如果可能，带幼儿进行实地考察，到有缺陷的成人工作的地方去看一看。
  - 如果听到幼儿在谈论他们的时候有错误的认识，那么要立刻纠正他们。
  - 通过电影、书籍或实地考察活动展现残疾人士在不同的环境中自立自强的具体例子。

- 要求加入相关团队，与大家一起开会商讨和定期回顾幼儿发展目标和为幼儿提供的服务。对于有明确残疾的儿童，在早期干预系统中（通常被称为跨学科或多学科团队），他们的发展目标和需要的服务通常被写入个别化教育计划或者个别化家庭服务计划。如果团队已经成立了，那么你可以请求家长允许你参与未来的团队会议和阅读有关计划。你可以通过提问来确保充分理解计划。
- 如果你已经成为团队的一员，那么你可以提出能在你的班级中轻松实现的教育目标。"安吉要把6块积木较整齐地摞起来"这种目标对于安吉来说意味着直接教学、枯燥的重复、单个技能的发展以及毫无乐趣。"用积木进行创造性游戏，完成以后把它们摞在储物架上"这样的目标跟前一个目标发展的是同样的技能，但是用了自然而愉快的方式。这样的目标把技能与游戏、常规整合到了一起，促进了幼儿自我效能感的发展。
- 如果可能，在幼儿进入班级之前，单独与团队的所有成员见面，包括家长、理疗师、职业治疗师、言语病理学家以及其他健康专家。讨论他们

为幼儿设立的目标、对你的期望，你的顾虑，以及团队成员应如何帮助你。确定这些人员何时、如何为特殊的幼儿提供治疗并有相应的保障措施，以免给你的作息时间安排和常规带来麻烦。你要尽可能让他们在班级中为特殊的幼儿提供服务。把团队成员的电话留下，以便有需要的时候可以直接、迅速地与他们取得联系。

■ 建立常规的交流制度，这样你就可以跟治疗师、健康专家讨论他们为幼儿设立的目标，说一说你能够在班级中提供怎样的帮助来实现这些目标。

■ 对于有多种缺陷的幼儿，要让家长和团队其他成员清楚地了解你欢迎这样的幼儿来班级试点。提前商量好交流的日期（幼儿入园一个月后），讨论问题和顾虑，也可以交流成功之处。诚实、直率、理性地与他们交流，说一说你需要什么支持来帮助幼儿，以及幼儿需要什么支持才能成功而充分地融入你的班级。如果这些需求得不到满足，那么可以向家长提出建议，也许换一个地方就读对幼儿更好。

■ 在最大程度上运用通用设计的原则。通用设计背后的理念是创设一种能满足所有幼儿需要的物理环境，运用对所有幼儿都适用的教学策略。公共环境中运用了通用设计原则的例子有：除了台阶以外还有坡道；在人行道拐角处有路沿坡；坐轮椅的人也可以顺利进入卫生间；电梯按钮上有盲文。所有这些设计元素都不会对不需要的人产生影响，但对于有需要的人来说很有用。坡道和斜坡对于推着婴儿车的人、拉着行李箱的人、骑滑板车的人很有用。通用设计并不能完全消除提供便利的需要，比如，我们仍然需要给那些具有移动障碍的司机设置停车点，但是可以减少这种需求。这很重要，因为便利设备不但价格昂贵，而且不如通用设计有效。比如，给卫生间加装轮椅的花费要比建造无障碍卫生间只多不少，而且也不见得方便。

■ 在教学中运用通用设计原则的一个例子是给幼儿读大开本的书，并且读得清晰、缓慢、声情并茂，同时检查幼儿是否理解所读的句子。这样做有助于确保所有幼儿都投入活动以及故事对所有幼儿都有意义，包括视力和听力受损的幼儿，母语非英语的幼儿，注意力集中时间很短的幼儿（无论何种原因），以及刚开始学习阅读的幼儿等。

- 提供多样化的设施和材料，满足不同能力水平的幼儿。比如，提供包括5个拼块、10个拼块、15个拼块、25个拼块的拼图。
- 如果可能，在幼儿进入班级之前做出最后的调整，包括房间、家具、设施、材料。如果幼儿是中途插班进来的，那么你要得到班里其他幼儿的支持，并且对他们解释你要做什么和为什么这么做，同时给他们展示新同学的照片，把你所了解到的关于这个新同学的信息告诉他们，而不仅仅说他的缺陷。此外，你还要建立班级常规，不允许幼儿互相排斥，比如，"接纳每个人，每个人都可以玩"。
- 尽量每天都与家长沟通，定期安排会面与家长讨论幼儿的需求和进步。

问题应对

幼儿提出了可能会伤害其他小朋友或让人很难回答的问题

- 如果幼儿提出的问题不礼貌，那么你要先解决不礼貌的问题。比如，幼儿提出的问题是："为什么他的脸是这样的？"你可以这样回应："我们可以回答你的问题，但是我要先请你换个提问的方式，不能伤害到麦克的感情。你可以对麦克说：'麦克，你跟我见过的其他人不一样。请问，你可以告诉我为什么吗？'"
- 如果残障幼儿愿意且能够做出回应，那么你可以让他直接回答其他幼儿的提问。如果有必要，帮助残障幼儿坦诚而简洁地回答这些问题。比如，他可以说："我出生的时候就患有脑瘫，我很难控制脸部和身体肌肉。但是，我的内心和你、和每个人都是一样的。"
- 如果需要你回答问题，那么请直接给出简洁、真实的答案。如果你不确定或者不知道怎样回答，那么请如实告诉幼儿，然后利用可靠的互联网资源寻找答案。如果幼儿问"为什么麦克不能走路"，那么你可以说："他出生的时候，腿不能活动，所以，他没有像你小的时候那样学走路，而是学会了如何使用轮椅。"许多幼儿并非出于好奇，而是担心这种缺陷出现在自己身上，或者自己"会得"这种缺陷。他们需要知道这种缺陷不会传染，从而让自己安心。

与特殊教育工作者、治疗师或其他专家发生冲突

幼儿教师经常会与其他为有缺陷幼儿提供特殊服务的人发生冲突，原因是大家看待幼儿的视角不同。幼儿教师容易把幼儿看成一个整体，包括他的优势和能力；然而，特殊教育工作者可能更关注幼儿身上的"缺陷"。此外，两者所接受的培训也不相同，甚至使用的是不同的术语，因此，很容易发生沟通障碍。

- 寻找共同之处。你们都想帮助幼儿学习与成长，你们为幼儿设立的最终目标是相同的，你们可能都认同幼儿的优势和面临的挑战。基于这些共同之处，讨论用什么办法能够联手帮助幼儿。比如，开展数学游戏的时候，让特殊教育工作者坐在幼儿身边，帮着他数一数骰子上的点数，追踪他何时会出现转折点，记录幼儿取得的进步。

- 要有耐心，并且理解特殊教育方法或治疗方案是严谨的、科学的。治疗师的训练方法也是如此，其出发点是帮助幼儿。使用这种方法可以获得明显的短期结果，让有严重缺陷的幼儿获益良多。然而，从长远发展的角度来看，应持续使用和提倡以儿童为中心的方法，因为它对于培养幼儿的主动性非常有益。残障幼儿首先是幼儿，并且跟其他幼儿一样，是通过以游戏为基础的、积极的、整合性活动来进行最有效的学习的。

- 如果特殊教育工作者建议使用奖励和惩罚的方法，并把它们作为幼儿教育计划的一部分，那么你可以向他演示通过以下方法来有效管理幼儿的行为：创设激励性环境；提供灵活的时间表；鼓励和教授积极的行为；给幼儿大量体验成功的机会；提供个别化的帮助；给予积极的有帮助的反馈；提供支架；让幼儿互相帮助等。

- 许多学前教育机构有明确的规定，禁用食物和代币作为奖励。这样教师就解放了，不需要花费精力去维护自己的立场以反对使用强化手段。

过度参与的家长

有缺陷的幼儿的家长非常关心自己的孩子，非常担心他们的发展和成长，因此容易过度干涉他们的生活。有的家长可能会在你的班级待上很长时间。尽管家长这样做很有帮助，但是也会引发一些问题。比如，幼儿可能没有足够的时间学会独立，家长会成为阻碍者而不是帮助者。

- 在幼儿进入班级之前与家长会面，讨论潜在的问题，解释你的教育方法，提出明确的期望。让家长明确做志愿者的时间段，并且说明你可能需要减少家长进入班级的时间。
- 定期与家长会面，最少每月一次，讨论各种问题，制订改善计划。要经常向家长进行非正式的反馈。明确你的角色，就你使用的教育方法召开信息会议。
- 要求家长与其他幼儿相处，以便给他自己的孩子学习独立的时间。
- 提供跟幼儿的问题有关的具体的、真实的信息。比如，你可以说："早上你帮助朱莉娅切食物，后来我提醒你让她自己切，但是几分钟以后，你又帮助朱莉娅切了起来。告诉我发生了什么事，然后我们一起来讨论一下怎样才能帮助朱莉娅变得更独立。"
- 表达你的感激之情。对于家长做得好的地方，要具体而积极地进行反馈。

有缺陷的幼儿不愿意和别的幼儿玩

许多有缺陷的幼儿不会自发地跟其他幼儿玩，可能是因为他们的语言技能薄弱、发音不清晰或者存在其他的交流困难。在细心的老师的帮助下，大部分有缺陷的幼儿能够学会跟同伴游戏，反之亦然。通常，教师需要给有缺陷的幼儿和其他幼儿提供直接而具体的帮助。

- 让有缺陷的幼儿尽可能充分地参加所有的集体游戏和活动。运动方面发展迟缓的幼儿，可以通过所有的运动游戏发展身体技能。对有缺陷的幼儿和其他幼儿一视同仁。
- 教有缺陷的幼儿学会玩假装游戏，可以从一般的动作开始，比如，假装吃东西、喝饮料、打电话等。帮助他跟其他幼儿建立联系，一起玩假装游戏。最终，你要退出他们的游戏。

- 教有缺陷的幼儿使用正确的语言和动作加入同伴的游戏。你可能需要帮他说，展示给他看，直到他能够自己加入游戏。通常，加入游戏的最好方法是模仿其他幼儿正在做的事情，然后扮演一个补充性角色，比如，另一个兄弟姐妹或者另一位客人。
- 干预游戏场景。当有缺陷的幼儿在其他幼儿身边游戏并且他们使用的是相同的材料时，可以鼓励他们一起玩。建议他们对游戏内容稍加变化或者向他们介绍一个新的事物，比如，你可以说："萨拉正在修马路，你也是，所以你们可以把路连在一起，修建一条又宽又长的马路。此外，你们身后的架子上有很多的小汽车可以供你们使用。"
- 投放有缺陷的幼儿特别感兴趣的游戏材料。
- 鼓励其他幼儿跟有缺陷的幼儿一起玩。给他们提供一个特别的游戏活动或者独一无二的玩具（只允许两个人玩），这样可以增强有缺陷的幼儿的游戏能力。
- 调整玩具和设施，便于有缺陷的幼儿使用。比如，给三轮车脚踏板加装皮带，让有轻微运动缺陷的幼儿能够骑三轮车。这样在户外活动中，他就可以和其他小朋友一起玩游戏了。
- 帮助有缺陷的幼儿拓展游戏技能。你可以先模仿他的行为，再做一些不同的事情。比如，如果幼儿正在用小积木进行搭建活动，那么你可以做同样的事情来吸引他的注意。然后，你可以用更大一些和更小一些的积木来搭建。如果需要的话，请帮助他。

需要你付出更多时间和努力的幼儿

通常，比起正常的幼儿，有缺陷的幼儿需要你付出更多的时间和努力。如果这样的事情很多，那么说明你没有得到所需要的支持。你需要一名助手（至少是兼职的）。一般，当地教育局或学校能提供这样一个人。这对你和幼儿都很有帮助，特别是如果这名助手很能干、很灵活、很努力，你和幼儿都会受益。

如果你的助手不是这样的，即他对你的要求和需求不能做出回应，那么你要客观地反映给他的上司。童年的一年时间对幼儿来说太重要了，所以必须让幼儿得到最好的服务。

- 鼓励班里其他幼儿帮助有缺陷的幼儿。只要你指派给他们的任务合情合理，大部分幼儿都会很愿意帮忙。他们可以帮忙推轮椅，帮助有缺陷的幼儿做清理工作，帮助他完成拼图，给他的夹克衫拉上拉链，给他的外套扣上纽扣，帮他系鞋带，甚至教他简单的技能。这样做既能培养其他幼儿的责任心和利他行为，也能让你有一些自由时间。然而，对于有缺陷的幼儿自己能做的事情，不要让其他幼儿包办代替。有缺陷的幼儿也需要最大程度地发展他们的独立能力。
- 这个问题也可能是因为你需要得到的有效信息、支持、设备不够而造成的。你必须找到有能力的专家，让他观察你和幼儿在班级中的情况，让他给你提出方法和材料改进方面的建议，这样你才能节约时间、提高效率，让幼儿更加独立。这个人可以是幼儿健康专家团队中的一员，也可以是医院、社会服务机构或大学的专家。
- 如果以上建议、策略不能有效地帮助你减少花费的时间和付出的努力，不能让有特殊需要的幼儿有效地融入集体，那么你可以与多学科的团队成员会面，讨论解决的办法，比如，增加支持，减少幼儿在班级中的时间，或者把幼儿送到其他早期教育机构。

3. 多样性、差异性和民主——对多元文化的回应

文化指的是我们如何生活。文化指的是我们吃什么、何时吃、怎么吃，是我们穿什么，是我们信仰什么，是我们如何交谈，是我们希望什么，是我们聆听什么音乐，是我们如何抚养幼儿等等。每个人都是文化的一部分。以广泛的视角看待文化是很重要的，有助于你创设真正的支持性班级环境，避免歧视幼儿。我们的社会存在许多的文化，比如，贫穷的文化，富有的文化，男性

的文化，女性的文化，同性恋的文化，城市和农村的文化，种族和民族的文化，儿童、青少年、成人的文化等等。

如果一个幼儿的文化、种族、民族跟班里其他幼儿的不一样，那么他可能需要支持和帮助才能完全融入班级，成为班级的一员。如果这个幼儿是班级中唯一的黑人，如果这个幼儿是班级中唯一的女孩，如果这个幼儿是班级中唯一来自贫困家庭的幼儿，那么他（她）就很需要支持和帮助。同样，如果一部分幼儿与周围的主流文化群体不一样（比如，班级中的一部分幼儿是最近才从叙利亚移民到美国的），那么你需要教他们活动的方法，满足他们特殊的需求。如果班级幼儿都来自同一种族和主流文化，那么他们需要学习其他文化，了解跟自己不一样的人。这样可以拓展幼儿看待世界的视角，注意到它的多样性，教会幼儿欣赏相似性和差异性。通过学习与不同文化的人积极互动和透过表面进行判断，所有的幼儿都获益匪浅。

在大部分学前儿童的班级里，一部分幼儿对另一部分幼儿产生偏见和歧视，很可能是基于容貌、年龄、性别的差异而不是种族、民族的不同。外表富有吸引力的幼儿更受同伴的喜爱，他们仅仅依靠外表就被同伴视为很聪明、有能力的人。如果某个幼儿被同伴认为不好看，那么大家就会对他产生相反的看法。无论男生还是女生都更愿意与跟自己同性别的伙伴待在一起。年长的儿童更容易排斥年幼的儿童，甚至更严重。你可以利用这些偏见来培养幼儿的包容性和同理心，帮助那些被歧视的幼儿学会捍卫自己。

在学前儿童的班级里，你会遇到各种文化，也会看到流行文化中不好的方面。班级需要远离商业化，远离幼儿在家庭中、在社区中体验过的玩具和活动。班级是另一种社区，在这里竞争被弱化、被调解，合作与协商被放大，创造性和想象力比听从指令更有价值，过程和结果一样重要。这里没有小集团、派别，每个人都是集体的一分子。

你要使用各种方法来帮助幼儿改变被误导的观念，防止这些观念的发展。本节讨论了运用知识和热情取代墨守成规和偏见的具体的方法。

问题预防

- 制定清晰、简单的规则,并与家长分享。比如,"班级中接纳和颂扬各种差异。我们会教幼儿懂得尊重、理解和欣赏各种差异。如果哪个幼儿表现出歧视行为,那么我们将会帮助他改变行为。我们会纠正幼儿对于某一类人的偏见和误解。在这里,幼儿将学会民主社会的原则:理解,公平,包容,共识,协商。"

- 帮助家长了解幼儿园关于颂扬文化多样性的具体规定和措施,关于放假的规定,以及你处理幼儿偏见行为的方法。这些都应该在《家长手册》中列出来。

- 与所有家长会面,了解他们的文化。提一些开放性的问题,比如,"请告诉我,在您的家庭中,什么很重要?""您的家庭的最独特之处是什么?""您希望您的孩子拥有什么样的核心价值观和性格特点?""您对孩子的期望和梦想是什么?"

- 建立班规——"用手或语言寻求帮助而不是伤害别人"。跟幼儿讨论会伤害别人的语言和动作,包括嘲笑别人、给别人起外号、排挤别人等。

- 提供能反映多种文化和具有不同种族、民族、能力的人们的图书、拼图、图画、艺术作品等。同时,也展示男性和女性从事非传统职业的资料。

- 有些人从事的职业超出了人们的一般认识,可以邀请他们到班级来,或者带领幼儿拜访他们。比如,在开展健康主题活动的时候,邀请男护士到班级中来。在开展社区工作者主题活动的时候,邀请女消防员到班级中来。

- 邀请社区人员或幼儿的家庭成员分享他们的文化传统——故事、歌曲、舞蹈、食物等。确保幼儿理解道具服装或历史服装与日常服装的区别,理解仪式活动和日常活动的区别。

- 向幼儿展示其他国家或文化是如何庆祝节日的,但是不要重复他们能够在家里或在社区中开展的活动,也不要什么都不做。你可以从自己班级幼儿家庭的多样性中寻找点子。如果你的班级中不存在文化多样性,那么你可以把其他文化的节日传统读给幼儿听,并找一种你觉得有趣的节日传统让幼儿参与。比如，告诉幼儿其他国家是如何庆祝万圣节的，并通过角色扮演的方式展示出来。鼓励幼儿学习苏格兰小朋友庆祝万圣节的做法，给你讲个有关苹果或硬币的笑话。苏格兰人还会用篝火庆祝万圣节，而且几乎在每个街角都放上篝火。所以，你可以把幼儿集中在一个黑暗的房间里，把木头堆在闪光灯上面当篝火，并用纸做的火焰进行装饰。同时，讲一些吓人（但不要太恐怖）的故事。此外，你还可以与幼儿分享你的文化传统。

- 利用节日庆祝活动来反对偏见。比如，感恩节快到的时候，把你的活动重点放在土著美国人身上而不是朝圣者身上，给幼儿读一读节日背后的真实历史，开展符合幼儿年龄且反映真实历史的活动。展现人们对土著美国人的偏见，跟幼儿用简单的语言说明为什么它们是不正确的。比如，对幼儿说："土著美国人，又称美国印第安人，他们跟许多人一样穿着同样的衣服，他们的衣服款式跟他们多年以前用来庆祝节日和参加庆典活动的衣服的款式相同。"

- 如果班级中所有的幼儿或者大部分幼儿跟主流社会文化群体不同，那么你可以使用双文化和双语（如果合适的话）课程。此外，你还要尽可能多地提供跟幼儿家庭语言相关的材料或者双语材料，以反映幼儿的文化以及他们看待事物的方式。通过这样的方法，幼儿能够了解价值观、语言、自己文化的习俗，同时也学到了主流文化的内容。

- 开展探索文化多样性的主题活动，如"帽子、衣服和鞋子"，让幼儿调查不同国家的人在这些方面具有哪些差异性和相似性，以及他们戴不同的帽子和穿不同的衣服、鞋子的原因是什么。美国的主流文化也有这样的问题，比如，为什么这么多美国男人戴棒球帽？安·莫里斯（Ann Morris）所写的童书里有着非常可爱的照片，可以支持这个主题。

问题应对

幼儿提出关于差异的问题

- 如前文所述，如果幼儿的问题不礼貌，那么帮助幼儿用友好的方式提问。

- 有些问题会出乎你的意料。如果你不确定怎么回答，那么不用立刻做出回答。你可以说："安娜，我需要想一想你的问题，待会儿我再来回答你。"
- 利用触手可及的资源和信息，帮助你回答比较难的问题，比如，"为什么他的皮肤这么黑／这么白？""为什么你的眼睛是这样的？""为什么他的头上总是裹着围巾？"有大量的童书是关于这些话题的，包括凯蒂·基辛格（Katie Kissinger）的《所有的肤色》（*All the Colors We Are*），这也是一本双语书。

回应幼儿的偏见行为

幼儿对于文化差异可能有一些误解（从家长那里习得的，从媒体上、社会中接触到的）。仅仅让他们看有关文化差异的图片和庆祝特定的文化节日，是难以消除他们的误解的。为了改变幼儿的错误观念，或者减少幼儿形成错误观念的可能性，积极主动、直接强调偏见行为是很有必要的。

- 当幼儿听到带有偏见的表述（无论是从别的幼儿那里听到的还是成人那里听到的）或者表现出偏见行为时，你要立即给幼儿提供正确的信息。你可以这样说："如果跟你说，因为你皮肤的颜色（或者因为你的体重、你穿的衣服等）跟其他小朋友的不一样，所以不让你玩，那么你会感到很受伤。这跟我们'使用不伤害别人的语言'的班规不符。人们只有互相了解以后才能准确地说出是否喜欢对方。让我帮助你们一起玩，了解彼此。"在幼儿开展游戏之初这样做，以便让游戏顺利进行。
- 支持被嘲笑的幼儿。你可以这样说："马修是一个好人，也是一个值得交的朋友，我认为这比一个人长得好看重要得多。"
- 帮助被冒犯的幼儿捍卫自己。支持他的感受，帮助他这样说："我为自己的肤色而骄傲，我可以在任何地方玩。"不要强迫幼儿建立友谊或否定幼儿害怕、不高兴的感觉。幼儿的感觉可能源于他对不同事物或未知事物的恐惧，也可能源于家庭成员的偏见。通过游戏、项目活动、共同的兴趣，为幼儿创设大量的建立友谊的机会。
- 有意识地组织一些反对偏见的活动。把班中幼儿克服了偏见的事件写成故事（比如，来自两种不同文化的幼儿最初讨厌彼此，最后却成为了好朋友。）运用手偶和角色表演游戏讲述跟偏见有关的故事，展示如何有效地处理偏见的问题。

■ 当你或幼儿注意到跟偏见有关的行为或事物时，请给幼儿展示解决的方法。比如，在去动物园进行实地考察的时候，你注意到火车站站台有许多台阶，不适合使用轮椅的人们。你可以问问幼儿："是不是每个人都能爬楼梯？哪些人不能爬楼梯？他们该怎么上火车？如果你不能上火车，你会有什么感受？可以怎么做？"如果幼儿不能提出解决办法，那么你可以给他们一些建议，比如，跟火车站的负责人或铁路系统的人谈一谈，或者给他们写封信。全班幼儿一起实施这个办法，并且分享对方的回应。有时候，你会得到让人兴奋的结果。比如，火车站很可能安装一部电梯。如果火车站真的这样做了，那么你可以带领幼儿进行几次实地考察活动，看一看电梯是如何安装的。

■ 当幼儿经常表达出偏见时，你可以与他们的父母会面，跟他们解释你在班级中是如何处理这种行为的，并跟他们讨论你的观点，认真倾听他们的看法，然后共同制订计划。如果他们不认同你的理念，支持自己孩子的偏见态度，那么你要明确表达在你的班级中，不允许出现带有偏见的声音和行为，你会对此做出处理。与所有家长会面，讨论这类问题。这样一来，你将会得到其他家长的大力支持。不认同你的理念的家长将会发现，他们成了"局外人"。他们最终可能会选择其他幼儿园。

学习观念上的文化差异

不同的文化强调不同的价值观和能力。有些文化非常看重教育，另外一些文化则认为努力工作和身体劳动是非常有价值的。有些文化重视个体，另外一些文化则看重关系。有些文化认为视觉（多彩的艺术和服装）很重要，另外一些文化则强调听觉（音乐、讨论、文学）很重要。看到每种文化的优势并分辨出这些文化跟班级文化的差别，是非常重要的。幼儿自己的文化与幼儿园的文化发生冲突，不仅会让幼儿感到无能，还会让他们感到困惑、不受欢迎，

第三章 幼儿面临的挑战——能力不足、残疾等 143

最终导致他们不愿意参加活动。

- 一旦意识到你的价值观与幼儿家庭的价值观不同,你就要通过灵活的方法帮助幼儿,既让你的价值观变通,又能支持幼儿的价值观。比如,在美国的城市中,许多贫困家庭认为时间是灵活的、流动的。这些家庭很可能没有安排进餐时间、睡觉时间、洗澡时间等。当来自这些家庭的幼儿加入你的班级以后,他们面对着一张时间表,需要将时间的意义内化。如果你能够定期带着全班幼儿回顾作息时间安排,经常提醒幼儿接下来要做什么,那么对来自这些贫困家庭的幼儿将会很有帮助。在下一个活动开始之前,要预先通知幼儿,允许幼儿有充足的时间完成项目活动,或者把未完成的作品保存起来以后再完成。给幼儿大量的时间游戏,允许幼儿从丰富的活动中进行选择。偶尔,你可以根据需要调整作息时间表。这种通用设计的方法既能帮助所有的幼儿建立时间观念和秩序感(美国主流社会文化非常强调这一点),也能帮助那些时间观念不同的幼儿。对于其他文化问题,你也可以运用同样的方法。

多种族和多元文化的幼儿

多种族、民族和多元文化的幼儿人数比单一种族、民族和文化的幼儿人数增长得快。也许你的班级中就有这样的幼儿,但是你没有注意到。与单一种族、民族、文化的幼儿相比,他们有着不同的需求。由于他们的需求很复杂且存在个体差异,所以即使能够回应他们的文化的教师也有可能忽视他们(Baxly,2008;Dotson-Renta,2015)。

- 每个多元文化、多种族的幼儿都不同,多种族的家长也许会觉得自己孩子的种族、民族跟别人的很不一样。即使都是多种族的家长,他们的观点也不一样。你可以跟家长谈话,了解他们是如何看待自己的孩子的。有些家长强烈地认为他们的孩子应该选择一个特定的种族,然而另外一些家长认为每个种族都应该有才公平。还有一些家长强烈地认为他们不应该确认任何种族,而是要让幼儿做出最终的选择。同样,你也要了解家长们是如何对待不同文化的。比如,他们是每种文化的节日都过还是都不过？或者他们只庆祝某一些节日？家庭的亲戚朋友是某个特定种族的人还是各种族都有？

- 大部分家长都希望他们的混合身份能够被注意到，也能够被接纳，大部分幼儿也有这样的需求。比如，在讨论冬天的节日时，你可以说："在宝拉家里，他们庆祝圣诞节和光明节。"在进餐的时候，你可以说："肯恩在家里有时候用筷子，有时候用叉子。"在马丁·路德·金生日和圣帕特里克节时，你可以说："凯丽为自己拥有非洲血统和爱尔兰血统而感到自豪。"

- 许多多种族、多民族的成人会谈论，当他们是孩子时，他们感觉自己不属于任何一个种族或民族。他们说自己会被嘲笑，会感到羞愧。这是一个很重要的问题，因为明确的身份对于幼儿的健康成长很重要。你可以做许多事情来帮助多种族、多民族的幼儿感到自己是被珍视的。有一些优秀的图画书可以帮助你。

- 尽管庆祝多样性是很重要的，但是并不够。在班级中讨论多样性也是非常重要的。在美国，大部分幼儿以及教职工在某种程度上都有一些混合血统。每个人也有不同的性格特点，有的更像爸爸，有的更像妈妈。你可以问问家长有什么样的血统和性格特点，然后跟幼儿讨论。与幼儿一起制作班级图书，可以起名为《每个人都是混合的》或者《我有爸爸的皮肤和妈妈的眼睛》。

- 你的班级中也许还有原本是单一种族却被其他种族的家庭收养的幼儿。他们的需求跟多种族、多民族的幼儿是一样的，他们也应该为自己感到骄傲。然而，他们还有额外的需求，因为他们是被收养的。

- 要求接受培训并得到支持性资源。几乎每个社区都有一个敏感的、知识丰富的人，他能够深入洞察多种族、多民族幼儿的特殊需求，他知道教师怎样做才能帮助这些幼儿。

4. 一种不同的特殊需求——天赋异禀的幼儿

大概5%的幼儿是天赋异禀的幼儿（即天才儿童），这跟幼儿的年龄、种族或者他们所在家庭的收入无关。如果不加以培养，那么他们的能力将无法被充分挖掘出来，他们也会因为无聊和受挫而产生问题行为。事实上，你的班级中那些有问题行为的幼儿很可能天赋过人。识别有天赋的幼儿并满足他们的需求，既能帮助他们，也能帮助你自己。

尽管只有一小部分幼儿有着独一无二、超越常人的能力（我们称之为天赋或天才），但是所有的幼儿都有优势、兴趣和倾向。教师和家长的重要职责是认识到每个幼儿的天赋，为他们提供支持、资源，促进他们充分发展。跟其他有特殊需要的幼儿一样，如果你的班级已经实施了积极的、以儿童为中心的、个别化教育，那么给天才儿童提供优质的教育并不难。你只需要在现有的课程和常规基础上提供额外的挑战和机会就行了。

你会发现，本节提供的建议对于大部分幼儿（不仅仅是天才儿童）都很有用。然而，为了满足他们的基本需求，天才儿童需要这些方法。

问题预防

- 为所有幼儿提供大量的进行创造性活动的机会，如开放式美术活动、音乐活动、创造性舞蹈和律动、装扮游戏、故事表演游戏等。天才儿童会非常乐于参加他们感兴趣和擅长的活动。
- 提供各种各样的创造性材料，让天才儿童可以在区角活动时间自由取用（当然要有一些合理的约束）。这些材料包括：各种类型的纸，泡沫，不同型号的杯子或容器，木材边角料，棉球，衣服，纽扣，金属片，彩色粉笔，钢笔，彩色铅笔，胶水，纸盘，订书机，剪刀，磁带等。这些东西要有序且分类摆放。
- 了解班中幼儿的兴趣，给他们提供谈论和探索兴趣的机会。尽管天才儿童各个方面的发展都很好，但是他们总有 1 ~ 2 个特别的领域和兴趣格外出众。通过为所有幼儿提供探索兴趣的机会，你可以判断哪些幼儿有天赋，需要你提供额外的挑战和支持。

- 在幼儿入园时，向家长询问幼儿是否有特殊的天赋、才能、兴趣或优势。通常，家长对自己的孩子的能力很了解，尤其是当家长使用了发展核查表时，他们更容易做出判断。跟对待任何有特殊需要的幼儿一样，经常跟天才幼儿的家长交流很有必要，既能够避免问题产生，也能为他们提供最好的服务。
- 了解八大智能（Gardner，2006），能够帮助你看到并培养幼儿的天赋和能力。八大智能是语言智能（词汇智能）、逻辑数理智能（数字推理智能）、空间智能（图画智能）、身体运动智能（身体智能）、音乐智能、人际智能（人的智能）、内省智能（自我智能）和自然观察者智能（自然智能）。每一种智能都很重要。在班级中，你要给幼儿提供大量的机会发展和展现这些智能。
- 熟悉天才儿童的特点，以便在班级中认出他们。下面列举了天才儿童的特点，大部分天才儿童都有这些特点。
  - 记忆力很好，尤其擅长长时记忆。
  - 比同龄人的词汇丰富。
  - 能长时间集中注意力。
  - 很容易记住信息。
  - 观察仔细，好奇心强。
  - 有浓厚的兴趣。
  - 对他人有同情心。
  - 关心和担心大的问题，如气候改变、贫穷、战争等。
  - 对图书感兴趣。
  - 精力旺盛。
  - 固执。
  - 通常是完美主义者。

➢ 有毅力。

➢ 愿意跟大孩子和成人玩。

➢ 愿意做简单的数学问题,并且能够做出来。

➢ 有很强的幽默感。

➢ 用不普通的方法使用普通物品。

➢ 对某些艺术活动表现出强烈的兴趣。

➢ 有特别超前的技能或能力,有时候甚至比大孩子或成人都出众。

➢ 非常敏感。

■ 由于大部分幼儿至少在一个领域上有优势,所以你要用宽广的视野来看待幼儿的天赋。不要只看平常的领域,如音乐、美术、阅读、数学等。有的幼儿可能在社会交往、领导他人方面很有天赋(未来可能成为政治家),有的幼儿可能在大肌肉运动方面很有天赋(未来可能成为运动员),有的幼儿可能同理心很强(未来可能成为心理学家),有的幼儿可能精细动作技能很好(未来可能成为木匠或外科医生),有的幼儿可能语言表达能力特别强,比如,能说服别人或者善于谈判(未来可能成为律师)。

问题应对

教师和家长在帮助天才儿童实现潜能方面发挥着关键作用。尽管这些幼儿本身有特殊的才能,但是他们生活中的成人需要付出努力以确保这些才能被充分认识到。我们都知道有的人尽管很有天赋,但是并没有从事跟天赋有关的工作,他们的天赋没有发挥作用。成人需要为天才儿童提供大力的支持,在健康活动(有积极玩游戏、交朋友的时间)和情感支持上保持平衡,细心对待天才儿童,不忽视他们的需求和挑战。天才儿童需要优秀的教师来培养他们的天赋,成人要为他们接触到这样的教师提供条件。比如,有艺术天赋的幼儿需要专业的艺术教师。找到合适的艺术教师很重要,也很难,因为这类教师既要懂得年幼儿童的发展需求,给幼儿提出挑战,又不给幼儿施加过大的压力,培养幼儿与众不同的才能。

- 你在设计活动的时候,可以有不同的方法,让天才儿童觉得有挑战性。比如,你在小组活动时间组织幼儿玩记忆游戏,当轮到天才儿童时,你可以增加额外的选项。针对大多数幼儿,你可以在托盘中放 4 个物品,然后把物品盖起来,这样幼儿就看不到哪个物品被拿走了。然后,请一个幼儿猜一猜哪个物品不见了。针对天才儿童,你可以放 6 个物品,然后拿走其中 2 个。提前安排和制订计划,这样活动才能顺利进行。当所有幼儿(包括天才儿童)不需要努力就能完成活动时,你就需要增加活动的难度了。然而,活动开始和结束的时候不要太难,这样所有的幼儿才能拥有成就感,觉得自己有能力。

- 如果需要,提供其他活动让天才儿童选择。比如,听故事时间,其他幼儿可能感到很愉快,但是天才儿童可能感到很无聊,这时可以让他选择看其他的书。

- 问问天才儿童有什么建议、怎么调整活动,并采纳他们提出的合理建议。这样做能拓展他们的思维,鼓励他们提供反映他们的思维方式的有价值的反馈,从而满足他们的需求。

- 为天才儿童提供大量的做选择和当领导的机会。比如,你可以说:"你可以让大家从圆圈中解散,你想怎么解散呢?是按照小朋友名字的第一个字母、小朋友穿的鞋子款式还是按照其他方式?"

- 允许天才儿童尽情地、深入地探索自己的兴趣和独特能力。给他们提供跟他们的兴趣有关的图书和材料,从而鼓励他们探索。许多天才儿童对电脑特别着迷,因为电脑可以拓展他们的技能和知识。电脑本身还有一些固有的特点让幼儿探索,比如,电脑里总有新事物,有更复杂的操作方式。

- 问问天才儿童的想法。有些幼儿不能告诉你他的想法,有些幼儿能告诉你。比如,如果一个幼儿对你说"我觉得那个符号的意思是'打开'",那么你要问问他是怎么知道的。他的回应能让你洞察他的思考过程,帮助你制订满足他的需求的计划。幼儿可能会做出三种回应——"每次去商店我都能看到这个标志""昨天妈妈告诉我的""我会读这个单词"。

其中，第一种回应意味着他是一个接受能力强、自我引导型的学习者；第二种回应意味着他有着很强的视觉、听觉记忆能力；第三种回应揭示了他有较高水平的分析思考能力。

- 由于大部分天才儿童都很活跃、兴趣广泛，因此要为他们提供丰富的选择，包括富有挑战性的游戏、拼图、桌面玩具等。
- 通过头脑风暴或者问题解决活动，给天才儿童提供大量的产生奇思妙想的机会。问问他们对于新事物、新活动有什么看法。让他们思考处理事情的不同方法或更好的方法。
- 在收集图书的时候，不但要收集许多非小说类图书，而且话题要很广泛。
- 定期为天才儿童提供运用和展示才能的机会。鼓励其他幼儿表扬他们，并为他们感到自豪。

缺少支持和资源

这是所有教师和家长在面对天才儿童时都会遇到的问题，尤其是在低收入家庭和农村地区，这个问题更加明显。

- 把社区中对培养幼儿的天赋有帮助的优秀教师和有用的资源列在一张单子上；资源有限的话，你也许还要做出一些妥协。比如，有音乐天赋的幼儿想要学钢琴，但是他所在的社区最好的音乐老师是教小提琴而不是教钢琴的，那么这个幼儿最好学习拉小提琴（至少从拉小提琴开始）。
- 有些教师、专家、服务机构会为低收入家庭的天才儿童提供奖学金。几乎每个城市都有音乐教师协会、美术教师协会等，你要帮助家长使用这些资源。
- 有的社区有音乐中心或艺术机构，可以租赁或者售卖乐器。你还能在许多社区里找到各种兴趣俱乐部——天文学、电脑、摄影、舞蹈、戏剧、绘画等，在这里，成人真正可以寓教于乐培养幼儿的兴趣。
- 帮助幼儿找一位导师。这位导师可以是年长一些的幼儿或少年，他跟幼儿有着相似的天赋，可以在情感上、技能上帮助幼儿，让幼儿产生浓厚的兴趣。

一些天才儿童的问题行为

由于自身的独特性,有些天才儿童容易出现问题行为,对自己和周围的人产生影响。你可以运用下表中的建议来减少这些问题行为。

问题行为	可能的解决办法
无聊,行为愚蠢,做小动作	提供更富刺激性、更有挑战性的活动。给幼儿大量的机会和充足的时间按照自己的节奏探索自己的兴趣。
有自己的做事方法,跟你的方法相冲突	如果不会引起什么问题,那么给幼儿提供大量的机会让他按照自己的方法做事。如果有些事情一定要按照你的方法做,那么要解释清楚原因。问问幼儿,他用自己的方法做件事情的原因是什么。如果幼儿能够回答,那么你不仅能了解他的需求,还能跟他通过协商达成一致意见。当你解释了原因之后,请幼儿想出其他不会带来问题的办法。
容易受骗,容易被愚弄,摇摆不定	你要意识到幼儿之所以容易受骗是因为他的信任和好奇心,不要嘲笑幼儿。冷静地指出真实情况。支持并认可他的感受,这样他以后才能继续向你敞开心扉,信任你。不要让别的成人或幼儿嘲笑他或者利用他。
完美主义者,灰心丧气,对自己和别人很挑剔	继续鼓励幼儿尝试:"你认为自己能做得更好,我相信你一定能。你尽力了,而且很努力,这是很值得骄傲的。"或者"看看,你这次比上次做得好多了!"告诉幼儿哪些事情他做得很好,好在哪里。支持并认可幼儿因为不擅长而遭遇挫折时的感受,跟他说:"有些小朋友比你困难得多,每个人都有一些擅长的事情,我们要感谢人们的努力,而不是只看到他们能做什么和不能做什么,你对自己也要这样。"
没有耐心,被打扰的时候很生气	允许幼儿有充足的时间做自己选择的工作。当不得不结束活动时,要提前告诉幼儿。为幼儿提供储存作品的方法或场地,以便幼儿在其他时间可以继续完成自己的作品。要确保幼儿作品的安全。

续表

问题行为	可能的解决办法
不喜欢重复性的活动或游戏	如果幼儿对某个活动厌倦了，那么要为他提供可替换的活动。帮助他用适宜的方式表达自己的不适："当你感到厌烦的时候，告诉我，我会帮你找点其他事情来做。"
违抗指令	给幼儿大量的机会控制自己的时间和常规。充分解释你发出指令的原因。在做出调整之前，要多次提前告知。
非常活跃，精力旺盛，讲话太多，控制了讨论活动	提供长时间的区角活动，内容多样，可以自选。引导幼儿把精力放在具有创造性和建设性的活动上。小组活动的时候，限制每个幼儿的发言时间，使用"谈话棒"清楚地表示什么时候该谁发言了。当幼儿占用了太多时间时，告诉他你会再听一分钟（调好计时器），至于他后面的话，你会在其他时间听，比如，户外活动的时候。
忽视细节，跳过常规，对于自己认为不重要的事情没有耐心	对这样的幼儿宽容一些，不要过于强调程序、常规。出于健康或安全原因，可以提醒他必须要做某些事情，并解释原因："系上鞋带，这样你才不会被你的鞋子绊倒。"你必须经常这样做，但是说话时语气要冷静。幼儿通常不会忘记，只是不感兴趣。

5. 内向、缺乏安全感还是其他——害羞、安静和孤单的幼儿

在美国，性格外向是我们推崇的性格特点。这让我们很担心那些害羞、温顺、少言寡语甚至从来不说话的幼儿。但是，由于表面行为具有欺骗性，因此，最重要的是要判断幼儿的这些行为是属于性格特点（内向）、情感障碍（缺乏自信）还是其他。内向的幼儿喜欢一个人待着，偶尔跟另一个小朋友在一起。他们也许具备加入团队或成为领导者的社交技能，但是他们并不愿意这么做。你不需要把一个内向的人变得外向，因为这样做只会让幼儿感到自己很糟糕。相反，你的任务是帮助内向的幼儿在这个外向的世界里处理事情并取得成功。

另外，还有一种幼儿想要加入集体和结交朋友（天性是外向的），但是他

们做不到，原因是环境带给他们不安全感，比如，他们刚到一个班级，父母离婚了，或者他们的生活发生了其他的变化。对于某些幼儿来说，他们极度缺乏安全感，而且这种情况是长期存在的，与环境、班级和时间无关。这些幼儿中有一部分依赖性很强，喜欢黏着你，不愿意跟其他小伙伴玩。此外，还有其他原因。比如，我所在的幼儿园有一个幼儿之所以有退缩行为是因为他害怕班里的另一个幼儿，那个幼儿是他的邻居，会操控他，对他很无礼。有的幼儿无法找到跟其他幼儿互动的有效方法，所以他会避免做自己觉得困难的事情，比如，加入其他幼儿的想象游戏。

所有表现出害羞却并非内向的幼儿都需要你的帮助才能融入班集体。长期缺乏安全感的幼儿需要你给予他们更多的、持续的帮助。依赖性强的幼儿需要更独立，更多地跟其他幼儿游戏。消除他们的不安全感的方法是帮助他们成功交朋友，成为班级的一员。

泰莎是我班里的一个幼儿，她明显符合长期没有安全感的幼儿的特点。她满脸渴望地看着别人游戏，却强烈抗拒我为了让她加入游戏和活动而做出的尝试。奇怪的是，我从来没看到她被其他小朋友拒绝，也没有任何迹象表明其他小朋友不想跟她玩。她的妈妈提供了一个重要的信息，即她的妈妈小时候跟泰莎很像，她的童年记忆几乎都是痛苦的。这真正激励我采取更有力的行动，而不是觉得"这肯定是遗传的，我什么也做不了"。我没有让泰莎回忆过去不开心的生活，而是让她现在感到快乐。当知道她想融入集体且集体也不反对她时，我更有勇气了。在随后的几天时间里，我拉着泰莎的手一起参与游戏。起初，我引导着她，确保游戏能够对她起作用，她也能够加入游戏。我给了她一些选择，比如，"你想当松鼠宝宝还是松鼠妈妈？"其他幼儿很愿意家里有更多的松鼠，甚至能接纳很大的有胡子的松鼠宝宝，比如我。当泰莎感到自己不会被大家拒绝且能和大家一起玩时，她的行为就改变了。当然，她还是缺乏一些安全感，表现为有点依赖性，说话时犹犹豫豫。但是在户外活动和想象游戏中，她能够做真正的自己，做一个比较外向的参与者。更重要的是，她成为了班集体的一员。

非常害羞，又被称为"社交恐惧症"，这样的幼儿需要精神健康专家提供

第三章 幼儿面临的挑战——能力不足、残疾等

大量的帮助。

问题预防

- 让所有幼儿都感到自己很重要、被欣赏、被尊重。
- 让幼儿轮流承担班级任务和工作，给幼儿提供做选择和做决定的机会，让他们当领导者。如果给一名害羞的幼儿提供正式的机会让他当领导者（比如，让他根据小朋友衣服的颜色选择谁可以离开圆圈活动），那么他就很可能获得成功。
- 开展多种多样充满挑战性的活动，让不同数量的幼儿参与其中。有的活动适合一个人（如拼图），有的活动适合两个人（如桌面游戏），有的活动适合三个人（如乐透游戏）等。
- 尊重和理解每个幼儿的感受、想法、表达，尽管有些只是幼儿随口说出来的。
- 大部分集体活动以小组形式进行，因为害羞的幼儿在人少的情况下不会太害羞。
- 一天之中，要有时间给予每个幼儿一对一的关注。
- 教会幼儿交朋友和维持友谊的必要技能。不允许幼儿排斥其他幼儿加入游戏。仔细观察幼儿的游戏，这样才能有效地协助幼儿与他人游戏。

问题应对

- 接受合理水平内的害羞，把它当成个体差异。只有当害羞给幼儿交朋友、玩游戏、加入活动带来困扰时，才进行干预。
- 不要强迫害羞的幼儿。尊重他退缩的需求，允许他行动缓慢。但是，要继续提供机会支持他参加活动。
- 尽可能多地了解害羞幼儿的表现。进行家访，这样你就可以看到幼儿在家中是否害羞。许多害羞的幼儿在家中很健谈，甚至有些吵闹。即使幼儿在家中并不害羞，你也仍然要关心他的害羞行为并且要采取相应措施，只是他的行为没有你想象得那么严重罢了。了解幼儿的兴趣、优势、

宠物、邻居、好友，在班级中运用这些信息跟幼儿建立联系，并帮助他跟有相同兴趣的幼儿建立联系。

- 如果幼儿正面临暂时的人生转变，很有压力，那么你要在一段时间内给他额外的关注和关爱。要在他提出要求之前关注他，这样就会减少他通过不适宜行为取得关注的现象。让幼儿通过恰当的方式寻求关注，比如，问你或者向你示意。

- 最初，在把内向的幼儿纳入游戏活动时不需要让他做出太大改变。比如，当你想让一群幼儿表演《三只小猪》的故事时，你要认可害羞的幼儿作为观众和听众是很重要的角色："感谢你当一个专注的观众，如果没有观众，游戏就不好玩了。"当幼儿感觉自在多了的时候，尝试让他扮演大树、门卫或其他被动的、没有台词的角色，让他加入活动，并再次表达你对他所扮演的重要角色的感激之情，继续鼓励他参加更多的游戏，化被动为主动（Chenfeld，2006）。

- 给害羞的幼儿提供一些参与机会。比如，如果他拒绝参加运动游戏，那么问问他是否愿意带领大家玩游戏或者排队等候。提供其他的选择，比如，当观众，或者最后一次轮到的时候再玩（看到每个人都玩过了，他会感到很安全）。

- 限制幼儿在私密的安静区中逗留的时间，告诉他其他小朋友也需要安静的机会以及参与各种活动是很重要的，并帮助他参与一项不同的活动。

- 对于说话声音很小的幼儿，要迅速让他停下来，并用这样的话鼓励他："让我们听一听你响亮的5岁的声音，应该很好听。"要避免这么说："大声点，我们听不见。"这样做只会让幼儿很尴尬。

- 建议幼儿的家长让幼儿与同龄幼儿在幼儿园以外的地方多多相处。经常这么做，能让他与小伙伴之间的友谊更加牢固，等他回到幼儿园后也会有更多的游戏机会。

- 鼓励害羞的幼儿从家里带一些物品到幼儿园，在家庭和幼儿园之间建立联系，并帮助他结交更多的朋友。但是，要对这些物品做出一定的限制，参见第二章中"幼儿把家里的玩具带到幼儿园"一节讨论的内容。

依赖性太强

- 对幼儿待在你身边的时间做出限制。使用计时器,并对他说:"两分钟后,我会拥抱你。现在,你可以先找个地方玩,或者我帮你找个地方玩。"
- 制定一个简单的规则,让幼儿可以在进餐时间或圆圈时间轮流坐到你身边。张贴幼儿的名单(如果幼儿自己能写,就让他们自己写),当轮到某个幼儿以后,就让他把自己的名字划掉。这种方法既能让幼儿知道他们可以靠近你,也能让他们看到靠近你的时间,还能让他们知道这个规则是公平的。
- 不要总抱着幼儿,以免强化幼儿的依赖性。当他很黏人的时候尽量少关注他,引导他进入区域游戏。
- 如果一个幼儿经常打断你与其他幼儿的互动,那么你可以告诉他等一会儿或者做点别的事情,结束以后你会到他身边。如果他选择等待,那么你在与其他幼儿互动的时候可以把手轻轻地放在他的胳膊上(这样可以让他知道你没有忘记他)。当你拿开手转身面向他的时候,告诉他,你可以跟他说话了,但是记得要在转身之后而不是之前就告诉他。如果你能坚持这样做,那么他既能学会不打扰别人,也会因为能得到你的关注而感到很安全。
- 让他加入游戏,或者与你进行更积极的互动。你可以对黏人的幼儿说:"坐(站)在我的对面,这样我就可以看到你可爱的脸了,听清你说的话了。"跟幼儿一起玩建构游戏、拼图游戏或桌面游戏,当有其他幼儿加入或者他能自己开心游戏的时候,你就可以走开了。
- 引导他和另一个幼儿玩专门为两个人设计的游戏,如桌面游戏。
- 积极地教幼儿掌握具体的社交技能和方法,以加入其他幼儿的游戏。幼儿之所以害怕跟别的小朋友玩,很可能是因为他之前尝试与别的小朋友交往却失败了。帮助他运用语言和采取行动以加入别的小朋友的游戏:观察游戏,确定他们在玩什么,有哪些角色;扮演补充性角色而不是领导者角色;加入游戏,熟悉场景。渐渐地,幼儿发展了社交技能,你为他做得越来越少。

6. 现代家庭——非传统家庭中的幼儿

这样的家庭包括单亲家庭（尤其是单亲爸爸），同性恋家庭，寄养家庭，收养幼儿的家庭，由祖父母养育幼儿的家庭等等。此外，还包括家庭结构很传统，但是家长的教养观念和行为并非主流的家庭。对于幼儿来说，他们的家庭环境就是他们所知道的一切，是很"正常"的。然而，大约五六岁的时候，这些家庭的幼儿会意识到自己的家庭跟别人的不一样，主要是因为他们无论是在儿童图书、电影、电视节目还是其他媒体上都看不到自己家庭的影子。

问题预防

- 了解你班级幼儿的家庭，不仅要了解其人员构成、家长的教养观念，还要知道家长希望别人怎样看待自己。有些家长很开放，会积极帮助你满足他们孩子的需求，会跟班级里的人谈论他们的家庭。有些家长则非常小心谨慎，不想让自己的家庭得到特殊的关注。
- 当带领幼儿阅读图书或讨论家庭的时候，要包括各种形式的家庭。即使班中没有来自非主流家庭的幼儿，了解到家庭形式的多样化也能让所有的幼儿受益。此外，幼儿还应该知道每个家庭在教养观念和行为上都不一样。有些家庭中，幼儿从来不看电视；有些家庭中，幼儿会看一会儿电视，看一些电视节目；还有一些家庭中，幼儿可以很长时间看各种类型的电视节目。有些家庭从来不搞生日派对，有些家庭会举办由家庭成员参加的小型生日派对，还有一些家庭则会举办由许多幼儿参加的大型生日派对。

问题应对

同性恋家庭中的幼儿

随着生育技术的提高，越来越多的同性恋家庭可以拥有自己的孩子。此外，还有很多同性恋家庭会领养孩子。有效的、持续的研究表明，同性恋家庭的幼儿跟异性恋家庭的幼儿并没有区别，甚至在各方面的发展比他们还优秀一些，包括精神健康和长大以后的性取向（Patterson，2009）。然而，同性恋家庭跟异性恋家庭一样，有着各种各样的教养观念和方式。

- 在跟幼儿谈论性取向时最简洁、最合适的办法是不关注性别，把焦点放在可以看到的事情上：有的家庭有两个妈妈，有的家庭有两个爸爸，有的家庭只有妈妈，有的家庭只有爸爸，还有的家庭有一个妈妈和一个爸爸。
- 向幼儿展示有关同性恋家庭的图片或书籍，这样做很重要，能帮助同性恋家庭的幼儿感到自己的家庭是被认可的。这些幼儿很脆弱，主要原因是他们会受到其他幼儿和成人的歧视。他们比其他幼儿需要更多的支持、肯定、保护和尊重。如果你看到他们被歧视，那么可以运用之前讨论过的方法进行干预。

被收养的幼儿

越来越多被收养的幼儿从养父母那里知道了自己的身世，但是还有许多家长不告诉他们的孩子他是被收养的。如果幼儿不知道自己是被收养的，那么你可能也不知道。不要假定你知道了，幼儿也知道。告诉幼儿他是被收养的是一件很谨慎的事情，只能由家长告诉他。如果家长并不确定怎么告诉和什么时候告诉幼儿关于被收养一事，那么你可以提供一些帮助。

- 在谈论出生、婴儿、家庭等话题的时候，都要说说幼儿被收养这件事。
- 在谈论收养等话题时，跟谈论所有复杂的事情一样，给幼儿提供的信息要适量，并且要让他们能够理解。把关注点放在被收养的幼儿给新家庭带来快乐上。幼儿，最终构成了家庭。

寄养家庭的幼儿

不幸的是，大部分寄养家庭的幼儿在人生早期都经历过虐待、创伤，而且他们很可能住在不止一个寄养家庭中。因此，这些幼儿是很脆弱的，他们会感到愤怒、失望、沮丧和没有安全感。他们需要大量的鼓励和情感支持。

- 谈论寄养家庭跟其他类型的家庭。下面有一些关于寄养家庭的简单而清晰的信息：寄养的幼儿被成人照顾，这些人不是他的父母，因为他的父母不能照顾他。有的幼儿跟寄养父母住的时间很短，有的住几天，有的幼儿住很长时间。父母不能照顾幼儿有很多原因，通常是因为他们病重，没有人帮助他们照料孩子。当父母病情有所好转时，住在寄养家庭的幼儿可以探望自己的父母。当他们的父母身体康复了（意思是完全康复），幼儿就可以重新跟自己的父母住在一起。
- 定期跟幼儿的寄养父母、社工保持联系和充分交流，这一点非常重要。由于大部分社工需要处理太多的工作，所以幼儿可能还需要一个由法院指定的志愿者，这个人可能是幼儿生活中最熟悉的、最能给他提供帮助的人。与这个人联系，向他了解幼儿的状况、行为等方面的信息。
- 熟悉你所在的国家或城市的寄养制度。了解制度的缺点：经历过创伤之后，幼儿要到另一个家庭跟陌生人一起生活；有太多的幼儿在寄养家庭被虐待等。同时，也要了解制度的优点：幼儿可以立即远离危险，生活在家庭中而不是被送到机构里；大部分寄养家长是友好、细心的人，能帮助情感脆弱的幼儿感到安全。

有着非传统教养观念和方式的家庭

有些家长的宗教信仰或者文化背景与大多数人的不一样，他们的教养观念和方式跟其他家长的也不一样。大部分（但不是全部）这样的家长，会把幼儿送到跟他们的教育理念一致的幼儿园或儿童中心。在幼儿入园的时候，要让每个家庭都知道你庆祝节日和生日的方法，这样会让家长参与进来。比如，犹太家长可以给幼儿展示他们是如何庆祝光明节的，穆斯林家长可以解释为什么女孩要戴头巾。有的文化要求女生穿裙子，不过许多家长会让他们的女儿在裙子里穿上打底裤。如果只有1~2个家庭要求给他们的孩子提供特别的饮食，那么可以让家长为自己的孩子准备食物。当不需要做出妥协时，家长会感到更舒服，更放心把孩子放在跟他们熟悉的信仰或观念体系相匹配的机构。

- 帮助家长认识到许多宗教节日都有世俗的方面。复活节时的染鸡蛋、寻找鸡蛋，圣诞节时的圣诞老人和圣诞树，都成为世俗的美国文化的标志。尽管这些事情属于特定的宗教信仰，但是随着季节的变化，它们也开始成为非教徒的一种仪式。几乎所有的幼儿都知道这些活动和传统，并且乐于参加。然而，要限制以特殊的方式庆祝传统节日的时间，因为班级幼儿庆祝节日的方式不同。通过展现不同文化和国家的一系列的节日和传统，你可以拓展幼儿对于文化的理解，提升他们的文化意识。
- 利用幼儿对节日的兴趣促进他们各领域的学习与发展。邀请幼儿给彩蛋分类，按照各种模式匹配彩蛋，或者制作图书作为节日、生日礼物。要让你的班级成为这样一个地方：支持并提升全体幼儿的兴趣和所有家长的观念。

7. 每一天都像没有糖的万圣节——极度恐惧的幼儿

大部分幼儿都有一些恐惧的事物，比如，害怕蝙蝠、陌生人、黑暗或者害怕一个人待着。如果真的存在危险和伤害，那么这种恐惧是健康的。有些幼儿会谈论自己的恐惧，并且非常焦虑，但是你没有看到让他们感到恐惧的事物。

幼儿之所以感到恐惧，是因为他们有着丰富的想象力，并且意识到原因和结果之间的关系——"如果很黑，那么危险就看不见了。如果危险看不见，那么我就不能保护自己"。他们越来越清楚地意识到：自己受伤的方式有许多种。他们内心也很矛盾，一方面想要独立，另一方面还需要成人的保护。对于学步儿或者发育迟缓的幼儿来说，他们之所以感到恐惧是因为他们觉得世界仍然是一个让他们感到不安全的地方——"敷了面膜的哥哥还是我的哥哥吗？"

一些天才儿童非常害怕诸如飓风、飞机坠毁、地震、火灾、传染病之类的事情。他们通过新闻了解到这些事情，认识到它们的可怕。但是他们缺少理解能力，不知道他们不太可能经历这些或被它们伤害。

极度恐惧可能是因为上述原因，也可能是因为幼儿经历了其他的创伤性事件。大多数情况下，极度恐惧与糟糕的体验直接相关，比如，看到邻居家的房子着火，或者有过溺水经历。还有一些情况，关联并不是很清晰，比如，目击了暴力行为的幼儿变得非常害怕黑暗，然而黑暗跟这件事情并不相关。被忽视或者被虐待的幼儿会害怕许多东西，尽管这些恐惧跟他特定的经历并不相关。

问题预防

- 在家长给幼儿报名的时候，问问他们有哪些事情让幼儿感到有压力以及幼儿害怕什么事情。
- 与家长定期交流，这样当幼儿生活中有任何问题或者创伤性事件时，他们就能够及时告诉你。
- 通过合理的常规、以儿童为中心的课程、吸引人并有序的班级环境、温馨的情感氛围，为所有幼儿营造安全感。对每个幼儿给予个别化的关注和积极的回应，但是对于最需要的幼儿要给予更多的关注和回应。尽可能任何时候都要让幼儿知道接下来会发生什么。如果幼儿知道接下来会发生什么，那么他们会感到很安全。
- 即使你不支持幼儿的行为，也要认可他们的感受。比如，你可以说："我知道你很生气，如果有人取笑我，我也很生气，让我来帮助你跟他聊聊。"
- 为幼儿提供许多机会，让他们用各种不同的方法放心地表达和处理他们的恐惧情绪。幼儿能够在分享环节谈论恐惧情绪。他们还可以画画，编故事，用玩偶表演可怕的场景。
- 为幼儿读大量的有关小孩子克服恐惧的故事。有一些儿童图书对于帮助幼儿直接面对恐惧很有用，原创的童话故事比其他形式的儿童文学作品效果更好。在一些故事中，比如《狼与七个小孩》、《奇幻森林历险记》等，儿童或者小动物被置于极其危险的境地，但是他们凭借自己的力量不仅摆脱了困境，而且生活得更好。这些故事能够给那些经历了心理创伤的幼儿带来慰藉。尤其是当幼儿能够把这些故事表演出来时，他们的心理创伤更能得到治愈。

问题应对

- 有着极度恐惧的幼儿通常需要专业咨询师的帮助。给家长推荐咨询师，并在家长的许可下征求咨询师的建议，了解如何在班级中帮助幼儿。如果整个家庭都参与进来，那么咨询是最有效的。为家长寻找善于和幼儿打交道的咨询师提供建议。
- 支持幼儿的感受，无论它们对你来说多么不合理。避免说这样的话——"来吧，没有什么好怕的"。对于幼儿来说，恐惧是真实存在的。不要让幼儿去做让他感到害怕的事情。支持他并对他说："我知道你害怕狗，你可以拉着我的手，我会保护你。"
- 走进幼儿幻想的恐惧世界，帮助他克服恐惧。比如，如果一个幼儿害怕走进材料间拿一些美术材料，觉得那里有怪物，那么你可以跟他一起走进材料间除掉怪物。跟着他的脚步，问问他："我们应该做些什么来除掉怪物呢？"也许，你们需要抓住怪物，把它装进垃圾袋，扔进垃圾箱。
- 许多咨询师在帮助人们克服恐惧时是通过逐渐介绍恐惧的元素，让人们慢慢习惯它的。你也可以这么做。比如，你可以按照下面的步骤，帮助一名幼儿克服对水的恐惧。在这个过程中，只有当他感到自在和能够掌控的时候才跳到下一步。
  - 抓着他的手让他玩喷水装置或者水管，对着他的脚喷水。
  - 只抓着他的一根手指。
  - 让他自己玩。
  - 逐渐增强水流的强度。
  - 让他站在小的浅水池里。如果需要的话，抓着他的手。
  - 让他自己站在浅水池里。
  - 扶着他的身体让他坐在浅水池里。
  - 拉着他的手让他坐下来。
  - 拉着他的一根手指让他坐下来。
  - 让他自己坐着。

> 你走进一个大水池，扶着他的身体让他趟到浅水区。
> 只拉着他的手。
> 只拉着他的一根手指。
> 让他自己玩耍。
> 逐渐让他走到深水区。

- 有的幼儿能够比别的幼儿更快地度过这些步骤，甚至跳过一些步骤仍然可以成功；有的幼儿可能需要更细小的步骤。确保让幼儿控制整个过程，可以对幼儿说："如果你需要我扶着你，请告诉我。"
- 如果幼儿经常谈论他的恐惧，那么不要太关注他的言语，并且要限制这些言语。你可以这么说："我会仔细地再听你说一分钟（调好计时器），接下来你需要选择一个活动。"这样回应能让他知道你会倾听他。接下来，帮助他跟其他幼儿一起游戏。
- 给这名幼儿许多掌控事情的机会，比如，安排他当"环保员"，让他离开教室的时候负责关灯。尽可能多地给幼儿适宜的选择权："你想坐红椅子还是绿椅子？""你想让谁当你实地考察的搭档？""请你选择一本书让我为你朗读。"
- 创编跟幼儿特定的恐惧有关的故事，或阅读有关的图书。在创编的故事中，一个小朋友或者小动物有与幼儿相似的恐惧，但他（它）克服了。
- 提供关于幼儿所害怕的物体的具体而真实的信息。比如，在帮助害怕狗的幼儿时，你可以说："只有当你知道小狗的名字，并且主人告诉你可以抚摸它的时候，你才能抚摸它。如果你不跑，大部分狗都不会追你。当你用坚定的声音大声说'走开'并跺脚时，大部分的狗都会走开。"向幼儿演示并让他练习。
- 跟幼儿的父母谈谈，了解他们是否知道幼儿的恐惧来自何处。我所在的班级中有一名幼儿特别害怕昆虫。有一天，他的妈妈来接他，突然他的妈妈开始挥舞着胳膊尖叫。原来，有一只昆虫在她的身边飞来飞去。尽管现在我知道幼儿的恐惧源于何处，但是我能做的并不多，因为这位母亲并不认为他的孩子害怕昆虫是一个问题，也不想改变他的行为。
- 向家长保证，在成人的支持下，大部分幼儿都能摆脱恐惧或者克服恐惧。

8. 成熟得太早——性早熟的幼儿

这样的幼儿看上去了解性，行为性感或撩人，让其他幼儿参与刺激性的游戏，或者触碰他人的生殖器。他们的行为超出了年幼儿童的典型行为。性早熟的幼儿会用令人不安的、成熟的方法来操控其他幼儿。幼儿之所以表现出这些行为可能是出于以下原因。

- 幼儿看到过性行为，并且模仿他所看到的行为。这些行为可能来自他的父母、兄长、姐姐、亲戚、保姆或邻居。
- 这些行为能有效地引起他人注意、操控他人，让他感到自己长大了，感到一切都在自己的掌控之中。
- 幼儿可能被性侵过，进而相信性游戏是与他人建立联系的方式，是人与人关系中所必需的部分。

问题预防
- 幼儿天生对身体好奇。你可以用自然、轻松的方式，为幼儿提供认识身体的机会。比如，让幼儿看关于身体方面的图书并让男孩和女孩共用卫生间。大约5岁时，一些幼儿想要拥有个人隐私，你应该尊重他们的想法。让大一点的幼儿自己选择是想要独立的卫生间还是共用卫生间。仔细监管卫生间，确保没有一个幼儿被性早熟的幼儿操控。当处于轻松的氛围中时，幼儿就能理解人体及其功能与性行为不一样。这样做也可以减少幼儿通过玩医生游戏或其他游戏来探索身体的可能性。
- 使用真实且自然展现身体的图书。通常，这样的图书有描绘得很细致、很准确的插图。
- 确保所有幼儿任何时候都处在成人的视线范围内。告诉幼儿，幼儿园室内外均没有隐秘的藏身之处。

- 跟幼儿聊聊自我保护的知识,以免他们遭受性侵。此外,遭遇性侵的时候懂得求救也很重要。
- 给所有的幼儿充分的关注,包括关注他们是谁,关注他们所说所做的适宜的事情。通过这种关注,让所有的幼儿形成自我价值感。值得注意的是,缺少教师的大量且积极的关注会营造一种氛围,在这种氛围中,幼儿会寻求其他幼儿的关注或者接受虐待或操控他的成人的关注。当幼儿从同伴那里寻求关注时,结果就是班中幼儿的行为很难管理。
- 不要过多关注或强调幼儿的长相和穿着。如果一名幼儿穿了新衣服来园并高兴地尖叫"看我穿了什么",那么你可以这样回应:"这是一件可爱的衣服,但是不管你穿什么,我都喜欢你。"
- 了解幼儿的家庭。当一名幼儿开始表现出性早熟的行为时,基于你对幼儿家庭的了解,你也许知道这些行为是从哪里来的。当我班级中的一名幼儿表现出这样的行为时,我怀疑她的兄长欺负了她,因为我看到他是怎么跟这个幼儿互动的,也看到他是怎么与朋友相处的,我还跟他聊过几次。虽然我不能证明我的怀疑,但是这让我更同情也更愿意保护这个幼儿。我在班级这个我唯一能产生影响的地方采取了有力的行动。当这名幼儿在班级的时候,我跟她互动。我给予她更多的情感支持、积极的关注、适宜的关心。经过一段时间以后,她的操控行为减少了,她的性格发生了让人惊讶的变化。她的"坚硬"外表融化了,一个快乐、友好、可爱的幼儿出现了。

问题应对

操控同伴的幼儿

- 有时候,幼儿并没有怎么操控同伴。其他幼儿也没有感到不舒服,甚至很乐于被操控。然而,性早熟的幼儿经常操控许多不同的幼儿。在学校,即使相互探索身体也是不适宜的行为。
- 当一名幼儿让其他幼儿做他想做的事情时,你要冷静地介入。提醒他们注意保护私密部位,帮助被性早熟的幼儿操控的幼儿捍卫自己。告诉他使用什么样的语言来主张自己的权利而不是被人利用。比如,他可以说:"我不一定要做你告诉我的事。"帮助幼儿用可接受的方式玩游戏。告诉操控别人的幼儿,你可以帮助他找到更好的游戏方法。当他积极地与他人互动时,给他一些积极的反馈:"感谢你用恰当的方法玩游戏,让班级成了一个有趣、安全的地方。"仔细观察幼儿,这样你就可以在他操控别人之前进行干预。

想象游戏区的成人游戏

- 如果一名幼儿花了很多时间在想象游戏区表演超前的性行为,那么你要把想象游戏区变成餐厅、邮局、商店或其他场所,并提供相应的材料。相比娃娃家或厨房,这些区域更不容易引起幼儿的性行为。在这个区域花时间跟幼儿一起游戏,引导游戏的方向,介绍新的有趣的道具。
- 所有的幼儿都被电影、电视和广告中赤裸的性内容轰炸。告诉幼儿,就像开汽车一样,只有成人可以做,幼儿不可以。

适宜的身体接触

- 当性早熟的幼儿表现出适宜的行为时,给予他大量的积极的关注。拥抱他并和他进行适宜的身体接触(用你的手臂搂着他的肩膀,或抓住他的手),这样他就能了解成人与幼儿之间正常的关系是什么样的。让他知道自己是有价值的,让他认识到是因为他自己而不是因为他做了某些事情或者没做某些事情而被别人爱。

判断幼儿是否被性侵

- 教幼儿掌握保护个人安全的方法。当听到老师说这样的话时——"当有人触碰你的私密部位时,你要告诉成人。如果成人不相信你,你可以告诉其他人,直到有人相信你、帮助你为止",幼儿可能就会告诉老师她被性侵了。

- 为幼儿提供把自己的恐惧和担忧画下来或讲述出来的机会。
- 创造一对一交流的机会，让你和幼儿能够轻松地谈论各种事情。这样做能为幼儿提供机会讨论发生的虐待事件。如果确有其事，告诉幼儿你会帮助他并阻止这样的事。按照你所在国家的规定和所在幼儿园的程序向相关机构报告幼儿被虐待事件。如果有社会服务机构已经介入这个家庭，问问机构中的人是否了解最近发生的性侵行为。向社会服务机构人员或健康专家咨询，了解如何帮助这名幼儿。

9. 平等的游戏，平等的价值——性别认同、性别平等和性别角色

班级中，幼儿对于他们自己和他人的性别有不同的认识。大部分男孩和女孩能认同自己的性别，并愉快地与同一性别或另一性别的幼儿一起参与丰富多样的活动。然而，有些男孩表现得非常男性化，有些女孩表现得非常女性化。他们很少跟异性伙伴游戏，会歧视跟自己的行为不同的幼儿。他们的这些行为可能受他们哥哥姐姐、父母、媒体的影响，也可能是他们的不安全感的伪装。这些行为是有问题的，因为它们限制了幼儿的选择，跟当前的社会现实不一致，很死板、不灵活。

有的男孩一直很喜欢跟女孩有关的玩具和活动，有些女孩喜欢男孩玩的传统玩具和活动。他们（她们）通常喜欢跟异性伙伴一起玩。理想的情况是，对幼儿玩的玩具和活动不进行性别分类。但是，看看商店里的玩具走廊你就会发现，我们距离理想还很遥远。把自己视为另一种性别的幼儿，只是很少的一部分。这些幼儿需要教师的支持、接纳甚至保护，以免遭到歧视。

作为幼儿教师，你要保证男孩和女孩体验不同种类的活动，体验不同的角色，并且对自身的性别感到满意。当你能这样做时，当幼儿因为自己是谁而不是因为自己的行为方式被重视和被认同时，他们的基于性别的夸张行为将会消失，他们将开展更多的男女混合游戏。

问题预防

下面的建议可以帮助你营造一种支持和接纳各种性别角色行为的班级氛围，支持幼儿健康的性别角色和性别意识的发展。即使你的班级中目前没有幼儿不认同自己的性别，也没有幼儿表现出夸张的性别角色行为，你也可以实施这些方法。

- 避免任何需要按照性别区分的活动或者常规。比如，避免按照男生一排、女生一排来排队，避免分别点数男生的出勤人数、女生的出勤人数。
- 避免称赞幼儿的衣着是否漂亮，只称赞他们的着装是否适宜——"牛仔裤对于游戏和户外攀爬活动很适合"。
- 只把不同性别之间的真正区别告诉给幼儿。比如，男孩和男人有阴茎和睾丸，女孩和女人有阴道和阴蒂，男孩和女孩的根本区别是身体上的，与能力和技能无关。在2013年的HBO特别节目"我们是奇迹"（We Are Miracles）中，喜剧演员萨拉·斯弗尔曼（Sarah Silverman）说："不要再跟女孩说她们长大以后想干什么都可以了，不是因为这句话是错的，而是因为女孩们从来都不觉得自己不能做什么。"因此，告诉幼儿男孩和女孩都可以做他们想做的事情。向他们展示女孩（女人）和男孩（男人）从事各种工作、有各种兴趣爱好、扮演不同角色的图片，比如，女建筑工人和照顾婴儿的男保姆。
- 积极鼓励男孩和女孩一起玩、建立友谊和接受对方的各种行为。当活动中需要幼儿结对时，或者需要幼儿结伴进行实地考察活动时，你可以运用随机匹配的方法，比如，从盒子中随机抽取姓名标签。
- 在想象游戏区投放与男性和女性相关的材料、衣物，如塑料工具、领带、运动夹克、男鞋、女鞋、男女帽子等，让幼儿知道他们可以选择衣服扮演任何角色。
- 如果想象游戏区更吸引女生，积木区更吸引男生，那么可以把这两个区安排在相邻的位置，鼓励他们一起玩。
- 读一些包含强壮的女性角色和抚养孩子的男性角色的故事，避免那些强化性别刻板行为以及遗漏女性角色的故事。读那些反对性别刻板行为以及能让幼儿认同异性的故事。

- 歌曲和手指游戏中也要包含女性角色。比如，在"大拇指在哪里"游戏中，每个手指都既可以当"妈妈"，也可以当"爸爸"，还可以当中性的"朋友"。同样，床上跳的猴子可以有公猴子，也可以有母猴子；猴子从床上掉下来以后，叫的医生可以是男医生，也可以是女医生。
- 跟家长保证无论幼儿在行为上、外在上有什么样的个体差异，你都会喜欢他们、照顾他们。告诉他们，所有的幼儿都是独一无二的——他们都有优势和弱点。幼儿的个性和幸福比他们喜欢的玩伴、玩具或衣服更重要。告诉家长，你在班级中无法容忍嘲笑他人的行为和无礼的行为，你会教幼儿学会欣赏差异的存在，让他们支持并积极对待他人。

问题应对

嘲笑他人

- 如果有幼儿嫌弃、嘲笑把自己看成异性的幼儿，那么你要进行干预。帮助被嘲笑的幼儿捍卫自己，你可以教他这么说："我可以扮演我想扮演的任何角色，我可以成为我想成为的任何人。"让他练习这么说。告诉嘲笑别人的幼儿："我们说话是为了帮助别人，而不是伤害别人。"跟他保证，如果有人嘲笑他，你也会帮助他。尽快在被嘲笑的幼儿身上找到闪光点，比如，邀请他向其他幼儿展示带领啦啦队的技能，或者挑选他玩"金发女孩"的游戏。

夸张的性别角色行为

- 你可以通过限制幼儿花在这种活动（任何没有创造性的、重复性的活动）上的时间以及重新引导他参与一些更有创造性的、多样化的活动，来应对幼儿夸张的性别角色行为。你也可以通过增加种类和挑战的方法来拓展和延伸活动。作为啦啦队领队，无论是男性还是女性都可以学到新的空翻动作和其他动作。

- 当男孩有夸张的性别角色行为时，他们表现得特别"大男子主义"；当女孩有夸张的性别角色行为时，她们表现得特别"性感"。你需要让他们知道，当一个小孩子才是被人接受的行为。对于一些幼儿来说，鼓励他们在想象游戏中当"小宝宝"，能够满足他们的情感需求，减少他们成人化的行为。你也要采取其他措施帮助幼儿建立自我效能感：表扬他的优点，对于适宜的行为给予积极的反馈，鼓励他参与游戏化的互动。如果幼儿喜欢，要给他们语言和身体上的关爱。

帮助家长

- 当幼儿错认自己的性别时，他们的爸爸妈妈往往知道。但是，许多家长会否认，或者认为这只是一个阶段性问题。有一些家长想知道怎样才能最好地帮助和支持他们的孩子。女孩的家长更容易接受孩子的这个问题，因为社会接受"假小子"的行为；男孩的家长也许会有一段艰难的时光，因为社会对男性的女性化行为的接受度比较低。女孩可以穿裤子或裙子，可以玩任何玩具。"女里女气"比"假小子"更具有贬义。
- 经常跟家长交流并写便条给他们，说说他们孩子的积极方面。比如，"他的注意力集中时间长""他爱看书""他玩拼图得了冠军"等。让家长知道当他们有问题或者顾虑时，你会很愿意帮助他们并且能够帮助他们，也愿意跟他们交流。
- 跟那些做好准备并有兴趣支持和帮助他们孩子的家长分享资源，比如儿童读物，以帮助幼儿理解并欣赏性别多样化的存在。

10. 角色颠倒——过于负责的幼儿

这些幼儿并没有表现出典型的行为问题，因此，你很容易忽视他们。他们过于照顾别人的需求，远远超出了你对他们的期待，有些不合理。他们关注其他看上去比较柔弱的、容易受伤的幼儿，当他们的"家长"。他们还关注成人，对成人的需求和感受表现出不一般的关心。从表面上看，他们的行为是无私的和积极的。然而，如果幼儿经常或持续地表现出这样的行为，把自己的需求放在最后，那么这样的行为就是有问题的，也很让人担忧。总的来说，这样的幼儿是在通过免除成人的责任来拒绝自由成长的机会，而被成人照顾是每个幼儿的权利。

许多情况下，过于有责任心的幼儿成长在家庭成员角色颠倒的家庭中。幼儿在照顾他们的父母，起码在心理上是这样的。他们的父母之所以没有很好地尽到自己的职责有很多原因，比如，酗酒或吸毒（最常见的原因）、身体不健康、情感问题、精神疾病、发展迟缓等。无论哪种原因，对幼儿的影响都是一样的。为了生存，这些幼儿在家庭中学习扮演家长的角色。通常，这些幼儿是家里最大的孩子，或者没有兄弟姐妹。另外，那些感到自己没用的幼儿因为常年接受否定的反馈，也会表现出这些行为。他们会发现，把自己的需求放在最后对他们来说是很容易的，而这么做又能让他们得到积极的反馈。最常见的是大多数女孩有这样的行为，因为女孩的这些行为更容易被社会接受，而社会对女孩也会有更多这方面的期待，也有更多的女孩模仿这些行为。如果这些行为一直存在，那么将对幼儿的生活产生巨大的影响。他们会继续否认自己的需求，也许长大成人后会表现出消极的行为，如过于被动、牺牲自己、健康状况很差、滥用药物或酒精等。

问题预防

- 把培养幼儿的自我效能感作为课程的重要内容，并且与一日生活融为一体。午餐时，讨论幼儿当天的收获。帮助他们用积极的方式评价自我，问问他们做了哪些让自己感到骄傲的事情。培养幼儿的自我效能感的最佳策略是给幼儿提出认知和身体上的挑战，却不给他们增加压力或强迫他们，这样做是在传递这样的信息——"你很聪明，也很有能力"。
- 在想象游戏中帮助幼儿转换角色或创造新的更公平的角色。这样做既能减少幼儿控制别人的时间，也能防止有的幼儿总是扮演较被动的角色，如"婴儿""狗"等。

- 通过图书、玩偶和游戏告诉幼儿，成人和小孩子应该承担的角色。展示给幼儿看哪些事情不能让小孩子做，比如，让5岁的幼儿照顾弟弟妹妹几个小时是不合适的。问问幼儿有什么拒绝的方法。必要时，可以告诉他们一些办法。告诉幼儿，当他们处于一种让他们感到不舒服或者害怕的境地时，他们可以向其他成人寻求帮助，要一直找到能帮助自己的人为止。
- 做一个有适度责任心的成人。解释给幼儿听，班级中哪些责任是小朋友的（如正确使用玩具），哪些责任是教师的（如提供安全的玩具），哪些责任是小朋友和老师共同承担的（如创建一个新的想象游戏区）。
- 示范给幼儿看如何帮助别人做事但又不把事情做完。比如，解释给他们听，当帮助别人拼拼图时，他们可以拼1~2块，然后让别人完成，或演示给那个人看怎样根据拼图底板来匹配拼图的颜色。
- 定期与家长会面，尽可能对幼儿进行家访。这样做能让你深入了解幼儿家庭的情况、家长的价值观和幼儿家庭面临的困难。

问题应对

- 当你看到幼儿有过于负责的行为时，要进行干预。告诉幼儿（通常是那些情感脆弱的幼儿），你感谢他的帮助，但是他更需要跟其他小朋友一起玩。引导他参与一个活动，花点时间确保他在"正确的轨道"上。
- 帮助那些被照顾的幼儿，为他们提供一些必要的语言来主张自己独立的权利，比如，"我可以自己做，谢谢你！"这些幼儿还需要学习谈判的方法，以便在想象游戏中得到公平的角色，比如，"让我们都来当医生，让洋娃娃当病人。"
- 设计让幼儿轮流玩的游戏，并且保证幼儿能够公平地参加游戏。桌面游戏、乐透游戏都很不错。确保游戏能够让幼儿很容易地玩起来，但是也有一定的挑战性让幼儿投入其中。引导过于负责的幼儿参加这样的游戏，找一个懂得捍卫自己的权利但是又不操控他的幼儿与他一起玩。
- 消除问题的根源。比如，如果你发现这个幼儿跟酗酒或滥用药物的家长住在一起，那么你要向当地的机构寻求帮助。大多数情况下，这些机构会提出建议来帮助家庭和幼儿。

- 寻找安静的时间与幼儿待在一个区域，不要离其他幼儿太近。读一本跟他的问题相关（但不是特别相关）的书或创编一个相关的故事。与他建立融洽的关系，对他抱有同情心并做好倾听的准备，这样他才会说说自己的情况。这需要你付出很多时间和耐心，因为大部分幼儿很难知道自己有问题，他们以为每个人都是这样生活的。

11. 成人的问题，幼儿的烦恼——经历了心理创伤的幼儿

目击了暴力事件或直接经历过灾难的幼儿需要很长的时间才能治愈，并且需要精神健康专家在一段集中的时间里提供支持。幼儿对灾难事件或暴力事件的反应差异很大。但是，所有幼儿都需要持续确定他们是安全的，成人会保护他们免受伤害，世界是可以预知的，以及大多数人是善良的。尽管现实中我们不能百分百保护我们的孩子，但是他们需要拥有安全感并健康成长。

问题预防

- 营造一种支持性氛围。经常告诉这些幼儿，你很爱他们和他们是很重要的并通过行动表示出来。告诉他们，大家应该彼此照顾、彼此关心。积极地教幼儿掌握一些彼此关爱的技能——协商、轮流、提出自己的要求、询问他人的需求、尊重他人、为他人提供帮助、安慰他人等。
- 让流行文化和商业化远离你的班级，最大程度地限制幼儿把流行文化带到班级。让班级成为一个远离商业化的场所。展示照片（特别是幼儿和家庭的照片）和艺术作品（特别是幼儿的作品）。尽可能提供大量优秀的儿童文学作品。
- 跟家长谈谈限制幼儿看电视节目、视频、电子游戏的重要性，尤其是那些大人看的新闻、恐怖电影和暴力游戏。

- 在幼儿在场的情况下，不跟其他大人谈论对幼儿来说很难理解甚至会吓坏他们的事情。跟家长谈谈在家限制这种讨论的重要性。即使要谈论这方面的事情，也要等到幼儿上床睡觉以后再谈。
- 教幼儿掌握一些基本的媒介使用技能。

问题应对

- 给自己充足的时间，用于整理你对幼儿所经历的或者社会中每个人所经历的创伤性事件的感受，如自然灾害、枪击事件、爆炸事件、家庭成员在火灾中丧生等。跟富有同情心的能帮助你的人充分谈谈，以帮助你处理悲伤的感受。保持冷静和见多识广的样子，这样你才可以帮助幼儿。他们会了解并反映你的情绪，比你说的话更有用。
- 班级中的常规要坚持，活动要简单。这样当幼儿感到压力的时候，他们就可以从相同的事情中找到安全感。此时并不是做出重要改变，或者带领幼儿到不熟悉的地方进行实地考察活动的时机。
- 增加安静的活动的数量和种类。为不同的幼儿匹配不同的活动。有些幼儿发现音乐有抚慰作用，喜欢听音乐，有些幼儿则喜欢被抱着；有些幼儿喜欢聊天，有些幼儿则喜欢听故事或者看好看的图画书。
- 增加更多的感官活动，给幼儿更多的时间从事这方面的活动，包括玩沙、玩水、玩泥巴和玩黏土。
- 提供丰富多样的艺术材料和形式，鼓励幼儿把自己看到的和感受到的画下来。
- 仔细观察幼儿对创伤性事件有何反应。寻找他们感到压力的迹象，发现他们行为上的变化。一旦出现压力的迹象你就要跟幼儿谈谈，让幼儿感到放松。
- 观察他们自发开展的想象游戏，看看他们是如何把事件"表演出来"的。如果有必要，让幼儿扮演紧急救助人员做游戏，如医生、消防员、警察等。
- 问问幼儿对创伤性事件的所知所见所闻。这样做能让你深入了解幼儿的感受以及他们对创伤性事件的思考，及时澄清他们的误解或者得到的不准确信息。倾听幼儿的顾虑和解释，了解什么该说和什么不该说。
- 确认并支持他们的感受，语言越简洁越好。比如，你可以说："这件事的确很可怕，但是现在我们安全了。""我们都感到很难过和担心，但是我和你的爸爸妈妈以及其他人都会竭尽全力确保不会再发生类似的事情了。"
- 在跟幼儿讨论创伤性事件的时候，要遵从弗莱德·罗杰斯（Fred Rogers）的建议，"把焦点放在施救者身上"。即使在大屠杀这样惨烈的灾难中，也有大量的救援者，如奥斯卡·辛德勒（Oscar Schindler）、梅谱·吉斯（Miep Gies）等。在大多数紧急情况和灾难中，消防员、警察、医生、护士、邻居都能挽救许多生命。这让我们对生活充满希望，对他人充满信心，抵消了犯罪者或自然灾害带来的恐惧。
- 在回答幼儿的问题时，你也许有必要这么说："没有人知道。"或"我不知道，但是待会儿我会找出答案告诉你。"这样你就有时间找到最好的回答他的办法。
- 告诉幼儿："你的爸爸妈妈和我都会照顾你，我们会保护你。"在幼儿开口寻求安慰前后告诉他们。即使你对自己的能力不自信，也要这样告诉幼儿。
- 如果幼儿运用概括性语言表达了对某个特定团体或组织的恐怖行为的谴责（通常是重复大人的话），那么你可以这样回应："这个团体或者组织里还有很多人很友好，爱好和平。他们正在努力阻止自己的成员犯罪。"
- 给幼儿读一些故事，故事的内容是小朋友或小动物战胜了可怕的创伤性事件。《格林童话》（*Brothers Grimm*）中的一些故事就很好，包括《奇幻森林历险记》、《狼与七个小孩》（*Wolf and the Seven Little Kids*）、《大拇指汤姆》、《长发公主》（*Rapunzel*）等。要选择那些主人公是坚强的女孩，或者主人公通过自己的智慧拯救了自己，或者主人公被富有同情心的成人而不是陌生人拯救的故事，如《小红帽》（*Little Red Riding Hood*）或迪士尼版本的《白雪公主》（*Snow White*）、《灰姑娘》（*Cinderella*）。

第三章　幼儿面临的挑战——能力不足、残疾等

12. 没有人喜欢我——被社会抛弃或容易受伤的幼儿

其他小朋友不想和这类小朋友一起玩，主要是因为他们难以接近。这类幼儿容易成为刻薄的和爱操控别人的幼儿的目标，因为他们看起来很被动、很脆弱。尽管他们也会沮丧或缺乏安全感，但是他们主要的性格特点是缺乏社会交往技能、表情冷漠、缺少回应、行为奇怪。行为奇怪包括：答非所问，在想象游戏中扮演无关的角色，发出不同寻常的声音，或者在不适合的时间大笑。这些幼儿中，有些很聪明，但只活在"自己的世界"里，对社会习俗毫不在意；有些情感匮乏；有些语言发展迟缓；有些有轻微的自闭症。他们都需要成人支持和帮助他们融入班集体，不被别的小朋友欺负。

问题预防

- 尽可能多地了解你班里的幼儿。你可以在幼儿登记报名时、入园时和日常生活中观察了解他们。在询问家长有关孩子的问题的时候，要避免侵犯家庭的隐私。如果你很细心，也很关心幼儿，那么家长会愿意跟你分享幼儿的信息。尝试了解以下内容：幼儿的生活状况、健康状况、社会交往历史是什么样的？他们在家里的表现和在幼儿园里的表现一致吗？他们是否正在接受治疗？他们与兄弟姐妹的感情如何？家长的教养理念和方式是什么样的？
- 仔细观察幼儿间的互动，确保它们是积极的、互惠的、平等的。一旦发现不是这样，你就要进行调解。
- 营造一种具有归属感的班级氛围。前面的章节中阐述了许多促成此事的建议。

问题应对

- 持续并积极地帮助这些幼儿。因为他们不会表现出破坏行为，所以你很

容易忽略他们。如果一个幼儿甘愿被伤害，那么部分原因是他的生活中缺少负责任的、他可以寻求帮助的成年人。你要扮演这样的角色，至少当幼儿在班级中的时候你要扮演这个角色。另外，幼儿的自我意识正在发展，所以你这么做也是非常重要的。

- 仔细观察，从而判断这个幼儿被其他同伴拒绝的根本原因是什么。是因为他的行为举止吗？是因为他缺乏社会交往技能吗，比如，跟其他幼儿缺乏互动或者缺少眼神交流？是因为他身体上的原因吗，比如，口吃或语言发展迟缓难以理解他人的意思？是因为他的外在吗，比如，肥胖或穿着脏而有气味的衣服？还是因为前文所说的其他行为？

- 如果导致问题的原因有很多，那么选择一个马上解决。你要选择那个很可能迅速带来积极结果的原因。比如，比起处理语言问题、肥胖问题，帮助幼儿与同伴进行眼神互动是更好的选择。但是，你可以跟家长谈谈以寻求帮助，解决其他问题。比如，带幼儿转诊去看语言发展的问题，接受语言发展方面的评估，或者进行营养咨询。

- 从最简单的技能开始教授幼儿。比如，如果你正在帮助幼儿通过眼神与其他幼儿进行互动，那么可以从回应他人的眼神开始，因为主动进行眼神互动比做出回应更复杂。当其他幼儿尝试与这个幼儿进行眼神互动的时候，告诉他发生了什么以及他需要用凝视回应别人。如果需要，做出示范。一如既往地尽量帮助幼儿。随着幼儿能力的发展，你要减少帮助。比如，从语言指导转向非语言的暗示。

- 帮助其他幼儿理解被社会遗忘（暂时）的幼儿并与他建立联系。你可以这么说："当你看着克里斯托弗的时候，如果他没有做出回应，那么你可以轻轻喊他的名字，或者轻轻拍他的肩膀。"

- 对于很容易受伤的幼儿，教他使用一些词语来捍卫自己、阻止别人伤害自己。演示给他看，让他懂得如何让自己的声音听上去有力，让自己的脸显露出愤怒的样子。帮助他学会说："停，我不喜欢这样！"或者"不，我不要这么做！"在他使用语言捍卫了自己之后，为他提供几个策略，比如，你可以对他说："你可以走开，跟其他幼儿玩，或者向老师寻求帮助。"让他练习这些策略。当然，同时，你也要对欺负人的幼儿采取措施，改变他的行为，你可以运用第五章"幼儿的问题行为"中探讨的策略。

- 如果因为其他幼儿的威胁或伤害而导致这个幼儿甘愿被欺负，那么你就需要采取更强有力、更直接的干预措施。你需要把焦点放在伤害他人的幼儿身上，改变他的行为，同时保护受到伤害的幼儿。最开始，要让他们一直分开。同时，向精神健康专家寻求帮助。如果需要，也让专家帮助幼儿和家长。

第四章

小肩膀上的重担
——幼儿需要应对的变化

俗话说,"没有人喜欢变化,除了尿湿的婴儿。"事实并非如此。至少当我的孩子还是婴儿的时候,他并不是这样。我认为,当幼儿深入探索世界的意义时,他们不喜欢被打扰。他们和大部分人一样,不喜欢变化。在一定阶段内,幼儿需要稳定感和安全感。所以,变化会让幼儿感到困难,或者对于幼儿来说是一种灾难。幼儿生活中的主要变化有:搬家、转学、父母离婚、弟弟妹妹出生、生病住院、喜爱的人或者宠物过世、升班或者升学等。

1. 刚刚入园和转学来的幼儿

几乎所有刚入园的幼儿最初都会有一段困难的时间,尤其是他们每天早上跟父母分别的时候。对于中途加入班级的幼儿来说,则更为困难。通常,几个星期以后情况会有所好转,这时,幼儿知道自己每天都会被接回家,同时也熟悉了周围环境、同伴和老师。

问题预防

- 如果可能,到幼儿家中进行探访。从班里拿 1～2 个幼儿家庭中可能没有的玩具,家访的时候让幼儿玩。不要对幼儿进行筛查测试,也不要问家长太多很正式的问题。你进行家访的目的是与幼儿建立关系。在离开幼儿家之前,拍一张你和幼儿的照片,并让他留着这张照片。
- 在他全天待在幼儿园之前,请他和父母到班级中待 1 小时左右。不以任何形式让他参加活动,不给他施加压力。尊重他观察的需求。如果可能,让他多来几次,并逐渐延长待在幼儿园的时间,直到全天待在幼儿园。
- 如果可能,在幼儿第一天或者头几天上学的时候,要求一名家长(或者亲戚、朋友)待在班级中,安静地坐在幼儿旁边,不强迫幼儿参加活动。
- 鼓励新来的幼儿从家里带喜欢的玩具到幼儿园,以帮助他结交朋友。要对带来的玩具做出一些限制,可以参见第二章中"幼儿把家里的玩具带到幼儿园"一节的内容。
- 确保家长对你的课程和班级有充分的了解,这样他们就能在幼儿入学前回答幼儿的问题。提供一份常见问题和答案的清单,包含以下内容:"我应该怎么称呼老师?""我一整天要做什么?""我会在幼儿园吃饭吗?""我会在幼儿园午睡吗?""我可以从家里带什么到幼儿园呢?""如果没有人跟我玩,我该怎么办?"

问题应对

很难适应幼儿园生活的幼儿

- 建议家长每天都在同一个时间接送幼儿,这样做能建立明确的常规,让幼儿拥有安全感。
- 鼓励家长安排自己的孩子在校外跟同班的幼儿共度几小时的时间,这样做能帮助幼儿跟同班的小伙伴建立特别的联系,进而让他对上幼儿园充满期待。
- 为幼儿阅读关于上学或转学的图画书。
- 在同一个老师带班的情况下,如果 6 个星期以后,幼儿仍然有分离焦虑问题,那么这个问题很可能是由其他原因引起的。问问自己,幼儿这么做是不是为了获得额外关注?你怎样才能让幼儿在获得额外关注(鼓励的话语、微笑、拥抱等)的同时又很容易跟家人分别,很快加入活动?
- 寻找时间仔细观察这名幼儿。也许当你忙着照顾其他幼儿的时候,有幼儿对他很无礼。也许教室里有什么东西或者什么活动让他感到不舒服、害怕。
- 与家长会面,讨论可能的原因,共同想出解决问题的办法。了解幼儿是否害怕些什么。对于一些幼儿来说,同时搬到新房子和进入新的学校,需要他们面对的改变太多了。问问家长幼儿搬家之前的情况以及家中是否有什么重大的变化,比如弟弟妹妹出生、父母离婚或再婚,这样你可以帮助幼儿解决这些问题。
- 思考是否有可能给幼儿一个不同的安排,让他更快乐一些,并与家长讨论,比如,少上几天幼儿园。

刚刚搬家转学来的幼儿

- 如果这名幼儿最近才搬家转学过来,那么你可以阅读有关搬家的图书,为他提供许多机会谈论他搬家的事。如果有老房子、原来的朋友、邻居的照片,让他展示出来,帮助他给那些老朋友写一封信或者画一幅画。

- 帮助这名幼儿的家长了解本地区针对家庭举办的活动以及为家庭提供的资源，包括：有趣的公园、操场、游泳池、滑冰场、儿童餐厅、社区中心、儿科诊所、社会服务机构。它们都能帮助家庭。此外，还有一些家庭组织，比如，基督教青年会、兄弟联谊会、姐妹联谊会等。
- 为所有家庭提供一份班级幼儿的名单，里面包括幼儿家长的电子邮箱、家庭住址、电话号码。在把这些信息列入名单之前，要征求家长的意见，因为有些家长希望保护个人隐私，不公开自己的联系方式。帮助新家庭从名单中找到居住在同一个小区的邻居，这样他就可以跟邻居取得联系，请教一些问题或者一起拼车。几家的孩子放学后也可以一起玩。

2. 妈妈的家，爸爸的家——父母离婚的幼儿

尽管父母离婚对于今天的幼儿来说是普遍的经历，但是父母离婚对幼儿的情感影响仍然是灾难性的。当一名幼儿的父母离婚时，你很可能看到他行为方面的改变，比如，喜怒无常、一意孤行、脾气暴躁、攻击性行为增加、神经紧张、如厕时的"意外"增多、注意力集中时间短、发脾气、哭闹等。幼儿的压力更多的来自家庭中的紧张氛围和争吵，而不是离婚本身。在这种困难的情况下，有的幼儿生活得很好，因为他们的家长对彼此很友好，不在幼儿中间玩"拉锯战"或者争取幼儿对自己的忠心，而是跟幼儿说对方的好处，跟幼儿保持密切的联系，帮助幼儿认识到离婚并不是他的责任。作为幼儿教师，你没有办法去影响这些因素，但是你可以为家长提供这些信息。你也可以成为幼儿的支持者，成为向他们澄清错误信息的人。你还可以帮助幼儿意识到父母离婚并不是他的错。

问题预防

- 一年中你的班级里很可能至少有1名幼儿经历父母离婚，所以任何时候讨论这个话题都有必要。在谈论这个话题时，你可以使用幼儿的图书、

故事、手偶和录像。
- 通过图书和照片提供许多有关不同类型家庭的信息。让幼儿知道,他们在家庭中是被关爱与呵护的,但是家庭结构多种多样,如单亲妈妈、单亲爸爸、祖父母、养父母等。在班级中讨论不同家庭对幼儿的安排。
- 为幼儿提供大量表达感受和情绪的机会,包括画画、涂鸦、玩沙、玩水、玩黏土、玩面粉、创编故事等。
- 在教室里提供几个让幼儿获得安静的地方,比如,装饰家用电器箱子并在里面放上柔软的枕头等。
- 在幼儿园一日生活中,为幼儿提供许多机会,让他们拥有一定的控制权。比如,允许他们在看书、参加活动或选择材料的时候,自己做出选择和决定。这样做能帮幼儿消除生活变化带来的一个负面结果——失去控制的感觉。
- 让幼儿相信你的班级是一个安全的地方,他们可以表达自己的强烈情感,包括愤怒。教幼儿学会调整自己的愤怒情绪,可以使用第五章中"小火山"一节描述的方法。帮助他们学会让自己冷静下来,以及从他人那里得到抚慰。这样一来,当发生类似父母离婚这样的事情时,他们就知道如何应对自己强烈的情感了。

问题应对

当父母分开以后,许多幼儿会经历一个痛苦的过程,因为他们失去了家庭或一位家长离开了。幼儿在寄养家庭会反复经历这个过程。这个过程包含以下阶段:

否认:否认父母真的离婚了。

愤怒:通过各种问题行为表达愤怒。他们对自己感到愤怒,认为离婚是他们的错。

希望:希望甚至尝试让父母重新在一起。

悲伤:开始接受现实,用更恰当的方式表达他们的感受。

接受:无论是跟爸爸生活在一起,还是跟妈妈生活在一起,抑或在两个家轮流住，都成为一种新的"常态"。

- 了解这些阶段，这样你就可以帮助幼儿按照自己的节奏度过这些阶段。接纳幼儿的感受，但是要帮助他用恰当的方式表达这些感受。
- 让幼儿清楚父母离婚并不是他的错，他做任何事情都无法阻止父母离婚。运用图书和故事来强化这个信息。
- 通过开放性的、富有创造性的活动，让幼儿运用多种方法表达他的感受。问问他是否愿意跟你一起写一个有关悲伤的兔子的故事。使用动物角色可以让幼儿跟事件保持一定的距离，进而让他放心地表达自己的感受。问问他是什么让兔子很伤心，然后开始创编故事。通过提问，让故事继续下去："兔子跟他爸爸说了什么？""兔子跟他妈妈说了什么？""兔子可以做点什么才不悲伤呢？"让幼儿把故事画成图画。帮助他看到父母离婚的积极方面，比如，你可以说："你的爸爸妈妈不打架了，他们变得更高兴。他们高兴了，你跟他们在一起就会更快乐。"不要否认幼儿正在经历的痛苦和消极感受，但要引导他从另一个视角看问题。
- 不要因为幼儿很痛苦就过分保护或溺爱他。他会因为清晰而持续的限制感觉良好，会因为常规和活动感到舒服。
- 对幼儿抱有同情心，但不要让幼儿依赖你。确保他大部分时间投入与其他幼儿的活动，而不是黏着你。如果他总是黏着你，那么你可以这么说："我会给你一个大大的拥抱，之后你要去做游戏。"
- 专业的咨询能让所有经历这种变化的幼儿和家长受益。建议家长向专家进行咨询，以缓解每个人的压力，避免将来出现一些问题。与此同时，更频繁地与家长会面和谈话也很重要。

3. 可爱的妹妹或陌生的侵入者——家庭中的新成员

无论是妈妈生了一个小宝宝还是父母收养了一个孩子，家庭中多了一个新成员对于幼儿来说都是一个巨大的变化。只有做好充分准备，幼儿才能顺利适应这个变化，减少不确定感、嫉妒心理、不安全感。作为教师，你是幼儿的重要的信息源和支持者。

问题预防

- 为幼儿阅读关于婴儿或分娩的儿童图书。有些教师，尤其是乡村地区的教师，会在春天给幼儿阅读有关图书，因为那时候正是农场里的动物繁育的季节。
- 讨论各种各样的家庭结构，包括收养家庭。告诉幼儿，人们为什么收养小孩以及收养的过程是怎样的。
- 使用术语来解释胎儿是在哪里长大的，如子宫。告诉幼儿"胎儿在妈妈的肚子里"是不准确的，会让幼儿产生困惑。
- 确保幼儿理解：婴儿要长大到可以跟他们一起玩，需要很长的时间。跟他们解释婴儿需要父母给予他大量的照顾和关心，所以父母会过于关心婴儿，不会像以往那样关注他们。但是随着婴儿逐渐长大，一切都会恢复到原来的样子。

问题应对

- 有新手足的幼儿最主要的需求是得到成人的关注。父母亲非常关心新生儿的需求并且为此耗尽了心力，所以幼儿无法像以前那样得到那么多的关注。你可以通过增加关注的数量、增强对他的喜爱来帮助他。不要等到幼儿表现出这种需要才关注他。通过跟他谈话和让他做感兴趣的事情来关注他，不要谈论他作为大哥哥应该怎么做，也不要讨论婴儿。

- 为他提供具体的建议，告诉他不要用让父母生气或讨厌的方式来吸引注意。帮助他练习向家长提问，比如，"宝宝睡觉的时候，你可以给我讲故事吗？""爸爸看着宝宝的时候，你能带我去公园吗？"
- 告诉家长，在新生儿出生前后，他们让幼儿参与得越多（包括准备工作、照料工作），幼儿就越觉得自己被需要、被看重。这样做既能避免幼儿感到自己的地位被弟弟或妹妹取代了，父母对自己的爱被弟弟或妹妹剥夺了，也能避免他们产生嫉妒心理。有些家庭会把出生宣言打印出来："艾米·鲁宾宣布他弟弟安吉鲁·杰姆斯，诞生于 2015 年 7 月 26 日。"
- 与幼儿讨论哥哥或姐姐的重要职责，比如，帮忙照看小宝宝、逗小宝宝。哥哥或姐姐的最重要的职责是以身作则，教小宝宝学会乐于助人、富有爱心、耐心、独立。对于学前儿童而言，至少要朝着这个期待的方向去做。
- 让家长知道每天抽出时间与幼儿共处的重要性。尽管做到这一点很难，因为新生儿的作息是难以预测的，但是朝着这个方向努力是明智的。建议家长每次在婴儿睡着的时候，跟幼儿有一个讲故事的时间。
- 在幼儿的妈妈怀孕的过程中，向幼儿展示有关描述胎儿发育过程的图画书，比如彼得·特莱克的《子宫日记》(*In the Womb*)（国家地理出版社，2006）。邀请怀孕的妈妈到班级中来，并尽可能请她多来几次，这样其他幼儿就可以看到她隆起的腹部，并就怀孕和生育的过程向她提问。给幼儿许多机会，让他自豪地与其他小朋友分享婴儿出生前—出生—养育这一过程。让家长把婴儿带到班级中来，教幼儿给婴儿换尿布和照顾婴儿。让婴儿的哥哥/姐姐尽自己所能，展示如何照顾婴儿。请幼儿制作图书，讲述新生儿、他的顾虑以及他的良好感受。让他用图画或照片给书配插图。
- 接受幼儿对婴儿的任何感受，包括嫉妒和不喜欢。弟弟或妹妹出生后不久，许多幼儿就想"把小宝宝塞回妈妈的肚子里"，因为这跟他们期待的完全不一样。鼓励幼儿说说他的感受，说说弟弟或妹妹带给他的挫败感，说说他有待满足的需求。让他口述一封信，由你告诉他的父母。

4. 早日康复，大猩猩！我们想念你的微笑，鳄鱼——生病住院

即使你的班级中没有幼儿生病住院，了解这个话题也很重要，因为有时候幼儿会遇到一些紧急情况，需要被送去医院救治。另外，你的班级中也可能有幼儿因为患有慢性疾病需要经常去医院。就医的经历对幼儿来说是一种创伤性体验，因为他会感到疼痛，而且医院的环境与其他地方不同（陌生的设备，不一样的气味，戴着口罩、穿着制服的工作人员），气氛很严肃，有规则约束，并且大部分医院并不是从儿童的视角出发布置的。

问题预防

- 为幼儿阅读有关去医院看病的图书，比如，保莉特·布儒瓦的《富兰克林去看病》（*Franklin Goes to the Hospital*），然后回答幼儿的问题。
- 帮助幼儿理解医院是治疗疾病的地方（如阑尾炎），而且生病并不是他们的错。
- 带领幼儿参观医院。提前做好参观的准备工作，安排好行程。邀请急救人员开着救护车到幼儿园来，这样幼儿就可以参观救护车了。带领幼儿探访医生的办公室，让幼儿了解更多的关于医疗保健的信息。
- 创设有关医院的想象游戏区，提供小床、毯子、绷带、听诊器、空白纸和笔、旧的X光片、医院和医生办公室的照片、医生用的工具、拐杖。让幼儿扮演急救人员，开展急救游戏。
- 让小的急救车玩具成为众多汽车和卡车玩具的一部分。提供可以用手指操作的小道具，表演医院的场景。你可以用纸板、木片、布制作担架、床、手术台、外科手术口罩等，很便宜。

问题应对

- 如果你发现班里有一名幼儿即将住院，那么开展上述活动。完成这些活

动大概需要 6 个星期。
- 创造机会，让即将住院的幼儿说说他的担心，并帮助他画出来，制作成书。与家长会面，充分了解幼儿住院的原因、时间以及住院多久。问问他们你可以做些什么来帮助他们的孩子。
- 帮助家长了解如何跟即将住院的幼儿交流，至少帮他们获取这方面的信息。大部分医院都为家长提供了这方面的材料，大的医院还有医生专门帮助家长和幼儿。
- 给家长一些建议，让幼儿躺在床上也可以做一些活动。
- 给住院的幼儿准备一个包裹，里面包括班级小朋友的照片、录像和绘画作品以及新的记号笔、一本绘画本。把这个包裹交给住院的幼儿，或者在他出发去医院之前交给他。
- 如果幼儿需要长期住院，那么要定期（可能的话，每周）给他寄送包裹，包裹里包括：这周其他幼儿画的画，其他幼儿做手工活动的材料（根据医院环境进行调整），几本书，班级小朋友给这名幼儿画的画和写的信。
- 在得到住院幼儿的父母的许可后，把幼儿住院的消息告诉其他家长，这样他们可以带着孩子去医院看望住院的幼儿。提醒他们给住院幼儿的家长打电话，确保去的时候不打扰住院幼儿休息。
- 当幼儿住院的时候，你可以去看望他，也可以给他打电话。要在教室里给他打电话，这样其他幼儿就能跟他聊天了。当幼儿住院回来或者急救回来后，为他提供很多的机会，跟其他幼儿分享他的经历。如果幼儿住院之前班级里没有医院游戏场景，那么设置一个。我们班里曾经有个幼儿的胳膊骨折了，被送到急救室抢救。这个经历促使幼儿开展了丰富的想象游戏，进而鼓励他们对骨骼、肌肉、器官和人体内部进行探索。

5. 治愈受伤的心灵——心爱的人或者宠物去世

当我还是一名幼儿教师的时候，我所在的班里有一对姐弟，小的刚3岁，大的快5岁了，他们的父母在一次车祸中双双去世。那天，他们的父母本来想去度一个浪漫的周末，于是把孩子交给亲戚照顾。车祸发生后，虽然他们的亲戚知道让孩子们像以往一样生活很重要，但是因为亲戚住的地方离幼儿园很远，所以没过多久就让孩子转学了。亲戚决定不告诉幼儿发生了什么，这样做对于年幼的弟弟来说没什么，但是对于年长的姐姐来说就不行了。她期待着父母回来，然而她的父母很久都不出现，也不给她打电话。我只能跟亲戚说，如果他们改变主意，我会向他们推荐一些图书，帮助他们了解怎样跟幼儿说这件事。在我与这两个幼儿相处的短暂时光里，我无法把自己认为最好的东西给他们，但是我给予了他们一些别人所无法给予的重要的东西：常态、常规和持续性。

当心爱的人或宠物去世时，幼儿会经历一个痛苦的过程。至于这个过程会持续多久，则取决于很多因素，包括：幼儿的年龄；这个人或宠物对幼儿的重要性等。要清楚知道幼儿处在这一过程的哪个阶段，这样你才能用积极的方法帮助他们。这一过程包括以下阶段：

否认：幼儿相信死去的人或宠物会回来。

愤怒：幼儿表达了强烈的被抛弃的感受，并通过各种问题行为表达这些感受。

悲伤：幼儿会哀悼死去的人或宠物，经常哭泣，意志消沉。

接受：渐渐地，幼儿回归到正常的状态，尽管当有些东西（也许是"祖父母之夜"活动或者"把你的宠物带到学校来"活动）让他想起他失去了某个人或宠物时，幼儿可能还会难过一会儿。

问题预防

- 当幼儿发现一只死掉的昆虫或小动物时，把它作为机会，使用具体的语言告诉幼儿死亡是什么。几乎每个幼儿都能理解死亡意味着身体不能活动了、变得僵硬了、不能说话了，也不能做出反应了。

- 偶尔为所有幼儿读一读适合的关于死亡的书。给幼儿时间理解故事内容并提问。除了这方面的非小说类文学作品，许多原版的童话故事也很好，比如《灰姑娘》，这个故事讲述了面对母亲的死亡，灰姑娘是如何度过悲伤的。许多现代版本的故事把这部分重要的细节遗漏了。

- 阅读不同文化和国家关于应对死亡的简单的故事。为幼儿指出，不同的人认为人死以后发生的事情是不一样的。讨论人们悼念逝者的不同方式。一个美丽的美国印第安传说/舞蹈讲述了一个裹着布的寡妇——裹着茧的毛毛虫，她哀悼了"亡夫"一年。然后，她移开了裹布，一只彩色的蝴蝶出现了。在许多文化中，悲伤的配偶会一整年都穿黑色或灰褐色的衣服来哀悼亡者。

- 有许多传统的儿童歌曲是关于死亡的——《蓝色》（*Blue*）、《谁杀死了知更鸟》（*Who killed Cock Robin*）、《泰坦尼克号》（*The Titanic*）（巨轮沉没是很让人伤心的）等。带领幼儿唱这些歌曲，这样他们就能了解死亡并不是一个禁忌话题。

- 当名人过世的时候，跟幼儿说一说他们。通常幼儿能通过新闻和成人的对话了解到名人去世。用简单的语言解释，是什么让这些名人显得很重要或者出名的以及他们过世以后他们的事迹仍然存在。

问题应对

- 如果你的班级中有一名幼儿最近经历了直系亲属的死亡，那么你可以开展上述活动。询问幼儿家长或监护人的意见来帮助他。解释你的方法，得到他们的批准，征求他们的建议。当活动让他们感到不舒服时或者他们想要增加某一活动时，你要做出调整。确保幼儿通过简单且真实的信息了解死亡是怎么回事，还要给他们机会用不同的方式表达感受。
- 得到幼儿的许可后，你才能在全班小朋友面前谈论他的父母或亲戚过世的事情。从他身上得到线索，以决定谈论的深度。让其他幼儿直接向这名幼儿提问，除非他更想让你来回答。反思你给予这名幼儿的每一个回应，看其是否准确和适宜。
- 所有最近失去了心爱的人或宠物的幼儿和家长都能通过专业的咨询得到帮助，尤其是亲人或宠物突然死亡或意外死亡的情况。向家庭推荐专业的咨询师。
- 由于幼儿通常难以用语言表达自己的感受，而是通过行为表达出来，因此你可能会面临他们的问题行为。通常，幼儿会感到既悲伤又愤怒。你要帮助他用恰当的方式表达感受，比如，通过画画的方法。为他提供安全的渠道来发泄他的愤怒情绪。比如，他可以在户外尖叫、大哭、奔跑、把钉子钉到树墩里或者做任何让他感到好受一些但又不伤害其他人的事情。
- 帮助幼儿平静下来。他可以自己想一些办法，你也可以建议他听音乐、唱歌、看书、聊天、画画、玩沙、玩水。
- 帮助幼儿制作一本书，内容是关于过世的这个人活着的时候做的一些事情。得到家长的同意后并在他们的帮助下，放几张逝者的照片。但是，要清楚地知道，有些幼儿不愿意谈论刚刚逝去的亲人。他们需要更多的时间。尊重幼儿的感受，用小动物正在承受失去的痛苦来代替。可以从小动物失去了一个朋友开始，这样做既不会让幼儿感到威胁，也起到了治愈他们的悲伤的作用。
- 用"死亡"或"死了"来代替"失去""睡着了""离开了"等委婉的说法。如果宠物或亲人因病死亡，那么要让幼儿了解一般的疾病不会导致人们（尤其是幼儿和年轻的人）死亡。
- 帮助幼儿家长了解让幼儿参加葬礼和其他哀悼事宜的重要性。这是幼儿了解葬礼仪式、认识到我们的社会如何悼念逝者的唯一方式。

关于死亡的问题

- 回答问题时，语言要简洁且实事求是。如果一名幼儿问"人们死了以后会发生什么事"，那么你可以这样回答："没有人能给出确定的答案，不同的人认为人死后会发生不同的事情。等你长大以后，你可以学习，然后自己判断。我们知道的是身体会变硬、变冷，不能说话、游戏、大笑，也不能动了。这会让我们感到很难过，因为我们很想念他们。"

- 要知道，经常或定期提出关于死亡问题的幼儿可能正在经历这样的事，也可能最近经历过。有时候，这样的问题反映出幼儿缺乏安全感或者对一些事情感到焦虑、恐惧。最好的方法是安慰他，并了解造成他焦虑的真实原因。如果他问"我什么时候会死"，那么你可以这样回应："我希望你长命百岁，因为你给大家带来了欢乐，大家都非常爱你。"如果幼儿的问题和担心持续了几个星期，那么你要跟家长谈一谈，建议他们向幼儿心理健康专家寻求帮助。

- 大部分幼儿对导致死亡的原因非常感兴趣。这很正常，因为他们正在努力了解周围世界。如果他们向还处在悲伤中的幼儿提出这方面的问题，但是这个幼儿还没准备好谈论它，那么你可以帮助他这么说（如果你自己也不知道原因）："金姆还没准备好现在就回答你的问题，因为他很难过。也许过几天，等他准备好了，他会告诉我们的。"如果你知道原因且这个幼儿可以接受的话，那么你可以给出简洁的解释："朱莉娅的爸爸在车祸中去世了，他是一个好人，大家都很想念他，特别是朱莉娅。"

班级宠物死亡

- 班级宠物死亡是一个跟幼儿探讨死亡话题的极好机会，所以不要忽视它。如果宠物刚死不久，尸体干净且完整，那么让幼儿抱一下它，这样他们能够清楚地知道什么是死亡（当然，幼儿也可以拒绝，无论出于什么原因都可以）。鼓励他们感受宠物的身体变硬、变冷、没有反应，并把它跟活着的时候对比。之后，要帮助他们彻底清洗双手。花时间带领幼儿阅读有关死亡话题的图书、唱歌、谈论他们的感受和想法。为宠物举行一个葬礼，把它埋在室外，并做一个记号。邀请每个想要这么做的幼儿对宠物说点什么。制作一本书、种植一些东西来纪念这个宠物。

6. 长大了继续前进——升班或升学

帮助幼儿成功升入下一个年级或小学，对幼儿和教师都有很大的好处。这样做能缓解幼儿的焦虑情绪，增强他们的自信心和调节能力。无论是激动于自己长大了，还是感到担心、紧张，抑或两种感受皆有，升班或升学对于幼儿来说都是一个重大的变化。

作为教师，你的任务是帮助即将升入你的班级的幼儿。如果他们认识你，那么你要表现出对他们的兴趣和关心。这样做既能让他们对你有积极的认识，对于升入你的班级感到高兴，也能避免他们出现许多问题行为。在幼儿即将升班前几个星期，每次邀请2个小朋友到你的班级来度过一段时间。

许多幼儿教师担心在幼儿园实施以儿童为中心的课程——在活动中给幼儿选择，鼓励幼儿积极体验和探索，引导他们在项目活动中合作——对幼儿是有害的。升入小学以后，幼儿被要求在桌子边坐很长时间、听从教师的指令、做书面作业、独立工作、排队等。幼儿升入小学后，在很多情况下确实如此，但是没有必要因为他们入学后要面临这些事情，就把他们送到不能满足他们的需求且带给他们很大压力的机构。自我感觉良好、积极主动且有良好的自我调节能力的幼儿，在面对这些挑战的时候会表现得更好。然而，你也需要帮助幼儿了解在下一个年级会遇到哪些事情并为之做好准备，以帮助他们顺利地实现过渡。

问题预防

■ 组织实地考察活动，带领幼儿看看他们即将升入的班级。邀请下一个年级的教师到班中跟幼儿聊一聊。请幼儿准备一些问题，问问这位教师。

邀请几个去年在你班中就读的幼儿跟现在的幼儿说一说下一个年级或学校是什么样的。

- 在得到家长的许可后，把班中幼儿的信息发给下一个年级的教师。要强调幼儿的优势和能力。给下一个年级的教师看记录了幼儿的兴趣和发展过程的档案袋。无论你有任何顾虑都要客观且谨慎地表达。你不想让新教师对幼儿提前做出判断，因为幼儿在新班级的表现可能跟现在的不一样，那时候他们也更成熟一些。然而，由于你所拥有的信息能够帮助幼儿和教师，所以分享信息是必要的。

- 跟下一个年级的教师聊一聊，了解他们对幼儿的期待。但是，这并不意味着你要调整自己的课程去满足不合理的期望。不过，你会发现，他们的期待比你预想的要合理得多。你也许会了解到一些有用的信息，比如，幼儿升入下个年级需要使用的书写方式。为了帮助幼儿顺利过渡到下一个年级，你在打印幼儿的姓名标签、为幼儿写故事以及帮助幼儿写自己的名字的时候都要使用这种方式。

- 在整个学年中召开几次会议，让你所在年级的所有教师跟下一年级的所有教师一起交流信息，协调主题和活动的内容、时间，制订1～2个项目合作计划，明确教育理念和目标。

- 为幼儿阅读有关升班或升学的故事，也可以自编故事。

- 创设一个想象游戏区，提供下一个年级需要使用的材料和设备。观察幼儿的自发游戏，纠正他们对下一个年级的误解。允许他们自由地表达他们的顾虑和激动的心情。

- 学期末的时候，带领幼儿练习下一个年级或小学所使用的常规或规则，如"举手发言""排队"等。解释制定这些规则或常规的原因："虽然它们听上去很没意思，但是很有必要，因为上小学后每个班的学生比我们现在的多，老师却少了。"帮助幼儿找到应对规则和压力的方法："如果老师没有点到你的名字，那么你可以把手举得高一点，并且微笑着看着老师，但是不能说话，也不能发出噪声。"或者"让我们想一想当你需要安静等待很长时间时可以做哪些事情，当我遇到这样的情况时，我会在

第四章 小肩膀上的重担——幼儿需要应对的变化

心里唱一首歌。"
- 快到学年末的时候，引导幼儿把在下一个年级可能会遇到的问题，通过角色扮演的方式表演出来。帮助他们学会用适宜的行动和语言来满足自己的需求。比如，当让一名幼儿完成数学作业时，他可以举手询问是否可以用蜡笔来计算。幼儿还可以要求（有礼貌地）获得额外的材料，把活动变得更有创意。在过渡环节，他们可以自带空白的笔记本来涂涂画画。
- 如果你还没准备好这么做，那么为所有家庭（想要被包含进来的）提供一份带有幼儿家庭的电子邮箱、地址、电话号码的清单，这样他们就可以继续来往。给所有幼儿一张班级小朋友的照片。
- 与家长会面，讨论帮助幼儿升班或升学的重要性。邀请下一个年级的教师或校长跟家长会面，回答他们关于新班级或新学校的问题。为家长提供具体的信息，帮助家长了解如何应对下一个年级教师对幼儿抱有的不同的期待、如何参与活动："在约瑟芬学校，你有问题可以直接问老师。如果你对教师的回应不满意，那么你可以去找家长委员会。如果家长委员会解决不了，你再找园长。他会帮助你找到最好的办法。你要提供建议，而不是简单地抱怨或提要求。在捍卫你的孩子时，要坚定且有礼貌。"

问题应对

担心升班或升学的幼儿

对于升班或升学表现出恐惧和担心的幼儿，你可以尝试下面的方法。
- 如果可能，了解下一个年级的教师是谁，然后跟他聊聊这名幼儿。安排时间带领这名幼儿拜访教师和参观新班级。如果幼儿的恐惧来自他对新班级的不了解，那么让他了解能减少他的恐惧。
  - 安排一个时间，让下一个年级的幼儿跟这名幼儿说一说他可以期待些什么。
  - 如果可能，了解这名幼儿特别担心的事情，这样你就能够澄清一些误解。
  - 把这名幼儿在下一个年级可能遇到的问题用角色扮演的方式表演出来。在遇到真正的问题之前，有机会学一些新技能对幼儿很有帮助。

> 帮助这名幼儿与现在班级的至少一名同学保持联系。跟家长谈话，安排一次照片交换活动，让家长们分享彼此的邮箱地址、家庭地址和电话号码。鼓励家长带着孩子到其他家庭探访。

与下一个年级的教师在教学风格和期待上有冲突

如果你班级的幼儿将进入不同的班级，面对跟你完全不同的教师，那么帮助幼儿实现平稳过渡就会更有挑战性。

- 也许最好的方法是组织幼儿讨论 2～3 种教学风格，尤其是那些跟你完全不同的教学风格，并通过角色扮演的方式表演出来。所有幼儿都会从中受益，了解到不同的教师有不同的期待和风格。可以让幼儿对比自己在祖父母家度过的时光。在祖父母家，幼儿可以做一些在自己家不能做的事情，不可以做原本在自己家能做的一些事情。
- 如果使用了不同的书写风格，那么可以选择一种你认为对幼儿最适宜的在班级中运用。基于你的判断，消除幼儿在书写和阅读方面的差异。如果你没有偏好，那就选一种最常见的。

庆典是以儿童为中心的，毕业却不是

许多机构会花大量的时间、精力和金钱在毕业典礼上。大部分活动是为了满足家长的需求，让幼儿感到了很大的压力。幼儿要么必须花大量的时间坐着，要么必须以集体的形式表演。然而，家长认为从幼儿园毕业是幼儿生命中主要的里程碑事件，想要通过某种方式留个纪念。

- 采用非正式的庆祝方式，既满足家长的需求，又满足幼儿的需求。在傍晚的时候举办一个聚会，和幼儿一起准备一些特别的点心端给家长。和幼儿一起制作"毕业帽"，并由他们装饰。播放短视频（10 分钟）或放映幻灯片，以反映全年的亮点。让幼儿唱一些喜欢的歌曲，这些歌曲是他们在这一年中学过的，并邀请家长一起加入。开展一些由家长和幼儿共同参与的运动游戏。
- 跟家长一起制订庆祝计划，这样他们才能理解你让幼儿参与的目的是什

么，了解幼儿的参与是有意义的。接纳家长的好建议。如果一些建议或大部分建议来自家长，那么他们在组织活动的时候会承担更多的责任。
- 给每个幼儿邮寄一张"毕业证书"。幼儿喜欢收到信，但是他们很少收到信，所以把"毕业证书"邮寄给他们会让他们感到很特别。要确保每个幼儿都收到了一张"毕业证书"。

第五章

幼儿的问题行为
——帮助受伤的幼儿

本章标题"帮助受伤的幼儿"这句话可以这样解读,即内心受伤的幼儿在伤害别人。

处理幼儿的问题行为是幼儿教师的首要任务,也是我在这个领域40年来排在第一位的任务。为什么?其中一个原因是:幼儿教师用于处理幼儿问题行为的大部分策略是无效的。后果法、惩罚、奖励、暂停以及其他类似的策略对减少或改进幼儿的行为非但没有作用,很多情况下反而让情况变得更糟糕。

另一个原因是:每一个幼儿的气质、个性、发展、需要和动机都是独一无二的。即便两名幼儿表现出同样的问题行为,比如抢玩具,他们行为背后的原因也可能不同,为帮助幼儿改变行为所采取的策略也不同。所以,就像前言里所说的,你需要各种策略。

你必须知道如何运用策略,解决幼儿的复杂问题行为需要更复杂的策略。本章将首先告诉你如何深入理解幼儿的行为,并为你提供了一般的方法来处理这些问题行为。之后,本章介绍了预防、应对、改变幼儿的很多问题行为的具体方法。

理解幼儿的问题行为

为什么有些幼儿表现出违抗、攻击、无礼、打扰别人、暴力、操控别人或者其他严重的问题行为？因为他们需要这么做。他们需要渠道表达他们的愤怒、悲伤、挫败感以及无力感。对于那些遭到虐待或忽视的幼儿来说，这些感受特别强烈。他们需要吸引别人的注意，从而填满内在情感的空虚，证明他们的存在。消极行为比积极行为更容易迅速引起别人的关注。对于年幼的儿童来说，这些行为是潜意识的、本能的。

当这样的行为起作用（哪怕只是很小的程度或者偶尔起作用）时，幼儿的问题行为就会持续存在。这种行为之所以起作用是因为它既满足了幼儿需要被关注的愿望，也让幼儿感到自己很有力量，能够把其他幼儿弄哭、控制他们或让他们感到害怕。能让成人难过、生气、精疲力尽则会让他们感到自己更强大。感到自己被忽略或者没有价值的幼儿，无法抗拒这些强烈的感受。成人针对这些行为采取的惩罚措施只会让幼儿确信他能够操控别人。惩罚措施会让幼儿形成"坏孩子"的身份认同。因为这些原因，惩罚并不能起到威慑作用或者改进幼儿的问题行为。事实上，惩罚通常会让幼儿的问题行为变得更糟糕。

文化差异

有些幼儿的问题行为是由幼儿家庭的文化、宗教信仰、价值观与学校和老师的不同造成的。学校和老师的价值观反映了美国主流的、中产阶级的文化。比如，教师可能会关心那些看上去害羞和被动的孩子，这样的孩子很少说话，即使说话声音也很小。在某些文化中，这是人们期待的典型的幼儿（尤其是女孩子）行为。然而，在美国文化中，这样的行为是有问题的，因为它是无效的行为，会让幼儿处于不利地位。我们强调性格外向，积极主动。"只有吱吱会响的轮子才能加到油"这句俗语意味着，如果你不坚持自己的主张，那么你将无法得到你想要的东西，无法满足自己的需求。

续表

> 但是，这种行为到底是文化特点还是个人的特点呢？在许多文化中，人们都希望幼儿在公共场合（而非私下里）庄重。但是，在家人或亲戚面前，同一个害羞的孩子可能很健谈，甚至有点聒噪。如果是这样，那么很显然幼儿的这种行为是文化特点。要想让幼儿在公共场合（比如在班级中）变得更开朗、更活跃，那么必须让他感到安全，同时鼓励他主动参加更多活动，多说话。他那些反映了适宜的家庭文化的行为需要得到支持和尊重，他那些反映了积极价值观——倾听、体贴、尊重他人——的行为也需要得到支持和尊重。此外，还要帮助他表现出适宜的反映主流文化的行为。

当然，幼儿的问题行为还有许多其他原因，尤其是不严重的问题行为。比如，幼儿可能是在模仿他们在家里、社区里和媒体上看到的或体验过的事；也可能是因为身体原因，比如，饿了、没睡好、视力不好、听力不好、过敏或者生病了；还可能是因为他们不知道用不同的或者更好的方式行事。理解幼儿的问题行为有助于你对幼儿更有同情心、更关心他们。对粗鲁的、爱操控的幼儿抱有积极的态度，可能跟你原本的感受或跟你所相信的这个幼儿应该得到的相冲突，但是这可能是唯一的且最重要的能让你减少或消除幼儿的问题行为的办法。

应对幼儿问题行为的十种有效策略

这部分解释了如何运用十种方法帮助有问题行为的幼儿。这十种方法（在前言中讨论过）主要包括五种策略：预见问题；接纳小组和幼儿的需求；发生问题行为时进行调解；调查行为的原因；更新处理行为的有效策略。此外，还有五种子策略用于调解幼儿的问题行为，尤其是在幼儿发生冲突的时候可以用：缓解幼儿的紧张情绪；确认幼儿的感受和需要；教育幼儿用更好的方法满足需求和解决冲突；鼓励幼儿合作；协商出一个解决办法。它们通常是同时被使用或相互重叠的。

预见问题

　　提前思考你可能会遇到的问题，并做好计划和准备。如果你正在为幼儿设计活动，那么你要仔细规划环境和准备材料，同时准备1～2种可替换的策略和活动，以防万一。你根据班级幼儿的特殊性，根据他们的需求和能力，使活动具有一定的灵活性。此外，你还要考虑那些有问题行为的幼儿的特殊需求。比如，一天中的什么时间或在什么活动中，他们可能会很艰难？在那个点或者活动开始之前就想办法帮助和支持他们，在活动中也有办法帮助他们。

　　这样的办法包括：告诉幼儿接下来会发生什么、需要他做什么；给他找一个帮手；让他开始活动；给予他语言上的鼓励。当然，你不可能预见所有的问题，也不可能经常准确地制订计划，但是这并不是坏事，它能够帮助你更有灵活性、更有责任感。有一点点悲观情绪是好事。

满足幼儿的需要

　　你需要满足和回应幼儿的两种主要的需要，从而预防他们的问题行为。这两种需要是指幼儿群体的需要和幼儿个体的需要。"需要"是一个很宽泛的术语，幼儿群体的需要有：积极参与活动的需要；感到有价值和安全的需要。幼儿个体的需要有：表达愤怒感受的需要；与同伴交朋友的需要。积极主动且充分满足幼儿的需要会大大减少他们的问题行为，也能预防许多问题行为。满足幼儿群体的需要意味着你要关爱幼儿，提供吸引人且有意义的活动，在支持与挑战之间取得平衡，提供积极的游戏以及其他以儿童为中心的教育实践。但是，满足有问题行为的幼儿的需要意味着在问题行为发生之前，你需要给予幼儿大量积极的关注、密切的指导及支持。正如前言中所说，解决问题最好的办法是没有问题。

　　如果你的班级中有许多幼儿有问题行为，或者你一直都在处理幼儿的问题行为，那么很可能是你的课程有问题而不是幼儿有问题，说明幼儿的需要没有得到满足。你要从这样几方面调整课程，包括：班级的物理环境、一日活动流程、课程内容、情感氛围以及你与幼儿互动的方式、幼儿之间互动的方式。下面列举了所有幼儿的基本需要。有严重问题行为的幼儿很可能被剥夺了其中一些需要,因此他们需要从教师那里得到两倍甚至三倍的情感支持、积极的关注和帮助。

价值感和关爱的需要

- 当幼儿得到关注和支持的时候,他们会感到自己有价值、被关爱。当成人看着他们的眼睛、喊他们的名字、对他们说的话感兴趣、重视他们、用温和的语气跟他们讲话时,幼儿就会感到自己有价值、被关爱。保护幼儿远离伤害,让他们生活在可以预见的、安全的、以儿童为中心的环境中,让他们有充分的时间和空间游戏,让他们感到自己被关爱。

尊重的需要

- 当成人用尊重的语气跟幼儿讲话时,他们会感到自己被尊重。你可以问问自己,在跟成年的朋友说话时是否用了这样的语气。"在室内时降低音量说话"和"你现在需要整理了"的表达方式显得高人一等,"请轻声讲话"和"让我们一起把所有玩具收好"的表达方式则显得更为尊重幼儿。当成人表现出对幼儿的尊重时,他们也会回以尊重。相互尊重能避免和消除许多潜在的问题行为。

积极关注的需要

- 对幼儿进行积极的评论而不是训诫或者纠正他们,至少不是那么明显地训诫或纠正他们,可以表达对幼儿的积极关注。这样的成人会寻找幼儿积极的行为或动作——对他人友好、长时间专注于活动、在想象游戏中想出好注意、解决问题——并且让幼儿知道他们做得很好。同时,他们为幼儿的行为提供有用的、具体的信息,并且专注于幼儿付出的努力。比如,你可以说:"感谢你辛苦地把积木整理好,让我们的房间变得很整洁,这样大家明天很容易就能找到所有的积木。"告诉他们你和他们在一起是多么愉快，但是你的语气要真诚。大约每周一次，在圆圈活动时间我会对班里的幼儿说："每天早上，我都非常高兴地看到你们每个人甜甜的笑脸，跟你们在一起非常快乐，感谢你们今天来到幼儿园。"

归属的需要

- 我们在第二章已经充分讨论了创建班集体的内容。通过让幼儿参加许多合作性活动，能够促进他们的归属感的形成。缺少合作、协商和解决冲突的机会，幼儿之间的攻击性行为和竞争行为就会非常多。"问我之前先问三个小朋友"的班级常规促进了幼儿之间的合作，因为它要求幼儿在向成人寻求帮助之前，先从同伴那里寻求帮助。有些幼儿需要教师帮助他有效提问，以便得到别人积极的回应；有些幼儿需要教师帮助他不要帮别人把所有事情都做完。

- 开展合作性游戏，促进幼儿归属感的形成。"岛"游戏是一个这方面的例子。成人将10块方形地垫或者纸板放在比较大的场地上，如户外或者体育馆。告诉幼儿游戏的目的是互相帮助，让每个人都快速、安全地上岛（地垫）。音乐响起时，幼儿围着岛"游泳"（边走边挥舞手臂，好像在游泳的样子）。音乐停止时，他们必须从水中出来，快速上岸，否则鱼就会啃他们的脚趾头。音乐再次响起时，要拿走2～3块地垫或纸板。反复游戏，直到只剩下一块垫子，且所有的幼儿都要站上去。这跟"抢椅子"游戏相反，因为在这个游戏中是垫子被拿走了，幼儿人数则没有变。这个游戏没有赢家和输家，但是提供了很多挑战和乐趣（Schneider & Torbert, 1993）。为了培养幼儿的归属感，你可以调整现有的游戏和设施，让它们更具合作性。比如，在玩"山谷中的农夫"游戏时，可以有两个农夫，也可以增加更多的人物，这样最后每个人都能在圆圈中。

- 当幼儿跟同伴投入想象游戏、大家一起努力迎接挑战时，就会有强烈的归属感。救火、做急救手术、拯救动物等都会让幼儿有归属感。你应该教幼儿学会如何加入游戏、交朋友、维系友谊、协商和解决冲突。

控制的需要

- 幼儿几乎不能控制自己的生活。他们有太多的事情不能做、有太多的事情不理解。他们无法控制的事情有：何时起床、何时被家长从幼儿园接回家、可以去哪里、不可以去哪里、什么时候吃饭、吃什么等。班级可以给他们更多的控制权，让他们更能控制自己的生活。你要最大程度地给予幼儿选择权，给予他们做决定的机会。但是，这些选择或做决定的机会必须适合幼儿的年龄和能力，比如，决定唱哪首歌、看哪本书、玩什么运动游戏等。此外，在区角活动时间，他们可以选择玩什么活动；在户外时，他们可以选择在哪里玩、玩什么和跟谁一起玩。
- 能照顾自己和生活独立会让幼儿感到自己可以控制自己的生活，而且觉得自己有能力。给幼儿提供海绵和肥皂水以及适合他们使用的扫帚和墩布，让他们清理被自己弄乱的地方。玩完玩具以后，让幼儿用简单的方法把它们放回原处。让他们用轻松的方法装扮和照顾自己。即使两岁的幼儿也能够穿上自己的大衣。他会把大衣平铺在地板上，让大衣正面朝上，然后背对衣领，把双臂伸到袖子里。鼓励幼儿互相帮忙扣扣子、给夹克衫拉拉链、戴手套、系鞋带等。

胜任感的需要

- 感官活动会让幼儿感到满意，因为幼儿不会失败，而且活动方式无所谓对错。5岁以下的幼儿应该每天都拿着有意思的工具快乐地接触沙和水，比如，塑料瓶和不同大小、形状的容器、漏斗、塑料管、量杯等。他们需要大量的时间游戏。他们可以重复玩沙玩水的活动，不需要承担什么后果，比如，他们可以在沙箱里建造一座总是倒塌的桥，或者往塑料瓶里一直装水直到水溢出来。
- 为了拥有胜任感，幼儿需要知道任何指定时间内会发生什么，理解他们听到和看到的东西。尤其是对于那些母语非英语的幼儿来说，声调和手势交流比语言更重要。图画和表格能帮助幼儿理解他们听到的话。当成人用不同的语调表现不同的角色和情感时，比如恐惧、悲伤、怀疑、惊讶、安心等，故事就变得生动起来。
- 要把幼儿的错误和过失当作他们成长和学习中自然而然的事情，这样能让幼儿持续拥有胜任感。当橙汁溅出来的时候，不要责备或者惩罚幼儿，而要对幼儿说："没关系，你可以拿一块海绵把它擦干净。如果需要帮忙，我会帮助你。"成人对于幼儿的错误应持包容的态度，同时当自己把事情搞得一团糟的时候也要向幼儿道歉。
- 幼儿需要成人来确保他们成功。细心的成人会让幼儿提前知道他们期待什么。当幼儿做了不应该做的事情时，成人会认为错在自己而不是幼儿。他们还会清除阻碍幼儿成功的障碍。他们不会让好动的幼儿坐很长时间。在一个没有失败的班级，即使很气馁的幼儿也会感觉良好。有了基本的胜任感，幼儿就会参与许多冒险和挑战活动，同时对成功充满信心。

全面发展尤其是认知发展的需要

- 幼儿的身体、认知、情感和社会性的发展都需要有知识、有爱心的成人。许多早期教育机构对幼儿的认知发展促进得不够（Homes et al.,2008）。幼儿需要接受认知挑战，需要通过问题和活动来促进高阶思维能力的发展。他们需要许多进行创造性活动和运用想象力的机会。他们需要回答问题，比如，"你认为接下来会发生什么？""我们能做点什么让格温好受一些呢？""你有别的办法把这个修好吗？"幼儿要有机会做有关因果关系的实验，如混合颜色等。成人要跟幼儿玩许多益智游戏，比如"分类"游戏，即让他们听到一系列物品之后，猜一猜它们属于什么类别。比如，鞋子、短裤、衬衫、裙子、袜子属于衣物或者可以穿的东西；水、果汁、牛奶、柠檬汽水、茶属于饮品或者可以喝的东西。当幼儿熟悉了游戏并且有能力自己玩之后，就让他们轮流列出物品，然后让其他小朋友命名类别。他们列出的物品可以更具挑战性，比如珠宝、汽车部件、厨房用品、乐器等。由于这个游戏不需要材料，所以可以让幼儿在不得不等待的过渡环节玩。

满足有问题行为的幼儿的需要

要积极对待有问题行为的幼儿,把他视为珍贵的"礼物",因为他会为你提供机会学到很多东西。你能了解引起幼儿的问题行为的原因、有用的新方法、自己的偏见和恐惧、新技能以及可用的社区机构和资源。他为你提供了机会去帮助一个生命变得更好,也能帮助你改进教育机构的质量。一个过度活跃的幼儿可能是第一个(也是唯一一个)让你知道你的活动很无趣的人。一个总是哭泣的幼儿能告诉你,你没有提供足够吸引人的事情让他做(他有太多时间去想不开心的事情)。尽管你会觉得有严重问题行为的幼儿进入你的生命只是为了让你痛苦,但其实并不是。他只是在做他唯一能做的事情。

相信你自己。你能够改进幼儿的行为并且让他更快乐,即使他可能需要数年的专业治疗,需要特殊教育机构和家庭干预。当你所做的一切都是为了帮助幼儿时,无论是提出转诊建议,还是跟幼儿的家长坦诚对话,你都在做很重要的事情。不要把幼儿的问题当成一个阶段性问题。尽管有些问题确实是阶段性的,比如学步儿咬人,但是你仍然要帮助他们改进行为。不要把问题归根于幼儿"糟糕"的父母。许多幼儿在幼儿园里表现得很积极,然而在家中却完全不同。因为幼儿园里有富有爱心的、吸引人的教师,所以他们觉得自己很重要。不要责怪父母,这一点很重要,要帮助他们解决问题。

不要忽视幼儿的问题行为,不要希望它会自行消失,也不要觉得幼儿会升班成为下一个年级老师的问题。太多的幼儿都是这么度过的,从来没有得到过他们所需要的帮助。通常,他们会成长为问题少年和问题成人,给他们自身和社会带来严重的问题。小时候改变问题行为比长大后再纠正容易得多。相信幼儿有改变问题行为的能力,相信你有帮助他的能力。

> **朱莉娅的故事（第一部分）**
>
> 我曾经教过一个混龄班，班里是3—5岁的幼儿。在制订活动计划时，我会思考一些我认为对幼儿最重要的事情，包括：每个人都知道我能看见、听见他们并且重视他们，大家彼此友好和相互尊重。所以，为了预防这些方面出现问题，我每天早上都会问候每个孩子，面带微笑地称呼他们的名字。在圆圈活动时间，我会提醒他们遵守由大家一起制定的规则，包括"用你的手和语言来帮忙，不要伤害别人"等。某一天早上，在幼儿还没来的时候我就开始回顾我的计划，提醒自己仔细观察朱莉娅，给予她额外的关注。因为最近朱莉娅的行为变得有些古怪，或许她的行为一直是这样子的，只是我才意识到。尽管她大部分时间看上去都很高兴，乐于参加各种活动，但是她会突然难过，无缘无故地违抗指令。在过去的一周时间里，她拒绝穿上夹克到户外去。还有一天，她躺在地板上哭，因为她想当图书管理员，而这个任务已经被分配给了马克斯。

调解方法

在处理幼儿的问题行为时，你要把自己当作调解者。调解者的态度是冷静而中立的，但是又很投入、很专心且富有同情心。第一步是缓解幼儿的情绪。如果有需要，从你自身开始。你对幼儿的问题行为最初做出的情绪反应，通常非但没有帮助，反而会让问题更糟。除非是关系到幼儿的健康和安全的事情，否则你可以花点时间让自己冷静下来，想一想怎样才能给予最恰当的回应。当你很冷静时，你就能让幼儿冷静下来并做出明智的决定。调解者也教会人们预防冲突和解决冲突的技能，并告诉人们只有非调解不可时再进行调解。当幼儿之间发生冲突时，你要先观察一下，看看如果没有你的调解会发生什么。但是同时，你要做好需要时立即介入的准备。先进行观察，能让你洞察幼儿化解冲突和解决问题的能力或不足。

你在进行调解之前，有必要先缓解幼儿的情绪。抚慰人的声调和关心的表情对于缓解幼儿的紧张情绪大有帮助。但是，有时幼儿太难过了，以至不能倾听、不能说话，也无法协商。一个难过的幼儿首先需要你帮助他冷静下来。不同的幼儿需要不同的方法。帮助幼儿找到最有效的冷静策略，包括：慢慢地深呼吸、看书、画画、听音乐、听故事、躺下来、散步、拥抱、拉着成人的手、抱着枕头或毛绒玩具、哭一会儿等。

有时候，幼儿会使用消极行为与你进行权力斗争，或者吸引你的注意。这时候，你最好等待15分钟，然后再跟幼儿谈一谈他的行为，告诉他用更好的方法满足他的需求或者解决冲突。这种策略能让你抽离出来，更好地处理幼儿的问题行为。

当幼儿发生冲突时，要认可冲突双方的感受、情绪和需求。感受通常超出我们的控制，但是我们对这些感受做出何种反应是可以控制的。即使作为成人，我们也在努力寻找最好的方法来应对强烈的感受。因此，对于幼儿来说，学会应对强烈的感受是一个漫长的过程，需要有能力的成人的引导和耐心的支持。你应该通过给情绪命名和对幼儿的感受产生共鸣让幼儿知道，所有的情绪都是可以接受的。

作为调解者，你的主要任务是教幼儿学会处理他们的情绪并且用富有成效的、积极的方法表现出来：如何表现出适宜的行为、如何用可接受的方法满足自己的需求、如何文明地化解冲突。你要假定幼儿不知道什么是适宜的行为，即便你很确定他是知道的。提醒他遵守规则，教会他适宜的行为，让幼儿（合作）想办法。帮助幼儿想一个跟他现在正在做的活动类似的活动，这个活动同样能满足幼儿的需求，但是更安全或者更友好。如果幼儿想不出来，那么你可以提出两个建议让他选择（协商）。让幼儿知道他能够做出其他更好的选择也是教育内容的一部分，同时给了他一些控制权。之后，只有在必要的时候才给予幼儿帮助，让他们表现适宜，满足他们的需求，化解他们的冲突。最初，你也许需要提供大量的帮助。更持久和更严重的幼儿的问题行为需要你在更长时间内进行教育和提供支持。

当幼儿间发生冲突的时候，要求幼儿一起协商出解决办法。比如，你可以说："你们两个都想要同一个玩具，那么怎么做才能让你们俩都高兴呢？"和他们坐在一起,复述他们想出的办法并让他们思考每个办法的结果:"如果你抢玩具会发生什么?如果你询问同伴会怎么样?如果你向我寻求帮助会怎么样?如果你等着小伙伴玩完再玩会怎么样?"概括所有的方法,然后让幼儿选择一种彼此都喜欢的解决办法。尽可能帮助他们通过协商达成一致意见而不是做出妥协。妥协,只能满足每个人的一部分需要;达成一致意见,则能满足每个人的大部分需要。

对于幼儿吸引他人注意的行为,你不能忽略它们,尽管忽略是阻止这类行为的最好办法。一个办法就是如前所述进行调解,但调解时要平心静气且行动迅速。如果其他幼儿在身体上或情感上被这类行为伤害到了,那么跟表现出这类行为的幼儿相比,你要给予受伤害的幼儿更多的关注和抚慰。这样一来,吸引他人注意的行为的效果甚微,幼儿就会知道这些行为是不被接受的。另一个办法是冷静但不直接看着幼儿说:"我听到了,但是我不会理你。当你冷静下来并且准备好让我帮助你的时候,我才会关注你。但是,现在我不会理你。"

朱莉娅的故事(第二部分)

以前,当朱莉娅拒绝穿上外套到户外时,我是这样解决这个问题的。我了解到朱莉娅在户外时很活跃,但是她很快就会觉得很热,出很多汗,进而感到不舒服。我告诉她虽然因为天冷必须穿上夹克,但是她可以不拉拉链。朱莉娅欣然接受了我的建议,情绪瞬间好转了,闪电般冲出门外。

朱莉娅想要当"图书管理员"的愿望是最近才出现的,我不知道原因,因此我只能凭借猜测做出回应。我很同情地对她说:"朱莉娅,我知道你确实很想当图书管理员,让我来帮你吧。"(缓解她的情绪,认可她的感受和需要。)然后,我说:"请你站起来看着我,当你能够冷静下来说话时(鼓励她进一步缓解和控制情绪),你可以问问马克斯是否愿意跟你交换工作。但是,他有可能不同意。"(教会她和另一个孩子用协商的方法来解决冲突。)后来证明,马克斯很愿意当"服务生",所以他愿意跟朱莉娅交换工作。如果他不同意,我心里也已经准备了另一个办法(预见):让朱莉娅问

续表

问马克斯是否都当图书管理员,如果马克斯不愿意,我会尝试说服他看到有两个图书管理员的好处,并建议他们承担补充性角色(鼓励合作)。

通常,我会让幼儿更直接地参与问题解决的过程,询问他们的意见。但是在这两种情境中,我感到朱莉娅太难过了而无法做到这些。

尽管我按照计划给予了朱莉娅额外的关注,但是她不想参与当天的活动——给她的抽屉制作新的名牌。对于其他幼儿来说,金属牌子和闪闪发光的胶水很有吸引力。朱莉娅却说她忙着看书,而且她的妈妈告诉她不要把衣服弄脏(我猜不是这样的。)她还拒绝穿围裙,因为围裙"扎人",可是她之前明明穿过。她的这些表现并没有太大的问题,但是它们很不寻常,让我有点担心她的心理健康。同时,小伙伴对于跟她互动也变得有些迟疑。尽管我不了解原因,但是很明显朱莉娅确实不想参加活动。朱莉娅的这种感受非常强烈,以至她编造借口逃避活动。我对朱莉娅说:"如果你不想制作一个新名牌,那么没关系,不是非做不可。明天材料也放在这,如果你改变主意,明天也可以做。"

调查原因

幼儿的每个问题行为都有原因和目的。尽管许多情况下我们很难判断原因,但是尝试寻找原因是很重要的。如果选择的方法和策略不对症,那么效果可能就是短期的,甚至根本不会改善幼儿的问题行为。要想调查清楚原因,你需要跟幼儿谈话、进行家访、与家长讨论、询问专家的意见、阅读书籍和文献、全面观察幼儿,以及使用其他策略。与家长会面,支持他们为应对幼儿的问题行为所做的努力,以便帮你打开发现原因的大门。家访能帮助你了解许多事情,包括家庭的价值观、家庭大事、家庭维持纪律的方法、家长的风格、对幼儿的看法等。此外,你还能了解更多方面。家长在自己的地盘会感到很放松,更容易敞开心扉。幼儿的严重问题行为的根本原因、他们未被满足的主要需求,以及他们的需求没有被满足的原因,通常归咎于复杂的家庭问题或者糟糕的教养方法。

身体或生理问题可能是另外的原因。检查幼儿的档案,你也许会得到一些信息。可能的身体原因包括:某种过敏、不严重的自闭症、感觉统合失调问题等。可以要求对幼儿进行一次医学检查,这样可以找到可能存在的原因。通常,这是帮助幼儿的良好开端,因为这样做可以避免责怪家长、幼儿和老师。

这里有一个恰当的例子。我所在的班级有一名3岁半的幼儿,他经常咬伤别的幼儿。他的父母很担心孩子,也愿意配合老师,但是不知道该做什么。我们尝试了所有能想出来的办法去消除幼儿的这种行为。我们责怪自己不够有恒心,缺少警惕性。我们感到很受挫。最后,他的父母决定带他去做心理评估。在面谈过程中,心理咨询师问他的父母他是否正在接受药物治疗。他确实在吃药。但是,我并不知道这一点,我也不知道他因为什么需要每天吃药。后来,他吃的药换了,他的咬人行为也随之消失了。

当你努力改变班级中幼儿的问题行为时,你就要持续调查可能的原因。尽管你常常不能准确判断问题行为的原因,但是你能更深入地了解幼儿的问题,更怜悯幼儿。你可以做许多事情来帮助幼儿,减少或消除他们的问题行为。

朱莉娅的故事(第三部分)

一天傍晚,我对朱莉娅进行了一次家访。在众多我看到的事情中,最让我震惊的是朱莉娅的姐姐们替她做了每一件事——给她洗脸,帮她穿鞋和系鞋带,甚至为了尽快收拾好桌子而喂她吃饭。当朱莉娅在别的房间玩的时候,朱莉娅的姐姐们在厨房写作业。我也在厨房,跟她的妈妈辛西娅描述我担心的事情。在辛西娅吃完饭要去做第二份工作之前,我问她是否注意到朱莉娅类似的行为或者她在家里有没有别的变化。她说:"我唯一注意到的是朱莉娅开始抱怨她不喜欢幼儿园了。"我对朱莉娅的姐姐们建议,让朱莉娅多做一些家务,鼓励她自己的事情自己做。朱莉娅的姐姐们说她们有太多的事情要做:"小孩子想要帮忙却往往制造更多混乱,而且她动作慢,这样我们就写不完作业了。今年,我们的作业和考试更多了。"

幸运的是,因为有一名实习老师带班,我有机会仔细观察朱莉娅数

续表

> 日。我脑子里想着家访中得到的信息，以及自己之前跟她的互动。尽管大部分时间朱莉娅都是一个快乐的孩子，但是，我依然看到了她的行为模式。当她要面对精细动作任务时，她的情绪和行为就会发生变化。对她来说，精细动作任务是一种挑战，比如用剪刀剪一个圆，把水从壶里倒入杯中。大多数时候她会找一些不惹人注意的方法来逃避这类任务，但是躲不过的时候，她就会变得心烦意乱。朱莉娅很聪明地避开了会让她感到无能或看上去无能的活动和任务。朱莉娅的问题行为和精细动作活动之间的联系很难被发现，因为她的这类行为总是发生在她参加精细动作活动之前，而且她经常能成功地避开这类活动。

更新策略

通过调查，你获得了一些信息。你要做出部分调整或全面的调整，这样才能更有效地解决幼儿的问题行为，避免幼儿的问题行为再次发生，也避免其他幼儿发生类似的行为。做出的调整包括：重新布置教室环境、用不同的方式回应幼儿的行为、调整一日作息安排、改变课程、让活动更复杂和更吸引人、从社会服务机构那里得到专业的帮助等。你也会很愿意为家长提供支持和帮助。向家长推荐图书、文章、录像等，以帮助他们了解积极引导幼儿的策略。确保家长知道，无论任何时候，他们都可以向你询问有关幼儿发展的事情，也可以向你询问有关引导和约束幼儿的事宜。要把关注点更多地放在帮助家长预防和阻止幼儿的问题行为上面，而不是如何回应这些行为上面。如果需要的话，可以让他们进行家庭咨询。这一点很重要，如果家长提高了育儿技能，那么帮助你班级中的幼儿就会更容易。

> **朱莉娅的故事（第四部分）**
>
> 一旦意识到朱莉娅是在通过各种各样的问题行为来逃避做各种精细动作任务，我就把关注点从想方设法应对她的各种问题行为转移到帮助她发

续表

> 展精细动作和树立积极的自我形象上面。我看问题的视角变了，由此带来了很多积极的结果。我给全班幼儿提供了多种活动选择，这样朱莉娅就可以选择不做精细动作活动，在同伴面前保全了面子。我也尽量不让她做很多需要熟练的精细动作技能的任务，并尽可能地采用各种方法来帮助她。我每个月都会找一个时间跟朱莉娅的妈妈、姐姐们聊一聊，说说朱莉娅最新取得的进步，回答她们的问题，并继续提供建议以改进朱莉娅的精细动作技能，逐渐提高她的自理能力。在朱莉娅的精细动作技能得到改进的同时，我和她都找到了聪明的补偿性方法：点心时间，让其他小朋友扶着杯子，由她来倒果汁；弄明白如何脱掉外套并穿上它，但是不拉拉链等。朱莉娅的问题行为变得越来越少了，几个月之后完全消失不见了。

1. 小火山——有极端行为或危险行为的幼儿

这些幼儿最容易被幼儿园开除，因为他们的这种行为已经不是一般的问题行为了，而且本书之前描述的大部分预防方法和应对策略对这种行为没有什么效果。这些幼儿几乎都需要心理健康专家的帮助，在某些情况下，有些幼儿还需要一些特殊的治疗方案。

在我的班级中，我曾经教过不少有极端行为的幼儿。跟我在低收入社区工作时相比，当我在富人社区工作时，这样的幼儿更多。这些幼儿刚进入我的班级时，并没有被识别出来有问题，但是他们最终都接受了特殊教育服务。这就是与小学生相比，学前儿童被开除率更高的原因。通常，学前教育机构是第一个发现幼儿有极端行为并应对幼儿的极端行为的地方。这样到了入学年龄，幼儿就很可能接受帮助，有更好的行为。我班级中有极端行为的幼儿并没有被开除，而是被转到更适合的机构。然而，有一次，家长并不认为他们的孩子有严重的问题行为，直到我们通知他们孩子不能在这里上学了，除非他们同意寻求帮助。但是，我们问自己的问题不是"要开除这名幼儿吗"，而是"帮助这名幼儿的最好的方法是什么"。开除幼儿是不得已做出的选择，在这之前，可以先让幼儿停学。让幼儿停学意味着你要协助家长寻求帮助，向家长明确地说明幼儿需要停学多长时间以及在什么条件下幼儿可以重返学校。如果你所在的国家有这方面的规定，那么请认真遵守。

什么是极端行为或危险行为？在下面列出的行为中，尽管许多幼儿只偶尔表现出其中一两种行为，但是如果一名幼儿表现出了好几种行为，或者他经常表现出这些行为，那么这些行为就是极端的或者危险的。这样的幼儿需要你立即提供帮助。幼儿的极端或危险行为如下：

- 无缘无故地破坏财物。
- 很难过、很沮丧，非常内向，反应很慢。
- 非常害怕和恐惧某一事物。
- 情绪波动很频繁和发脾气。
- 对某个细节或物品念念不忘。
- 玩粪便。
- 吃那些不能吃的东西。
- 表现出不寻常的感情，比如，受伤的时候大笑。
- 有很不寻常的习惯，比如，拉头发、摇晃身体、撞头、过度手淫或自慰。
- 逃跑。
- 说想自杀。
- 让自己深处危险之中。
- 自残。
- 威胁他人，说伤害他或杀死他。
- 故意让他人感到痛苦。
- 以伤害别人或者残忍对待别人为乐，喜欢毁坏其他幼儿的作品。
- 欺负其他幼儿。
- 通过性行为操控其他幼儿。

幼儿之所以有这些行为可能是因为身体或生理原因，比如，自闭症或者被虐待、被忽略、被暴力对待过。表现出以下行为的幼儿需要进入特殊教育机构和接受诊断，比如，行为障碍、注意缺陷多动障碍、反应性依恋障碍、感觉统合失调、强迫症，等等。然而，太多有极端行为的幼儿没有得到他们所需要的特殊服务。原因有很多，比如，家长不愿意给幼儿贴上让他感到羞耻的标签，或者没有足够的钱为幼儿寻求这样的服务。在偏远的乡村地区，这种情况尤其突出。然而，最大的障碍是卫生保健机构和卫生保健人员无法像对待有严重认知缺陷（比如唐氏综合征）和身体缺陷（比如脊柱裂或大脑性瘫痪）的幼儿那样，为有极端行为或危险行为的幼儿提供很多服务。

问题预防

- 当家长带领幼儿登记报名的时候，询问家长他们是如何管教幼儿的，以及他们会管教幼儿的什么行为。问问他们孩子是否有些不寻常的行为或者让他们担心的行为，孩子是否有创伤性体验或者是否正在接受药物治疗。询问幼儿或家长目前是否正在接受咨询或者社会服务。家长对于说自己和孩子的负面事情会表现得很不情愿，尤其是当他们认为孩子会因此不被幼儿园接纳或者被教师认为是问题儿童时，他们就更不愿意说了。所以，他们不会诚实地回答这些问题。尽管如此，问这些问题还是很重要的。有时候，当家长了解了这些问题，读了幼儿园有关幼儿问题行为的规定后，他们就会决定不让自家有着极端行为的孩子入园。

- 用书面形式把与有极端或危险行为幼儿相关的规定写出来，这不仅是一个好办法，更是非常有必要的。用一般的话提及幼儿的行为比特定的话更好，比如，说"导致其他幼儿流血或青肿的行为"比"咬人""抓人""踢人"更好。最好也要为家长提供一些资源，并告诉他们如何处理幼儿的极端或危险行为。此外，文件中还要清楚地描述家长需要做什么以避免幼儿被幼儿园开除，以及教师、园长将如何确保所有幼儿的安全并帮助幼儿。

问题应对

当你努力为这类幼儿寻求帮助时,你有很多事情可以做。

- 有必要跟其他家长见面,或者告诉他们你的班级中存在有极端行为的幼儿。他们需要确定,他们的孩子不会受到伤害以及幼儿园正在尽全力快速、彻底且有效地解决这个问题。

- 当有极端或危险行为的幼儿早晨来到班级时,要积极关注他。在他进门之前,就给予他大量的关注和关爱。不要等他表达他的需求,因为他很可能用不恰当的方式表达。如前文所述,这样的幼儿入园时,其"情感气囊"是空的,需要积极的关注来填满它。

- 对于情感需求大的幼儿要给予更多的关注、协助和支持,但是也不能忽视其他幼儿的需求。如果你忽视了,那么说明你得到的支持不够。你必须要对现有的安排做出调整,比如,减少这名幼儿在班级中的时间、要求助教提供更多的帮助、家园更紧密合作帮助幼儿等。

- 尽一切所能让家长相信,他们的孩子需要接受评估,需要转到更适合的机构。你要详细而客观地记录你在班级中观察到的幼儿的行为,这些笔记能帮助其他专家判断如何安置这个幼儿。

- 坚持通过书面形式记录你与家长的对话,特别是当家长拒绝你的帮助或否认问题存在时,更要把它记录下来。同时,要准确标明记录的日期。有一些案例中家长成功控告了幼儿园,说幼儿在园期间,幼儿园没有让他们认识到幼儿的问题。为了幼儿好,你有责任告诉家长你所观察到的幼儿的情况,并建议他们寻求专业人士的帮助。

- 新西兰教育家西尔维娅·华纳在她的经典著作《教师》(*Teacher*)(1963,1986)中描述了一群恐惧的、愤怒的和贪婪的 5 岁毛利幼儿,他们有着火山一般的头脑——"既有破坏性,又有创造性。当我们促进他们的创造性发展时,他们的破坏性行为就减少了。"对于有极端行为的幼儿,要给他们许多发挥创造性的活动,尤其是感官活动,比如玩黏土。仔细观察幼儿,从而判断什么事情能够让他冷静下来,以及哪种活动能令他保持长时间的兴趣。
- 教其他幼儿学会如何帮助有极端行为的幼儿,如何跟他互动。向他们保证你会确保他们的安全。如果你能有效地支持有极端行为的幼儿,让他能够控制自己的行为并成功参与大部分活动,那么其他幼儿就会感到安全,知道你是一个有责任感的人,能够应对困难的情况和人。
- 保护那些被欺负的幼儿。仔细观察,这样你才能提前进行干预和调解,或者在一个幼儿被其他幼儿欺负的时候立即处理。教被欺负的幼儿掌握一些技能和语言来捍卫自己。

愤怒

愤怒点燃了这些"小火山",让它们喷发出来。很小的幼儿就有能力感受强烈的情绪,而愤怒是最强烈的情绪。在感受多种情绪和不同程度的情绪方面,幼儿和成人几乎没有区别。我见过的最愤怒的幼儿是一个3岁幼儿,他有着胖乎乎的脸、红色的卷发和超强的肺活量。他的老师聪明、有同情心、宽容、乐于助人。他知道班级是唯一可以让这个幼儿放心地表达他的愤怒的地方。极端和危险行为通常是愤怒情绪的副产品,但是对于这名幼儿来说,他的愤怒情绪的副产品就是大喊大叫。老师把他领到一个可以让他尖叫和哭泣但是不影响其他幼儿的地方,并和他待在一起,直到他发泄完感到精疲力尽,并乐意被老师拥抱和安抚。

除非幼儿有严重的身体问题,否则幼儿的愤怒情绪绝大部分源于幼儿处在不公平和被虐待的生活环境中。如果没有明确或立即的解决方案,比如上面这个例子,那么幼儿就需要用有效的方式来表达愤怒。当然,这种方式也对班级其他幼儿有帮助。大多数情况需要幼儿和教师协商,尽管在上面这个例子中,教师接受了幼儿的行为而不是改变或者引导它。当然,接纳非暴力、不危险的行为更容易一些。其他引导幼儿的愤怒而不是纠正愤怒的方法有:邀请幼儿玩黏土,用榔头把钉子敲到树墩里,把沙包扔到桶里或者扔墙上的靶子,在户外快速跑且能跑多久就跑多久。当幼儿冷静一些后,画画就是很好的宣泄感情的出口。之后,你需要帮助幼儿"重整旗鼓",包括亲密地抱着幼儿,或者让他坐在你的膝盖上,给他读一本书,尽管他可能更愿意自己看书。躺在垫子上听音乐对一些幼儿来说非常舒服。幼儿还可以坐在你的身边悄悄加入班级活动。

另一种方法是纠正幼儿的愤怒情绪,从而帮助他。这些是学前教育机构的教师经常碰到的情况:幼儿因为玩具发生了冲突,感到自己受到了不公正的对待,搭建的宇宙飞船被撞倒了,或者到了午饭时间还没有玩好。针对这些情况,主要的办法是让幼儿用语言表达他们的愤怒(他们可以学习使用愤怒的声音,但是不要喊叫),教幼儿想出积极的解决方法。当幼儿对自己的能力有自信,相信自己能成功地处理冲突时,用愤怒来回应不公平和不想要的挑战也就消失了。

制止幼儿

你不得不应对那些严重伤害你、其他幼儿和他自己的幼儿。通常这种情况下幼儿正在发脾气,完全失去了控制。你没有选择,只能制止他。

- 坚持接受专家的培训,了解如何制止幼儿却不伤害他。最常见的且安全的制止幼儿的方法是坐在幼儿身后的地板上,抓住他的手腕,让他的手臂在胸前交叉。但是,尽可能用最轻的力量抓住他。如果他用头撞击你的胸部,那么你靠近他一些,要用冷静、坚定的语气一直跟幼儿说话,告诉他你在做什么以及为什么这么做。同时,告诉他,如果他能够冷静一分钟,你就会放开他。当他冷静下来的时候,慢慢地放开他,但是仍要跟他说话。把他带到一个可以从事安静的活动的地方,让他从两个安静活动中做出选择,这样会进一步让他冷静下来。根据需要决定跟他待在一起的时间。

- 除非你在专门为行为障碍幼儿服务的教育机构工作,能够得到支持、资源和培训以有效地服务于这类幼儿,否则你第一次制止幼儿也应该是最后一次制止他。你的园长要接管这个情况。机构的规章制度中应该说明,幼儿家长需要尽快把幼儿接走。家长还应该跟管理者或园长会面讨论情况,并且协商幼儿重回学校的条件,或者让幼儿到更能满足他的需求的机构去。

- 如果你或助教受过训练来帮助这样的幼儿，你和家长都得到了精神健康专家的支持，那么有极端或危险行为的幼儿就能成功融入你的班级。但是即使是这样，最好也不要让这名幼儿全天都待在班里，至少要等到他的行为有重大改进之后才行。毕竟，对于他来说，一个正常的班级是他与同伴互动以及学习与他人相处的最好的地方。
- 有极端行为或者偶尔才会表现出极端行为的幼儿需要被正常的班级接纳，因为这对于你、该幼儿以及班中其他幼儿来说都是积极的经历。班中其他幼儿能学会接纳和包容有特殊需要的人。

2. 你不能强迫我——反抗行为和权力斗争

　　幼儿的某些行为真的惹恼你了吗？有反抗行为的幼儿比你更清楚答案！对于有些教师来说，幼儿的反抗行为表现在他们的脸上。对于其他教师来说，幼儿的反抗行为是哭喊、诅咒、大喊或打人。清楚这些让你特别沮丧的行为很重要，这样你就可以避免做出冲动的回应或者反应过度。与幼儿的权力斗争通常发生在点心时间、进餐时间、整理时间和过渡环节。在这些环节，幼儿要做一些他们并不想做的事情。那些感到自己的力量很弱的幼儿很快发现，拒绝躺下、吃饭、整理、进屋等，是让他们感到有力量和获得控制感的好办法。他们让教师不知道如何回应。但是，是有方法去有效地做出回应的，你只需要从"工具箱"里取出正确的"工具"。

问题预防

- 预先告诉幼儿接下来将会发生什么以及活动之前他们需要做什么，尤其是对于那些容易反抗的幼儿，更要告诉他们接下来将会发生什么。"等我们整理好房间，收好所有玩具，就到户外去。如果大家都帮忙努力做，我们很快就能完成。"
- 尽可能让幼儿进行选择，这样他们会感到更有力量和控制感。比如，你可以说："费尔南多，你是愿意和凯拉一起把积木收好，还是愿意和莉娜一起收其他游戏材料？"
- 减少或消除可能会导致幼儿表现出反抗行为的诱因。比如，在转换到另一个活动之前，让幼儿整理一下；完成游戏之后尽快让幼儿收好玩具和材料。这样一来，幼儿在整理时间就没什么事情可做了。再如，如果幼儿知道休息30分钟之后，他们就可以从小床或垫子上起来，选择一个安静的活动，那么他们就不会那么反对躺下来。如果有一个闹钟或者计时器，那么会更好。

问题应对

- 当遇到幼儿的反抗行为时，你首先要保持冷静。让你难过、惹火你，通常是这种行为的目的，这样幼儿就能控制你。
- 不要完全忽视幼儿的这种行为，否则就向幼儿传递了这样的信息，即这种行为是可以接受的。
- 当幼儿说"你不能强迫我"时，你可以冷静地说："我知道你不想做这个，我看到你很难过。是的，我不能强迫你整理，但是请告诉我怎样才能帮助你，让你不觉得整理工作那么难！"不要解释他为什么要这么做，因为这不是事情的关键。如果幼儿依然反抗，问问他是否需要你的帮助，或者他是否愿意自己做。如果这个办法不奏效，试试下面的策略。
- 摆脱权力斗争。从与幼儿的情感或身体互动中尽快抽离出来，这样做能让权力斗争失效。首先，尽量冷静地告诉幼儿："当你可以冷静并且用尊重人的语言和语调说话的时候，我再跟你谈。"如果幼儿的健康和安全不会受到威胁，如果幼儿的这种行为的干扰性不大，那么你可以走开。这样做既能让你有时间冷静下来，也能让幼儿有时间冷静下来，能够避免权力斗争全面爆发。
- 如果幼儿继续尝试让你卷入一场权力斗争，那么你可以这么跟他说："我听到了，但是现在我不会理你。等你冷静下来和尊重人的时候，我再帮你解决问题。"

- 等他冷静下来以后，跟他谈话，告诉他如果他在生气、不高兴或者需要什么的时候能用尊重人的声音、话语或行为请求帮助，那么你很愿意帮忙。帮他了解可以使用哪些词语和行为，比如，轻轻拍你的胳膊来吸引你的注意而不是尖叫、打人或者抓人，并让他练习一下。然后，尽量回应他的需求或他关心的事情。
- 下一次当他试图让你卷入权力斗争的时候，你要快速制止他并冷静地说："如果你想要告诉我什么或者需要我帮忙，那么请记住要心平气和且用尊重的语气跟我说话。"
- 在小组活动时间或者区角活动时间让他练习用更好的方法表达自己的需求，但是在他感到难过的时候不要让他练习。

3. 动个不停——活跃且很容易转移注意力的幼儿

几乎每个班级都至少有一名幼儿坐不住或很难全神贯注。与同龄人相比，这些幼儿的注意力持续时间很短，原因是多种多样的。大部分幼儿无法控制自己的行为，尽管他们很想控制。个别幼儿可能患有多动症。患有严重的多动症的幼儿通常5岁时被诊断出来（疾病预防控制中心，2013）。综合运用药物治疗、个别治疗和家庭治疗对多动症幼儿很有帮助。然而，使用药物（利他林是最常见的）是有争议的，因为许多健康专家、教育家、家长认为开过量的药对教师和学校来说很方便，但是对幼儿并没有什么好处。此外，学前儿童中男孩被诊断为多动症的人数是女孩的3倍。但是，由于男孩的发展速度比同龄女孩慢，因此问题在于成人对幼儿抱有的不现实的期待并非幼儿真的患有多动症。这些药物对于减少幼儿的活跃行为很有效，因此被过度使用。对于那些真的患有多动症且真正需要药物治疗的幼儿，当他们的班级、家庭环境发生了一些改变，同时成人帮助他们管理他们的行为时，药物的效果将会更明显，持续得更久。本节提供了大量的建议，帮助那些活跃和很容易转移注意力的幼儿，让他们获得成功，并拥有一些自控力和自尊感。

问题预防

- 为了避免班级环境过于刺激幼儿，减少教室中忙碌的场景，同时保持美观，可以用温暖、柔和的颜色布置教室，把教师的用品和活动材料盖起来或者存放起来，把物品摆放整齐。在墙上张贴一些照片、海报、幼儿的美工作品、标记等。选择能让幼儿感到放松的海报，比如大自然的照片、对你来说很美的艺术作品的复制品等。
- 在所有的玩具柜和容器上贴上标签，让班级中的每样东西都有合适的存放位置。这样做能帮助活跃或容易转移注意力的幼儿，因为他在整理周围环境方面经常遇到困难。
- 提前告诉所有幼儿接下来要做什么。比如，你可以告诉他们："我们要到户外玩 30 分钟。铃声响起的时候，我们就要回到室内吃点心。现在你可以穿上外套，走到门边。"这样做对于活跃的幼儿特别有效，但是你可能要重复说几次。
- 遵守一日活动常规和仪式。每天的活动流程尽量都一致，但是活动时间和静坐时间要交替进行。遵守仪式的例子是让幼儿唱"早上好"这首歌开启一天的生活，这样能为幼儿营造一种安全感，否则幼儿会感到心里没底。
- 在所有活动中都增加动作和互动。教幼儿一些基本的手势，让他们在讨论、唱歌、讲故事活动中运用。这样做既能让他们的手有事可做，也能教他们学会一些有用的技能。通过让幼儿在各种活动中练习自我调节技能，提升他们这方面的技能，比如，在另一个版本的"西蒙说"游戏中，幼儿要跟随你的动作而不是你说的话。在你说了"西蒙说触碰你的头"并触碰你的肩膀后，幼儿必须也触碰他们的肩膀。当他们能做得很好时，转换一下，让他们按照你说的做，而不是按照你的动作来做。这样交替进行可以保持游戏的挑战性。另一种更有挑战性的玩法是让幼儿触碰任何部位，但不能是你说的和触摸的部位。（在所有版本中，我们都删除了传统游戏让幼儿坐着不动的方面。）

问题应对

- 用积极的视角看待班级中的活跃幼儿。把活跃的幼儿当成你的晴雨表，用来判断活动持续的时间是否太久了，是否对幼儿来说很无趣。当幼儿长大以后，高活动水平是他的一个巨大优点，能让他在更短时间内完成更多事情。

- 提供的课程和活动不要让幼儿坐很长时间或被动完成任务。避免让幼儿做太多精细动作活动。每4小时中，至少有1小时的区角活动时间和半小时的户外运动时间。

- 集体活动时间要短，多组织小组活动和个别化活动。许多活跃的幼儿在集体活动中很难全神贯注，但是当他们接受个别化指导时，他们就会表现得很好。

- 和活跃的幼儿进行身体接触，能让他们更好地控制自己。为了帮助幼儿在集体活动时间更专注，你可以让他坐在你的膝盖上，抚摸或者轻拍他的后背，也可以拉着他的手。然而，对另外一些活跃的幼儿来说，身体接触可能起反作用。

- 集体活动中让幼儿拿着一样东西，比如，玩具熊、一个柔软的橡胶球或者磨得很光滑的东西（如木片、石头）。

- 集体活动中让幼儿有事可做。比如，当一名幼儿在法兰绒板前听故事坐不住时，可以让他放置法兰绒的人物玩偶并移动它们。在带领幼儿阅读图画书的时候，可以让他负责翻页。

- 当幼儿玩桌面游戏的时候，为他提供一个小的、独立的挡板，以减少视觉上的干扰，避免分散幼儿的注意力。午睡的时候，可以提供大的挡板。

- 对于你要求幼儿完成的任务，要给予清晰、具体的指导。一次不要给予太多的指导，一两处即可。通过示范、画画的方式强化指导，同时幼儿在实施活动的时候也可以参考图画。

- 有些活跃的幼儿可以从个别化帮助和具体的指导中受益。详细地告诉幼儿如何关注一项任务。比如，"看着纸上的线，用一只手紧紧拿着纸，用另一只手打开剪刀,把上面的刀刃放到线的最上面,然后合上剪刀慢慢往前移。"

- 为幼儿提供发泄精力的适宜途径。为他提供沙包,让他朝着目标投掷或者扔到桶里。提供一块体操垫,让幼儿在上面蹦跳或翻滚。
- 调整你对幼儿的期待。允许幼儿在活动中少花点时间,也允许他在一些活动中到处走动。圆圈活动时间,他可以站起来,也可以到附近的桌子边做安静的活动,不必非要全程一直坐着。
- 尽可能提供便于幼儿使用的物品,以帮助幼儿集中注意力。如果他不能安静地坐在桌子边的椅子上,那么给他提供一个豆袋沙发。
- 尽可能捕捉幼儿能静下心来的时刻,让他知道他过度活跃的行为正在得到改进:"你已经听了很长时间,你肯定为自己感到骄傲!"
- 与其他幼儿相比,你需要在一日活动和常规中给予活跃的幼儿更多的指导、更多的语言和动作上的帮助。
- 尽管许多医学界的人士声称,没有证据表明食物和幼儿的行为之间有关系,但是许多教师和家长清楚地看到,某些食物、食品添加剂、化学物质、人造物质会影响幼儿的行为。建议家长找过敏症专家和儿科医生测试幼儿对这些东西的反应。调整饮食通常是教师和家长积极帮助幼儿的第一步。不要责怪任何人,应该采取积极、直接的行动。此外,调整饮食的办法还需要与书中讨论的其他办法一起使用,以应对活跃幼儿的行为问题。如果调整了饮食后幼儿的行为并未改变,那么帮助家长向专业人士咨询并鼓励他们尝试上述其他解决办法。

4. 幼儿的咬人行为

幼儿之所以咬人通常是因为他们受挫或生气了。比如,他们想要别人的玩具,或者想要把别人拿走的玩具拿回来。他们咬人更多的是为了发泄挫折感、得到自己想要的东西,而非攻击其他幼儿。他们通常行动很快,很冲动。

他们因为年龄太小和发展不成熟而无法阻止自己的行为，无法做出其他选择。在狭小、拥挤的教室里，幼儿很容易咬人。出牙期的幼儿也很容易咬人。幼儿最频繁咬人的年龄是13—24个月。有些幼儿之所以咬人是因为他们的语言技能不够好，无法说出自己想要什么；也因为他们的认知发展优于语言发展。3岁以上的幼儿咬人是一件很严重的事情，他们往往是故意为之而非受冲动驱使。他们也许会咬得很重，要想改变他们的行为很难。对于这些幼儿，遵循本章第一节"小火山——有极端行为或危险行为的幼儿"中提出的建议。

问题预防

- 每种玩具至少提供2个，尤其是对于学步儿更要如此。这样做可以避免幼儿争抢玩具和产生挫败感。确保你有充足的玩具补充，并且这些玩具能吸引幼儿，让他们玩很长时间。轮流投放玩具，这样幼儿不会感到厌烦。
- 满足幼儿出牙期的需求，提供磨牙环或其他安全的可以咬的东西。
- 创设一种不会让幼儿产生挫折感和感到压力的环境，让幼儿很容易接触到多种材料，有机会参与许多吸引人的活动。平等回应幼儿的需求，提出明确的限制，给予他们一定的控制权。给予幼儿充足的时间进行区角活动和户外游戏。
- 仔细观察幼儿，一旦发现他们表现出受挫的迹象就进行干预。帮助他们解决问题或化解冲突，鼓励他们用社会可接受的语言和行为来表达感受。为他们提供发泄的途径，比如，击打玩具、用榔头敲钉子、用黏土或橡皮泥制作各种形状、体验沙与水、扔沙包等。
- 当幼儿难过的时候，帮助他们冷静下来。建议他们听听音乐、看看书、画画或向教师索求拥抱。
- 帮助很小的幼儿和有语言障碍的幼儿运用语言和声音来表达他们的感受。如果需要，可以把他们的话翻译给其他幼儿听。比如，你可以说："洛萨，萨拉说的是'我，我'。她在告诉你，她也想玩一次。"
- 给予每个幼儿大量的、积极的关注。有些幼儿之所以咬人是因为他们感到自己被忽视了。

问题应对

- 仔细观察咬人的幼儿，判断引起该行为的原因。观察他一天中的咬人次数、他与其他幼儿的互动类型以及他跟特定幼儿的互动。
- 大多数情况下，要想改变幼儿的咬人行为，你需要在幼儿真的咬人之前阻止他。这意味着你必须时刻留意，尽可能与幼儿待在一起。一旦看到他们表现出受挫的迹象或者看到他们咬人了，你就要立刻介入。大声对这个幼儿说："停！那样会伤害别人。"如果需要，你可以站在幼儿中间。
- 接纳幼儿的感受。教幼儿掌握表达愤怒和挫折感的词汇，并且让他练习。如果幼儿的咬人行为不是由挫折感引起的，那么给他一个磨牙环或者类似的可以咬的东西。迅速把他从其他幼儿身边带离，并为他提供一个玩具或者一个活动，让他玩或投入其中。
- 如果你没能在咬人行为发生之前介入，那么安抚被咬的幼儿并用严厉的声音对咬人者说："你伤害了扎克。"表情严肃，这样他就会知道你不赞成咬人行为。此外，语言还要简洁一些，以免过多关注咬人者，同时让他安抚被咬的幼儿，为他包扎伤口。
- 如果幼儿太小或者无法协商出一个解决办法，那么你可以采用以下方法：为抢玩具的幼儿提供另一个玩具，设置计时器以便幼儿轮流使用玩具，为幼儿提供可以共同使用的玩具，或者为两个幼儿提供两个不同的玩具。
- 即使尖叫也比咬人好。当幼儿使用语言和声音而非咬人行为来表达沮丧情绪的时候，你要给予具体的反馈："使用语言是得到你想要的东西的最好的方法。"如果需要，帮助幼儿，以便让他了解使用语言确实能解决问题。继续努力降低幼儿尖叫的音量。
- 如果幼儿只咬某一个幼儿，那么要尽可能把他们分开；当他们在一起的时候，要时刻留意他们。可以考虑把咬人的幼儿转到另一个班级。当咬人的幼儿跟更大的幼儿在一起的时候，通常就不会咬人了，因为现在他更兴奋了，或者大孩子不会让他咬。

- 如果需要，调整班级常规或活动流程。如果大多数咬人行为发生在临近午饭的时间，那么你要让幼儿在上午吃些点心，防止他饥饿，或者把午饭的时间提前一点。幼儿咬人并不是因为饥饿，而是饥饿让幼儿容易发怒。
- 在极端的情况下，你也许要帮助家长给幼儿寻找其他的机构就读（也许是暂时的）。有些幼儿在人数很多的班级中无法健康成长，当进入人数少一些的班级时很可能就不咬人了，比如家庭儿童中心。

5. "老师，他说不好的话"——诅咒、起外号和说脏话

这是一个具有挑战性的问题，因为它是一个应该被忽视但不能被忽视的问题。幼儿说骂人的话通常有以下几方面原因：

- 为了吸引成人的注意，让成人花精力、花时间纠正或责备他们，或者是为了吸引其他幼儿的注意，让其他幼儿大笑、看他们或谈论他们。
- 通过让成人或其他幼儿悲伤、焦虑、担忧或兴奋等感到自己很强大。
- 通过贬低别人感到自己很强大。
- 为了像成人那样说话或行事。
- 愤怒或受挫时做出的本能反应；他们在家里听到成人或兄弟姐妹说过这样的话，在电视上、电影里、邻里之间也听到过这样的话。

通过仔细观察，你一般能够判断幼儿为什么骂人。幼儿是在期待你或其他幼儿的回应吗？他有没有提高说话的音量？他是在骂另一名幼儿，还是只是简单地复述他听到的话？解决问题的方法要基于幼儿行为的目的。消除幼儿的骂人行为的关键在于用可接受的方式让幼儿感到自己有力量，教他们用更适宜的方式表达愤怒情绪或挫折感。

问题预防

- 制定班级规则："手和语言是用来帮忙的，不是用来伤害他人的。"定期

提醒幼儿遵守这条规则，告诉他们使用"脏话"非但没有帮助，反而会伤害他人。

- 让幼儿知道消极的感受是正常的，每个人都有。教他们跟其他幼儿说："当你抢我的玩具的时候，我真的很生气，我想把它拿回来！"让幼儿懂得，这样说比说脏话更有可能把玩具拿回来。提醒幼儿，如果他们这么说没用，那么要向老师寻求帮助。
- 帮助幼儿使用恰当的描述消极体验的词语来代替脏话，比如，受挫、尴尬、伤心、自责、生气、丢脸、难过等。鼓励幼儿说出是什么让他们有这样的感受，使用图片或照片帮助幼儿把这些感受跟面部表情联系起来。通过简单的角色游戏为幼儿提供练习使用这些词汇的机会。
- 当幼儿使用恰当的语言表达感受时，要给予他们积极的反馈。比如，你可以说："你使用恰当的语言让我们知道了你的感受，你做得非常棒！现在，我可以帮助你解决问题了。"

问题应对

- 如果幼儿骂人的目的是吸引他人的注意，那么请尽可能忽视它。如果其他幼儿告诉你他说了什么，那么你可以冷静地对他们说："我听见了，但我不理他。你们也不要理睬。"不要表现出焦虑或生气的样子，因为这正是骂人的幼儿想要的。
- 如果幼儿骂人是为了表达挫折感和愤怒情绪，那么提醒他遵守"说有用的话语"这个规则。告诉他："如果只是骂人而不说出自己的需求，那么别人不知道你在难过什么。"帮助他找到可以替换的词语，比如，"他那样说伤害了我"、"我不喜欢你这么做"或者"停止"，帮助幼儿学会防止受挫和愤怒的策略。
- 如果幼儿骂人是为了让其他幼儿大笑或兴奋，那么邀请他创编一些很好笑的儿歌或故事，讲一些简单的笑话，或者带领大家玩一个律动游戏。
- 如果幼儿通过起外号的方式伤害别人，那么帮助幼儿练习用可接受的语言表达他的感受和需要，也教他使用尊重别人的策略来解决冲突。跟另一个与他争吵的幼儿谈谈他可以做些什么。比如，他可以说"如果你叫我的外号，我就不跟你玩了"，然后走开。

- 如果幼儿不是故意骂人的（本能回应或模仿成人），那么你要冷静且快速地进行干预。告诉幼儿使用恰当的词语，因为骂人会伤害别人，让别人难过。问问他："除了这些，你还可以使用哪些词语？"如果他想不出来，那么你可以推荐一些，并让他练习大声说出这些词语。如果幼儿诅咒别人已经成为一个习惯，那么在他学会使用文明语言之前，你也许需要进行多次干预。

家长抱怨孩子说脏话

有些家长担心他们的孩子会在幼儿园学会脏话。实际情况是，你班级中的幼儿在进入班级之前就已经听过这些话了，只是现在他们才有兴趣说出来，因为他们正处于喜欢说脏话的年龄段。

- 告诉家长你应对幼儿的这类行为的办法，以及你正在做许多事情来阻止幼儿骂人。让家长了解，当你很少回应幼儿的骂人行为时，你是有意为之；在某些情况下，你甚至完全不会回应。
- 让家长也参与问题解决过程。当家长抱怨时，不要反驳家长，或者产生抵触心理，因为孩子真的有可能在幼儿园学会了说脏话。告诉家长你很关心这个问题行为以及你所采取的策略，并询问家长的建议。同时，问问他们你可以做些什么来帮助他们的孩子。
- 与家长进行头脑风暴，彼此达成一致意见，即在家庭和幼儿园持续运用同样的方法处理幼儿的骂人问题。

6. 非语言交流艺术——总是哭泣或哀号

这种行为在刚入园的幼儿身上很普遍。另外，敏感或脆弱的幼儿也会比其他幼儿爱哭泣或哀号。调整你对这些幼儿的期望，因为幼儿的气质几乎是不会变的。然而，你可以通过教他们新的应对方法来帮助他们。努力了解幼儿的行为的根本原因。尽管幼儿经常把哭泣或哀号作为吸引注意力的策略，但是还可能有更严重的原因，比如，慢性疾病或压力性事件。哀号在幼儿身上很普遍，因为它是一种非常有效的手段。成人看到幼儿哀号会觉得很恼火，不得不屈服，至少会关注幼儿。

我班中有一名3岁的幼儿，经常哭。他从第一天入园就开始哭，等到其他刚入园的幼儿适应幼儿园的生活停止哭泣了，他还在哭。我们的同情和支持根本不能减少他的哭泣次数。他的妈妈说，他在家里很高兴地说幼儿园的活动、唱所有的歌和玩手指游戏。我们不太相信他妈妈说的话，因为他在幼儿园从来不参加这些活动。但是，他妈妈的话也让我们获得一些阻止他哭泣的信息。我们意识到我们无意中强化了他的哭泣行为，因此我们改变了做法。当他哭泣的时候，我们坚定地对他说："你很好，你不需要哭了。"然后，我们引导他参加活动。他的哭泣行为很快消失了。

问题预防

- 如果你的课程很吸引人，你的班级活动进行得很顺利，那么你应该很少听到幼儿的哭声和哀号。
- 为每个幼儿都提供个别化的关注和大量积极的注视。
- 力争在支持幼儿（让幼儿感到关爱和安全）与为幼儿提供挑战（拓展幼儿的思维能力和增强幼儿的肌肉力量的活动）之间维持平衡。
- 对于幼儿的消极和不适宜的行为，不给予关注。对于幼儿的可接受的行为，给予大量的关注。帮助幼儿使用恰当的语言和策略，以积极的和有成效的方式来满足自己的需求。
- 帮助幼儿学会避免参加让自己受挫、愤怒、丢脸的活动或避免让自己身处这样的境地。他们可以选择跟某些幼儿玩和不跟某些幼儿玩，可以选择某些玩具、游戏而回避另一些游戏和玩具。
- 开展许多合作性游戏与活动，减少竞争。几乎所有幼儿在应对失败和竞争的压力方面都是很困难的。脆弱的幼儿会更糟糕。教幼儿掌握合作与协商的技能，这样幼儿在面对与别人的竞争时，可以有其他选择。
- 要直接而有效地处理幼儿间的攻击行为和伤害行为，帮助幼儿积极地进行互动。

问题应对

- 对于那些总是通过哭泣来吸引他人的注意力的幼儿，不给予关注。你要态度和蔼地对幼儿说："很抱歉，你感觉很难过。当你不哭可以跟我说话的时候，我很愿意帮你（或者关注你）。"接纳幼儿的感受，同时帮助他改变行为。
- 一听到幼儿哀号就立刻制止他。你可以说："请使用你正常的声音说话，这样我们才能更好地明白你想要什么。"
- 当幼儿不哭或不哀号的时候，给予他积极的关注。你可以这么说："感谢你使用了正常的声音，这样我就可以更好地了解你的想法了。"
- 告诉总是哭泣的幼儿，他可以哭，但是不要打扰其他人。告诉他："如果你愿意说一说是什么让你不高兴了，我会很愿意听的，因为我真的想帮助你。"这样做可以让他知道，哭没问题，但是你不会让他的这种行为打扰班级其他幼儿或者成功地吸引他人的注意。
- 仔细观察，了解该行为是经常在特定的时间出现，是在跟某些幼儿游戏时出现，还是在跟某一教师在一起时出现。比如，接近午餐时间，幼儿因为饥饿而哭；下午晚些时候，幼儿因为精疲力尽而哀号。尽可能灵活一些，并做出必要的调整来满足他的需求。
- 接纳幼儿的感受，同时帮助他找到其他的应对方法。比如，让他知道饿了可以要求吃点心，累了可以要求休息。你要满足幼儿的这些要求，让他知道这样做比哭泣或哀号有效得多。
- 与家长谈话以了解引起这种行为的原因。与家长一起进行头脑风暴，想出解决办法。建议家长带着孩子让儿科医生进行检查，排除身体问题。
- 要求你的园长或你尊敬的同事观察你和幼儿，以确保你没有无意中支持和强化这种行为。很难忽略该行为，你的关注也许正给予了幼儿他想要的。向园长或同事寻求建议，以改变幼儿的行为。

7. 总是打人——幼儿的身体攻击性行为

打人、踢人、抓人以及其他形式的身体攻击性行为是教师最担心的行为。要意识到，幼儿表现出一定数量的攻击性行为是正常的。当情绪激动的时候，许多幼儿无法阻止自己的冲动行为，他们也无法充分理解行为的后果。在某些家庭和社区，人们确实鼓励幼儿的打人和攻击性行为。幼儿经常在成人身上尤其是媒体上看到这样的行为。然而，幼儿应该了解，在不同的地方，他们的行为应该不一样。事实上，这是一个有助于他们发展的有用技能。他们要接受这一点：在家里可以打人，但是在幼儿园只能使用语言。男孩的身体攻击性行为比女孩的多，原因可能是多方面的，包括：男性荷尔蒙的作用、社会对男孩的期待、家庭的育儿方式（从出生开始，父母对待男孩和女孩的方式不同）以及男性榜样（运动员、卡通人物、电影里的超级英雄）的作用。富有攻击性的女孩更容易运用语言而不是身体攻击他人。仔细观察幼儿的攻击性行为，因为他们可能不是真的想要攻击同伴，是无意的行为。这种情况通常发生在打闹游戏中。

身体攻击性行为包括任何故意伤害他人的行为，如打人、踢人、咬人、拉头发等。你的基本任务是教幼儿懂得如何通过其他方法而不是身体攻击来满足他们的需求——拿到他们想要的玩具，表达他们的愤怒或受挫感，回应其他幼儿的无礼或攻击行为。所有幼儿都需要知道，在幼儿园里不允许攻击其他人。经常提醒他们"这是一个安全的班级，我们用双手和语言来帮忙，不要伤害他人"。

如果一名幼儿持续表现出攻击性行为，威胁到其他幼儿的安全，甚至在你使用了本节的方法后还是如此，那么你需要提供更多的帮助。

问题预防

- 仔细阅读本章前面几节的内容，你可以找到许多办法来预防幼儿的攻击性行为。
- 教所有幼儿掌握与人相处的社会交往技能，并且要持续不断地教他们。当幼儿发生冲突时，要教他们；当开展小组或集体活动时，也要教他们。
- 带领幼儿阅读图书、运用角色游戏或开展集体教学活动以教幼儿掌握协商技能，以及如何和平地解决冲突。
- 班级环境和情感氛围应该避免幼儿产生挫折感。为幼儿提供许多不同种类的玩具、游戏、活动和项目，并且给幼儿充分的时间投入其中。尽可能减少让幼儿等待、不动、安静的时间。如果不能避免这样的时间，那么可以组织幼儿玩手指游戏、唱歌或玩益智游戏。
- 把容易发生冲突的幼儿分开，无论是开展集体活动还是小组活动。
- 一旦看到幼儿发生冲突，尤其是冲突的一方之前表现出了身体攻击性行为，你就要迅速介入，以便你可以教会他们如何在情绪升级到打人或攻击之前化解它。
- 给幼儿充足的时间在户外玩大型的身体运动游戏。在这种游戏中，幼儿很少通过攻击性行为来满足自己的需求。
- 为幼儿提供许多机会，让他们用恰当的、符合年龄的方法获得控制权。在幼儿园一日生活中，给予他们大量选择的机会，比如，读哪本书、唱哪首歌、吃多少点心、在室内玩还是在户外玩等。让幼儿有许多机会做出选择、有"工作"可做、承担责任，尊重幼儿，接纳他们的感受，帮助他们应对挫折感。这样一来，幼儿就能够拥有掌控感，在班级中很少表现出攻击性行为。
- 开展能够让许多幼儿进行身体互动的游戏和活动。许多幼儿都有强烈的与他人进行身体接触的需求，如果不能用积极的方式满足他们的这种需求，他们就会采用攻击性行为。通常他们并非故意攻击其他小朋友（他们的本意可能是表达喜爱），可是其他小朋友却感觉受到了攻击。

问题应对

- 对于表现出攻击性行为的幼儿，要想改变他，你需要时刻留意、坚持不懈。你不能忽视任何一个攻击性行为。毫无疑问，在幼儿习得新行为之前，你需要多次帮助他。

- 当你干预幼儿的攻击性行为的时候，首先要安慰被打的幼儿，给予他同情和支持。同时，也要让打人的幼儿跟着你，但是给他最少的关注。如果可能，让攻击者安抚和照顾受伤的幼儿。然后，你冷静地帮助双方幼儿进行协商：帮助被攻击的幼儿运用语言捍卫自己，帮助攻击别人的幼儿平和地表达自己的想法。

- 如果你多次尝试教幼儿协商和轮流的方法，但是这名幼儿仍然表现出攻击性，那么很可能是因为他的认知能力不足或情感不成熟。如果这名幼儿已经超过3岁，而且在其他活动中也很难控制冲动，那么说明他需要接受进一步的评估和帮助。如果已经确诊该幼儿有行为障碍且正在接受治疗，那么你要从他的治疗师那里寻求更多的支持和建议。

- 如果攻击人的幼儿其攻击目标总是某个特定的幼儿，那么教这个幼儿学会捍卫自己。

抢玩具

- 把这种情况当作教授幼儿社会交往技能的机会。帮助幼儿协商出轮流使用玩具、交换玩具或其他公平地分享玩具的办法。必要时，给予帮助。确保所有的幼儿都能很容易拿到计时器或者闹钟，以便帮助他们协商出解决办法。

- 在幼儿轮流玩玩具的时候，帮助他们找到好办法来应对等待的情况。必要时，可以提供选择。比如，你可以说："当你等着玩玩具的时候，你可以看着林恩玩，也可以画画，还可以选择其他活动。"
- 反复抢玩具的幼儿通常比其他幼儿年纪小或者不如其他幼儿成熟，但是这些幼儿最终将会在你的耐心引导下表现出更好的行为。

毁坏其他幼儿的作品

班级中幼儿典型的攻击性行为是：故意把别的小朋友花了大量时间、付出很多努力精心搭建的积木推倒。无论是有意推倒其他小朋友的积木、撕坏其他小朋友画的画，还是在其他小朋友的绘画作品上乱涂乱画，都是有意伤害他人的攻击性行为，尽管并不是身体上的攻击。这种行为也在告诉你，这名幼儿需要你的帮助。有的幼儿做出这种笨拙的尝试是为了与其他幼儿互动，因为他不知道与其他幼儿互动的更好的方法。通过这种攻击性行为，他至少得到了同伴和你的关注。有时候，幼儿这么做是为了报复另一名幼儿（也许是嫉妒受欢迎的幼儿），试探你的底线，或者是为了得到你的关注。

- 跟对待其他攻击性行为一样，对行为本身给予最少的关注，但是要帮助攻击他人的幼儿得到他想要的、表达他的感受以及用适宜的方式加入游戏。对作品被毁坏的幼儿，要表示同情并给予支持。跟攻击他人的幼儿一起工作，修复被毁坏的物品：把图片粘好，在画架上挂一张新纸或新的画布，把积木捡起来。

8. 太爱发号施令——希望得到控制权的幼儿

这类幼儿总想控制其他幼儿做事，而且经常会成功。他们控制局面，相信自己有最好的办法（也许他们的办法确实不错）。即使幼儿之间没有因此发生冲突，因为其他幼儿接受了这种行为，有些幼儿甚至很欢迎这种行为，但是干预也是非常重要的。你需要帮助很爱发号施令的幼儿与别人更平等地互动，同时帮助其他幼儿维护自己的权利，有更多机会去当领导者，至少偶尔可以。

有些爱发号施令的幼儿是班里年龄最大的幼儿，或者在家里是长兄或长姐，因此他们很容易也很自然地告诉其他幼儿做什么。

常见的发号施令行为包括：在社会性想象游戏中扮演所有角色——导演、编剧、主演；代替其他幼儿发言，控制讨论和对话。这些幼儿大部分都很聪明，有创造力、有爱心。他们能够看到其他幼儿看不到的可能性和结果，他们想要与同伴分享他们的知识。他们有很强的社会规则意识，有强烈的对错感。对于幼儿教师来说，看到这种行为积极的方面并且不要反应过度是很重要的。

问题预防

- 让幼儿轮流担任领导角色。比如，让幼儿轮流担任"教师"，每天由不同的幼儿担任，这样所有幼儿都有机会承担这个角色。
- 教幼儿使用多种轮流策略，并支持他们使用。鼓励幼儿在想象游戏中轮流当主角，必要时，要促进这个过程。把纸贴在夹板上，当幼儿想玩游戏时，他们就可以在上面写下自己的名字；玩好以后，他们就可以把名字划掉。还不会写名字的幼儿可以用字母或者记号代表他的名字。准备一个计时器，这样每次轮流的时间都很公平，也很合理。
- 当幼儿构建游戏场景、搭建积木或开展项目活动的时候，可以帮助他们合作想出好点子。鼓励他们使用这样的表达方式，比如，"我有另外一个主意！""那是个好办法，我们也可以这样……""谁还有别的点子？""如果……我们应该怎么做？""也许我们可以……"
- 教所有幼儿掌握帮助别人却不代替别人做事的策略。比如，在帮助别的幼儿系鞋带时，先让他系一下或者你教他系一下，然后让他看你是如何完成的。你要一边系鞋带一边描述你是怎么做的。再比如，在帮助别的幼儿拉夹克拉链的时候，你先把最下面拉上，然后让他自己拉剩下的。
- 在容易引发幼儿发号施令行为的活动或常规（想象游戏、建构游戏、户外游戏等）开始之前，提醒幼儿要让其他伙伴发言、出主意、当领导者。

问题应对

- 当一名幼儿尝试控制其他幼儿的行为时,帮助他把声音放低,用提建议的方式重新表述他的要求,或者提出问题。比如,他可以问:"我先当飞行员可以吗?我们还需要副驾驶员、空乘人员、乘客。我们还需要哪些人呢?"而不是说:"我来当飞行员,你当乘客。"再比如,他可以说"你要不要去拿一些笔?我去拿胶水和纸",而不是提出要求说"去拿一些笔"。
- 帮助被控制的幼儿维护自己的权利。他们可以运用一些策略,比如,跟其他幼儿玩或到不同的地方玩;要求轮流玩;可以说"不,我不要";提出其他可以做的事情;提出自己的建议来代替或补充爱发号施令幼儿的想法;不接受命令,而是提问:"你做什么呢?""我们一起做吧!""如果你……我就做。"
- 帮助发号施令的幼儿用合适的方式当领导者:为他人提供帮助、示范好的行为、跟别人友好而积极地互动、解决问题和协商、灵活、公平、接纳不同等。

9. "刻薄的女孩"——语言和社会性攻击

当然,男孩也会有语言和社会性攻击行为,正如女孩也会有身体攻击行为一样。然而,女孩的攻击性行为更多的是指伤害另一个女孩的内心,男孩的攻击性行为更多的是指外部的身体伤害。幼儿的所有刻薄行为,都会令人不安。当幼儿掌握了让别人哭的"艺术"并对此没有丝毫悔意,甚至很乐于弄哭别人时,我们就会很担心。

为什么语言和社会性攻击在女孩中间更普遍呢?有许多因素牵涉其中。比如,女孩的语言和社会交往技能通常发展得比男孩的好。即使只有3岁的小女孩也知道,最让另一个女孩受伤的事情是排挤她。对于大部分女孩来说,"你不能来参加我的生日派对"这句话比打她们一拳更让她们难受。此外,还有其他语言和社会性攻击手段，比如，形成小圈子；让某些幼儿在游戏中扮演次要的角色；说其他幼儿的"坏话"；制定其他人必须遵守的"规则"，然后打破规则，重新制定以满足自己的需求。

幼儿之所以故意刻薄对待小伙伴可能是因为他们没有与一个他们喜爱的成人建立安全的依恋关系，也可能是因为他们正在遭受虐待，而虐待他们的人也许是年长的手足，也许是邻居家的孩子。对于一些幼儿来说，刻薄地对待其他人是他们表达愤怒和痛苦的一种不适宜的方式。然而，对于大部分幼儿来说，这是一种让他们感到自己很强大、有掌控力的方式。对于某一名幼儿来说，刻薄行为是完全可以接受的，因为在我们的文化中这种行为很常见，而且成人也很少介入。

然而，幼儿应当知道语言攻击是不被社会接受的行为。这需要教师在幼儿一出现这种行为时就介入，帮助幼儿用文明的方式化解冲突、表达感受。同时，要让刻薄的幼儿感到安全和自信，这样他们就不需要通过贬低他人来满足这些需求了。你可能很难对一个不招人喜欢的幼儿有积极的认识，但是当你知道伤害别人的幼儿内心也受到了伤害时，你就会觉得容易一些了。在得到了成人无条件的积极对待和关心后，幼儿就产生了良知——内在的道德指南。即使他们的生活中没有人能够积极对待和关心他们，你也要这样做。当他们表现出恰当的行为时，你要给予他们大量的鼓励和关注。一旦你开始对幼儿的自我价值产生积极的影响，你就会看到幼儿行为的改进了。

问题预防

- 创建提倡友好待人、相互尊重的班集体。制定班级规则，比如，"用你的手和语言帮助他人，而不是伤害他人。""要接纳每个人，每个人都能游戏。"经常提醒幼儿遵守这些规则。你在与同事、与幼儿的互动中要做友好待人、相互尊重的榜样。
- 持续不断地教幼儿掌握协商、冲突解决、轮流的技能。反复强调在活动中接纳每个人的重要性，必要的话，促成此事。
- 为幼儿提供许多安全地表达强烈感受的出口。你可以跟他们谈话，也可以和他们一起写故事。为他们提供大量的时间进行大肌肉运动游戏。接纳他们的感受，在他们需要之前就给他们大量的积极的关注。

- 给幼儿一些方法来表达他们对其他幼儿的积极看法。可以在小组时间让每个幼儿说一说其他幼儿的优点，这种方法让所有幼儿既表达了他们对他人的积极看法，也接收到了其他人对自己和自己所做事情的积极评价。
- 为每个幼儿制作一本书。在为某一个幼儿制作书时，邀请每个幼儿为他画一幅画，书写或口述关于这名幼儿的积极的信息，组成这本书的内容。然后，把所有的纸装订到一起，形成一本书。
- 当一名幼儿帮助了别人时，比如，帮助别人拉上拉链，你要协助得到帮助的幼儿表达他的感谢。

问题应对

- 在你的班级中，语言和社会性攻击是不被接受的行为。每次发现幼儿有这种行为时都要进行干预。如果幼儿的刻薄行为涉及排挤他人，那么要提醒有攻击性的幼儿："我们要接纳每个人，每个人都可以玩。"比如，你可以说："玛利亚，当你对安娜说'我们不想跟你玩，走开'时，她感到很伤心。看看她的脸，你会看到她有多伤心。请你用语言来帮助人而不是伤害人。帮助安娜，给她一些建议，让她知道怎样才能加入你们的游戏，甚至把游戏变得更有趣。"然后给予必要的帮助，确保安娜加入了游戏。然后，你要尽快撤出游戏区。
- 帮助具有语言和社会性攻击的幼儿看到自己的独特价值："每个人都是独一无二的，都很重要。你真的很喜欢艺术活动，跟你玩也很有趣。"使用许多方法让他逐渐形成积极的自我认知。如果幼儿需要和喜欢的话，那么可以跟他有一些身体的接触；同时，当你看到他对同伴很友好的时候，要告诉他："你帮助杰森系了鞋带，你是一个很棒的朋友，你让班级同伴更快乐了！"
- 帮助被欺负的幼儿学会捍卫自己，教他们这样说："我可以在这里玩！"确保幼儿知道成功加入游戏的方法。

- 你无法让幼儿互相喜欢,但是你可以教幼儿(并希望他们)互相尊重、友好相处。通过这种方式,你也在帮助幼儿发展一些重要的技能,即欣赏各种不同的人并与他们合作。

10. "老师,不是我干的!"——谎言背后的真相

几乎所有幼儿都会撒谎,几乎所有成人也会撒谎,而且撒谎的数量比我们承认的要多许多。幼儿通过撒谎和夸大事实来树立自己的形象,正如许多成人描述他们的成就的目的一样。虽然我们并不喜欢朋友的新发型,但是仍然努力赞美它,这就是说谎。我们自认为很聪明,找到借口不付停车费,这就是说谎。正如成人不觉得这些谎话是错的、不道德的,幼儿也不会觉得他们说谎是错的、不道德的。幼儿认为,如果说谎能让人们不把他们当作"坏孩子",能让他们免受惩罚,那么说谎就是可以接受的行为。事实上,在他们看来,说谎是一件"道德"的事情。然而,太多的教师错误地诉诸于训斥和惩罚手段来回应幼儿的说谎行为。

更好的策略是避免让幼儿处在需要靠说谎来保住面子的境地。我们应当原谅幼儿偶尔说谎,因为它是幼儿的典型行为;但是如果幼儿经常说谎或者通过说谎来掩盖严重的事情,那么我们就需要提供帮助了。

问题预防

- 一有机会就帮助幼儿区分什么是真实的、什么是想象的(编造的)。比如,你可以说:"玩蝙蝠侠游戏很有趣,但是蝙蝠侠是真的吗?"如果需要,可以向幼儿解释:"蝙蝠侠是一个名叫鲍勃·韦恩的人想象出来的角色。他根据自己的想象画了图画,写了关于他的故事,然后其他人把这些故事拍成了电影。当然,如果他是真的,那会让人很开心!"
- 不要把幼儿置于不得不说谎来自保的境地。幼儿说谎是为了避免面对消极的结果,或被看作"坏孩子"。因此,不要问"是你抢玩具了",而要说:

"告诉我,你们为了玩具而争吵的时候发生了什么。"如果你能够公平地解决他们的问题,不惩罚他们,那么幼儿就不会觉得需要靠说谎来保护自己和保住面子。

- 确保幼儿被无条件地接纳和关爱。他们是谁、他们说了什么、他们做了什么,都不会成为他们被接纳和关爱的条件。通过这样的方式,你可以帮助幼儿建立自尊。可以跟所有幼儿说许多积极的事情:"你每天的笑容点亮了我的一天!""每天和你在一起,我真的很愉快!""我喜欢你,因为你就是你。"给幼儿大量的机会去承担责任,同时期待他们能够担负起自己的责任,哪怕这需要你提供一些(或很多)协助。
- 由于幼儿说谎通常是为了能引起他人的注意,所以,要给予每个幼儿大量的关注。此外,要知道他们的优势和不足,回应他们的需要。

问题应对

幼儿经常编造一些不可能的故事,并坚称它们是真的。与其说这些故事是谎言,不如说它们是幼儿的幻想。肯定幼儿的想象力,让他们通过故事得到满足感。比如,你可以说:"你讲的故事很精彩,听上去很有趣,你的想象力真丰富!"这样既给幼儿传递了一个积极的信息,又让他知道,你知道这个故事是虚构的。要避免去问幼儿这个故事是不是真的,因为这样做只会让幼儿说谎。

- 难以控制地说谎和频繁地说谎,通常是幼儿感到自卑的表现。他需要树立自己的形象,被人认为很优秀。通过多种策略来帮助这名幼儿建立自信。帮助他了解他的优点,不需要夸张。比如,你可以说:"你真的知道怎样成为阿曼达的好朋友。""你扔球很快。""你很努力,花了很长时间画画,我很喜欢你的用色。"
- 了解幼儿说谎是否有什么目的,比如,为了得到同情、关注、认可。告诉他如何用更好的方式实现目的。无论任何时候他寻求你的关注时,你都要确保能够跟他聊聊,同时你要更加主动积极地关注他。
- 当幼儿直接对你说谎的时候,不要与他对证谎言。如果他说了一件根本没有发生过的事——宣称被打了,但你知道他并没有挨打——那么,你要对谎言背后的他的感受进行回应："你感到很伤心，感到别人对你不好。我很高兴你来告诉我，而且你也没有打回去。"然后，帮助他解决冲突（如果真的存在），或者帮助他参与一个活动。
- 如果幼儿否认做了错事——"我没有拿西莉亚的蜡笔"——而你怀疑他在说谎，那么你可以说："我知道你是个好人，每个人都有犯错的时候，我们跟西莉亚谈谈，看看怎么解决这个问题。""每个人都有犯错的时候"这句话有两重含义，它既可以指西莉亚说错了，也可以指这名幼儿拿走了蜡笔。这样做可以避免指责幼儿，肯定了幼儿的自我价值，留了一扇门以寻求很多种解决办法。
- 与家长一起努力了解问题的根源，讨论帮助幼儿的方法。鼓励家长积极对待幼儿，不要惩罚他。
- 如果运用了本节的策略之后，幼儿的说谎行为还在持续甚至变得更糟糕，那么建议或指导家长向专业人士进行咨询。难以控制和持续说谎的幼儿有强烈的情感需求，他们和家长都能从精神健康专家那里得到帮助。

11. 在他们舒服的区域 ——手淫和自慰

在幼儿身上，这种行为比较常见。它并不是性意义上的手淫，而是幼儿在通过摩擦生殖器让自己感到舒服。对于大多数幼儿来说，这意味着他们很无聊或很焦虑。在多年观察学前儿童的过程中，我看到这种行为通常出现在幼儿感到非常无聊的故事时间、圆圈时间、午睡时间以及漫长的"限时隔离"时间。

如果一名幼儿经常并公开这么做，那么帮助他接受一次儿科医生的检查，因为幼儿这么做可能是在缓解因生殖器感染而造成的不舒服或者是在缓解因其他疾病带来的不适。提出幼儿可能患有疾病可以避免把责任归咎到某个人身上。然而，检查结果也许会揭示出可能存在性侵，医生有义务报告此事。如果没有疾病问题，通过精神健康专家的帮助，幼儿和家庭都能受益。这名幼儿可能很焦虑，因此要消除他焦虑的根源。还有一个可能性是他正在遭受虐待。

对于幼儿来说，他们很难理解并遵守复杂的社会规则。有时，成人都会觉得很难。因此，幼儿在公共场合会挖鼻孔、在商店里会大声唱歌、在餐厅里会脱鞋子、在幼儿园里会手淫。学习社会礼仪是一个很长、很慢、循序渐进的过程，因此你要多些耐心和理解并且坚持不懈。

问题预防

- 确保你的一日作息安排能满足幼儿活动的需要，你的课程是个别化的、吸引人的，有一定的挑战性，因为无聊是这种行为最常见的原因。
- 不要使用诸如"限时隔离"等让幼儿无所事事静坐很长时间的行为管理策略。
- 每天为幼儿提供许多表达和释放焦虑情绪的机会，如画画、开放式感官活动（如玩沙、玩水、玩黏土、玩橡皮泥等）。

问题应对

- 把这种行为作为一个线索，认识到你的活动并不能满足幼儿的需求。中止并调整活动，或者直接跳到下一个活动。
- 为幼儿提供一个填充的动物玩具，让他可以拿着或抚摸。为他提供一个柔软的橡皮球、刺球，或其他能让他冷静下来或给他带来安慰的东西。
- 稍后，让幼儿远离其他人，跟他聊聊这种行为。比如，你可以说："我知道抚摸阴部感觉很好，但是你只能在家里做这件事，不能在幼儿园做，就像在幼儿园你必须要穿鞋一样，在家里你就可以光脚。让我们想一想你可以做哪些事情让自己平静下来。"
- 如果幼儿已经习惯了手淫，那么要通过给他非语言的暗示来帮助他意识到自己在手淫。这样能够提醒他停止手淫，做更多社会接受的活动，同时不会让幼儿感到难为情。
- 与家长谈话，了解这种行为可能的原因，了解他们的看法，提出帮助幼儿的建议，然后共同制订计划改变这种行为。告诉家长不要惩罚幼儿，也不要过度担心。

12. 游戏中的小狗——打闹

打闹游戏是许多男孩和部分女孩童年的一部分，也是他们表达对同伴的喜爱之情的一种方式。在我们的大男子主义文化中，它是唯一被社会认可的男孩之间的亲密身体互动。对于一些男孩来说，打闹游戏是他们跟朋友互动的主要方式。对于小狗和许多小动物来说，打闹游戏是很正常的；然而，对于幼儿来说是问题行为，因为它是一种低水平的游戏和互动，而且往往会导致幼儿受伤，因为幼儿不知道何时何地适合玩打闹游戏，也不知道如何避免失控。

如果有两个甚至更多的幼儿想玩打闹游戏，与其付出大量精力去阻止他们，不如允许他们用安全的、节制的、合理的方式去玩。同时，你要帮助他们发展控制行为和限制行为的技能，学习只有在特定的时间和场地才能玩这种游戏，以及知道如何避免受伤。

问题预防

- 为幼儿提供许多用安全的方式进行身体互动的机会，比如，让幼儿玩律动游戏，教他们一些简单的舞蹈、瑜伽动作，或者让幼儿两两结伴做运动。制定的规则和引导语要清晰明确，避免幼儿发生意外事故。
- 给幼儿许多途径和大量时间去玩快速的身体运动游戏。当然，这些游戏需要在室外或体育馆进行。可以在游戏中加入想象场景，如救火、急救、拯救大象、搜寻（逃脱）野生动物等。这样做可以避免游戏变成打闹活动。
- 在活动开始之前，把经常互相打闹的幼儿分开。
- 教幼儿用其他方式表达对别人的喜欢，比如，拥抱、拉手、把胳膊放在肩膀上。建议幼儿在触碰其他人尤其是那些不喜欢被碰到的幼儿之前先问一问。比如，可以说："金姆，你想和我拉手吗？"你也要这样做。幼儿需要尊重他人的身体和感受。然而，大部分幼儿都喜欢突然被他人碰触，也喜欢突然碰触他人，不抑制这种冲动也是很重要的。

问题应对

- 教幼儿用其他方式与同伴互动。比如,你可以说:"使用语言,跟你的朋友说'我们玩积木吧'!"协助幼儿完成这个过程,直到他们可以自己完成,不再依靠打闹作为主要互动方式。
- 每周一次到两次,在区角活动时间让幼儿在体操垫上进行打闹游戏。幼儿需要遵守特定的规则,教师需要密切留意幼儿的活动。规则如下:
  - 一块垫子上每次不能超过两个小朋友。
  - 不要打人或者踢人。
  - 当一个小朋友说停止的时候,另外一个小朋友必须停下来。
  - 在垫子上只能穿袜子或者光脚。
  - 垫子上不能有其他物品。
  - 三分钟为一轮。
  - 接下来换另外两名幼儿在垫子上打闹3分钟。然而,每对幼儿至少休息3分钟以后,才能开始第二轮游戏。

- 最初要提供密集的帮助,直到你确定幼儿能够遵守规则。如果反复协助之后,他们还是不能遵守规则,那么取消活动,帮助他们开展其他形式的游戏活动。
- 如果幼儿在不恰当的时间打闹,比如圆圈活动时间,那么告诉他们:"现在是倾听(唱歌、分享等)的时间,你不能打闹。在区角活动时间,你可以选择在体操垫上面打闹。"将打闹的幼儿分开。
- 当需要幼儿静坐的时候,对于打闹的幼儿,可以为他们提供一些材料,让他们的手有事情可做,比如填充动物玩具或者有刺的橡胶球;也可以让他们坐在老师的膝盖上或者老师旁边。

13. 穿鞋是为了走路——室内奔跑

幼儿需要活动，跑步是他们活动的自然方式。要想改变这个行为来确保他们的安全，你需要做许多事情。比如，制定明确的规则、提醒幼儿、一天中给予幼儿充足的时间在室外或体育馆内奔跑。引导在室内跑步的幼儿的最好方法是让他们做其他安全的活动，而不是让他们变跑为走。比如，追逐游戏需要奔跑，让幼儿走路追逐某个人则没有任何意义。然而，引导他们玩不同的游戏或者活动能有效地阻止幼儿奔跑。提醒他们，等他们晚一点到室外或体育馆时可以玩追逐游戏。

问题预防

- 制定班级规则——"在室内时只能走路"。贯彻执行这条规则。跟幼儿解释制定这条规则是为了确保没有人因摔倒或撞到别人而受伤。
- 在幼儿从户外进入教室之前或者在他们参与其他活动之前，都需要提醒他们走进教室。
- 精心摆放你的设施和家具，不要有长长的、开放式的吸引幼儿奔跑的通道。

问题应对

- 认识到这种行为的积极方面：幼儿很兴奋，想要尽快开始活动。告诉他："你很兴奋想要去玩，这是很好的，但是走路能让你不受伤。"跟他一起走，向他示范如何走得很快却不跑起来。
- 把喜欢奔跑的幼儿跟擅长走路的幼儿组合到一起，让他们搭档，在必要的时候走到某个地方去。
- 提醒幼儿为什么走路很重要。通过角色扮演游戏，运用慢动作向幼儿演示一个人在拐角处跟奔跑的幼儿发生了严重事故的场景，因为在拐角处他看不到另一个幼儿，不能及时停下来。让幼儿练习这个游戏。

- 告诉幼儿在室外的时候，他们可以尽情奔跑。
- 让走路的幼儿知道你很感谢他们的行为："感谢你在教室里走路，你知道什么样的行为是安全的。"

14. 傻傻的幼儿——滑稽愚笨总比无足轻重好

这是幼儿尤其是4岁幼儿的常见行为。如果幼儿经常在不恰当的时候做鬼脸，发出噪声，用夸张的声音谈话，用不正常的声音笑，假装感冒、打喷嚏、放屁等，那么说明他是有问题的。幼儿之所以表现出这些行为通常是因为他们想吸引他人的注意和得到其他幼儿的钦佩。感到自己被无视且需要得到关注的幼儿，通过这种方式能产生良好的感觉，这也被称为"班级小丑综合征"。当他吸引其他幼儿加入愚蠢的行为（并不难做到）时，他会感到自己更强大了。

大部分时间都在做傻事的幼儿可能是在利用这种行为来掩盖生活中的痛苦。当你尝试与幼儿深入讨论后会发现，他非常痛苦，表现得很傻是他逃避痛苦的方法。另一个常见原因是无聊。当幼儿觉得活动没有挑战性或者不吸引人时，他们就会做出很傻的行为，用来释放无聊的压力。

问题预防

- 为幼儿提供许多装傻的机会，甚至鼓励幼儿在适当的时间（比如在区角活动时间和户外时间）做点傻事。
- 开始进行严肃的讨论之前，比如什么是好的触碰和什么是恶意触碰，让幼儿知道在严肃的谈话中，每次只有一个人说话，其他人需要倾听。如果这对他们很难的话，那么使用谈话棒或者其他物体，并指出只有拿着小棒的人才能说话。
- 为幼儿提供许多机会去表达感受。当他们表达感受的时候，你要表示出感兴趣的样子，并且做出回应。认真对待他们的感受，帮助他们理解自己的感受是什么和为什么会有这样的感受。帮助他们找到合适的方式发泄感受和表达感受。
- 确保你的课程和活动吸引人并具有挑战性。对于认知能力超前或有天赋的幼儿，要提供额外的挑战。
- 全天都要给予幼儿大量积极的关注。对于大部分幼儿来说，这样做可以避免他们通过愚蠢的行为来吸引你的注意。回顾本章介绍的内容，满足个别幼儿的需求，尤其是他们需要被认可和被关心的需求，需要被积极对待的需求。

问题应对

- 一看到幼儿表现出愚蠢行为就立即阻止他。比如，你可以说："10分钟后，我们就要到室外活动了。到时候，你可以尽情地发出噪声。请你现在认真倾听故事，并且让别人听清故事。"如果行为还在继续，那么让这个幼儿坐在你身边，请他翻书或者给他其他任务做。稍后，跟他谈话，告诉他用其他方法吸引你的注意。让他相信，如果他喊你的名字（轻轻拍你的胳膊），你会回应。帮助他学习运用各种恰当的方式来吸引其他幼儿的注意力，并让他和你一起在角色游戏中练习这些方式。
- 如果幼儿的这种行为是想要惹火你，那么你要冷静地回应："你可以用正常的声音告诉我吗？这样我才能明白你想说什么。"
- 对于经常表现出愚蠢行为的幼儿，跟他的父母会面，从而判断问题的原因——幼儿在逃避痛苦。在你的能力范围内尽可能帮助幼儿和他的家庭。如果需要的话，建议家长向社会服务机构或精神健康专家寻求帮助。
- 与这名幼儿单独在一起，且远离其他幼儿。当他不跟同伴在一起时，他可能会认真地跟你谈话。使用书籍、玩具、角色游戏和故事帮助他表达感受。给他画画的机会，但是不必把他的作品拿给其他人看。
- 如果有些幼儿在预设的活动中表现出愚蠢的行为，那么这很可能意味着活动很枯燥。调整活动，让它更吸引人，或者中止活动，带领幼儿进行一个律动游戏或唱一首歌，或者直接进行下一个活动。

15. 吐口水

吐口水通常是幼儿愤怒和受挫折的表现。如果幼儿故意对其他幼儿吐口水,那么它是有攻击性的。此外,吐口水的幼儿很可能了解这样做会让成人很难过,进而成功吸引成人的注意。

问题预防

- 让幼儿知道,生气是正常的行为。帮助他们恰当地表达愤怒的情绪。
- 讲故事或带领幼儿玩角色游戏,在故事或游戏中,幼儿采取了措施以避免自己受挫或者很生气。这样的例子包括:决定不跟年长的、不能公平游戏的幼儿玩;改变游戏规则以减少或消除竞争性;活动开始之前设置基本的规则以确保大家公平活动。
- 讲故事或带领幼儿玩角色游戏,在故事或游戏中,幼儿使用非暴力和有效的方式表达了愤怒。
- 尽力将幼儿的挫折感和压力降到最低。提供有挑战性的课程,创设支持性的环境,久坐不动的活动时间要短,互动和游戏的时间要长,安全的冒险活动时间也要长。

问题应对

- 不要反应过度或生气。你要冷静且坚定地对幼儿说:"我知道你很生气,但是我不会让你吐口水。吐口水不仅会让别人很伤心,还会导致别人生病。让我帮助你找些词语,你可以用它们来解决问题。"
- 安慰被吐口水的幼儿。
- 让吐口水的幼儿帮忙清理干净。向他演示如何安全地清理口水,让他使用纸巾以免直接接触口水。
- 过一会儿,等幼儿冷静了,跟他谈谈吐口水的事情。比如,你可以对幼儿说:"吐口水不卫生,你不能吐口水。让我们一起想一想,下次你生气的时候应该怎么做。"提醒幼儿可以使用表示愤怒的词语,也可以向成人寻求帮助。

- 了解什么情况会导致幼儿吐口水,帮助幼儿避免这些情况。这可能意味着不要让这个幼儿跟某些幼儿玩或者不要做某些活动,让他选择舒适的活动而不是复杂的活动。
- 如果幼儿有协商和轮流的能力,那么即使他产生了挫折感也不至于到吐口水的程度。运用故事和角色游戏教幼儿掌握这些技能。

16. 偷东西——需求太多,诱惑太大

大多数幼儿之所以总是故意偷东西,是因为他们感到很空虚。由于他们无法得到足够的关爱和关注,所以他们需要依靠物质材料来填补内心情感的空缺。但是因为他们没钱自己买东西,他们的父母也往往不愿意给他们买,所以他们就有一种迫切的偷东西的需求。如果他们没有良好的自控能力,那么他们就难以抑制这种需求。此外,偷东西的行为还会让幼儿感到自己很强大。通过采取行动反抗他的现实处境,他看到了自己的行为所产生的即时效果,这让他感到自己很有力量。偷窃行为是幼儿少有的几种不以吸引他人的注意为目的的问题行为之一。然而,偷东西最终无法满足幼儿的需求,因为它并没有真正解决问题。因此,幼儿会不停地偷东西,就像许多成人在不开心或者失恋的时候会不停地吃甜点或者购物一样。

问题预防

- 把培养幼儿的自我约束能力和自我效能感作为幼儿教育的基本目标和幼儿园课程内容的重要组成部分。具有自我效能感的幼儿了解自己,知道自己的需求、优势和劣势。他觉得自己很强大,相信自己有能力获取资源来满足自己的需求。他会让成人自愿地满足他的需求。必要时,他

会一直向成人提出要求，直到成人愿意满足他为止。
- 经常与家长交流，这样你就能知道幼儿可能正在面临什么样的问题，进而帮助幼儿、支持幼儿。
- 营造浓厚的班级归属感。告诉幼儿，尽管玩具和材料归班级所有，但是每个人都可以使用它们。参照第一章中"圆圈活动和集体活动"一节提出的建议以营造班级归属感。
- 在班级设立一座图书馆，允许幼儿借一些便宜的图书和玩具。建立借还系统，以便了解小朋友们都借了什么。制定清晰的规则，指出图书和玩具可以借多久以及归还的时候要保持完好。同时告诉幼儿，只有把物品归还了以后才能再借。

问题应对

- 理解并同情幼儿。他很可能是因为没有恰当的方法来索取情感或物质材料才偷窃的。另外，他的偷窃行为也说明，他真的很喜欢班里的玩具和材料。
- 如果你当场抓到一个幼儿正在偷东西，那么你要肯定他的需要和感受。比如，你可以说："我知道，你真的很喜欢这个玩具并想要拥有它。我也很愿意把它送给你，但是其他小朋友也想玩这个玩具。你可以明天来了再玩。我们可以制作一张使用清单，然后把你的名字放在第一个。"之后，你可以问问他："你可以把它放回架子上吗？或者把它给我，让我把它放回架子上？"记住，不要羞辱幼儿。
- 当幼儿不偷东西的时候，要给予他积极的语言反馈。告诉他："感谢你把玩具留下，这样大家都能玩了。"给幼儿一个拥抱或跟他击掌，这样他就知道表现出适宜的行为能得到老师的积极关注和关爱。
- 如果你怀疑幼儿拿了东西，那么你可以跟他说："如果你借了一个玩具，那么明天请把它带过来。也许，我们可以把它放到班级图书馆。"或者你可以对全班幼儿说："积木区旁边架子上的红色小汽车不见了。请每个小朋友检查一下自己的口袋，看看是不是不小心把它放错了。"

- 与家长会面，协商处理问题的策略。告诉他们，理解同情幼儿、积极对待幼儿、不惩罚他是多么重要。问问他们是否清楚导致幼儿出现该行为的原因。帮助他们掌握恰当的方法，以帮助幼儿建立积极的自我形象。
- 在班级中，为幼儿提供许多机会当领导者或助人者。这样做会让他感到自己是很重要的。
- 如果其他小朋友看到这个幼儿偷东西了，那么可以跟他们聊聊怎样帮助这个幼儿。比如，他们可以直接跟这个幼儿说："不要拿走这个玩具，它归班级所有，是让大家玩的。"如果这个幼儿不听他们的劝说仍然拿走玩具，那么他们可以向教师寻求帮助。
- 如果问题继续存在，那么你可以与幼儿家长合作，一起向心理健康专家寻求帮助。

17. "告状"——打小报告

有的幼儿经常打小报告，是为了通过其他小朋友的"坏"来突显自己的"好"。但是，幼儿在打小报告的同时，也许会告诉你一些有关其他小朋友的事情，而这些事情是你需要知道却没有意识到的。因此，仔细聆听很重要，有助于你帮助幼儿化解冲突。通常，小报告所传递的信息是没有问题的，问题在于幼儿打小报告的意图和方式。

问题预防

- 在小组活动时间，跟幼儿谈谈"打小报告"这件事。为幼儿阅读或者创编一些儿童故事，在这些故事中，主人公没有打小报告而是选择了其他解决问题的方式。鼓励幼儿通过角色游戏练习这些方式。
- 制定一条班级规则，即"在跟老师谈论你的同伴之前，先跟同伴谈谈"。帮助幼儿理解这条规则。如果他们很担心班里某一个小朋友的行为，那么在告诉老师之前，他们首先要跟这个小朋友聊聊。

问题应对

- 对于打小报告的幼儿，给予最低程度的关注。不过，也不要阻止他或者打断他。你只有听了以后才能知道这个幼儿是否为你提供了一些关于其他幼儿的重要信息。
- 听完以后，感谢打小报告的幼儿。比如，你可以说："我很高兴你关心班里的小朋友。"然后，跟幼儿谈谈使用其他方式来代替打小报告。比如：
  - "当你看到其他小朋友破坏规则或者做一些你不喜欢的事情时，直接跟他说并提醒他遵守规则。告诉他你为什么不喜欢他这样做，并建议他可以怎么做。如果他不接受或者问题很严重，那么你可以向老师寻求帮助。"
  - "如果你需要告诉老师有关其他小朋友的一些事情，那么你可以这样说'我觉得你需要阻止杰森和以利亚打架'或者'我很担心以利亚会受伤'。"
  - "当你需要跟老师聊聊的时候，不要只谈论其他小朋友，也要说说你自己。说说你想要什么或需要什么。比如，你可以说：'当他们不让我玩的时候，我感到很伤心。你能让我和他们一起玩吗？'或者'我不想听凯瑞说脏话，你能让他不要再说吗？'"

- 如果幼儿打小报告的时候没有说他想要什么或者需要什么，那么你可以问问他："你想要我做什么？"或者"我可以怎样帮助你？"
- 让打小报告的幼儿跟你一起解决他所担心的问题。这可能意味着他需要忽略它。比如，你可以告诉他："当小朋友说脏话时，我经常忽略它。这样一来，他们很快就不再说脏话了。你要不要试试也忽略它？"你也可以帮助这名幼儿运用恰当的语言和行为直接向另一名幼儿表达他的心情："当你不让我玩的时候，我感到很伤心。我们的班级规则是'要接纳每个人，每个人都能玩'。"
- 要求打小报告的幼儿把其他幼儿的积极表现告诉你。比如，你可以说：

"我很想听听麦迪逊做了哪些好事。"
- 当幼儿只是跟你聊天而没有打小报告时,你要鼓励他。比如,你可以说:"当话题不涉及其他小朋友的时候,我很愿意跟你聊天。"

18. 发脾气——收起你的脾气直到放学以后

与本章讨论的其他问题不同,幼儿发脾气不是为了吸引他人的注意。尽管该行为确实能吸引教师的注意,但是幼儿发脾气是为了得到自己想要的东西,或者是为了发泄愤怒情绪和挫折感,抑或以上两方面原因都有。

该行为在学步儿身上很常见。但是,当幼儿3岁半以后还有这种行为时,你就需要引起注意了。学步儿发脾气是因为他们没有足够的语言来表达自己的强烈需求,或者他们的情感发展得不够成熟,不足以应对自己的强烈需求。然而,3岁半以上的幼儿通常能够用语言表达他们的需要,他们能抽象地思考如何让别人满足他们的需要,他们有更强的自控能力,他们情感发展得也更成熟。发脾气的幼儿(并非发展迟缓或者语言发展迟缓)可能正在遭受情感压迫。他和他的家人需要接受专业咨询师的帮助。尤其是当幼儿经常发脾气且还有其他问题行为时,更需要如此。

有时候,幼儿的发脾气行为是由健康问题引起的,比如,慢性疾病、缺少睡眠、药物的副作用等。3岁半以上的幼儿之所以持续发脾气,可能是因为他们被过度溺爱且他们的发脾气行为得到了回报。在他们看来,发脾气有用,因为他们得到了自己想要的。

通过多年认真观察幼儿与家长的互动,我看到很多情况下,幼儿发脾气是情有可原的。也就是说,家长让幼儿感到很无力、很受挫和很愤怒,导致幼儿只能通过发脾气做出回应。家长这么做通常是出于好心。家长最普遍的一种做法是许诺幼儿,用很多的承诺牵住幼儿的情感,最后却不遵守承诺。家长的另外一种做法是为幼儿提供了一种选择,但是最后没采纳幼儿的选择。

问题预防

- 为幼儿提供许多途径，让他们以安全、恰当的方式表达自己的感情和强烈感受。
- 在幼儿园一日生活中，为幼儿提供许多动手操作且自我指导的活动，以降低他们的挫折感。要保证你的活动既不会太有挑战性，也不会太容易。要对班中幼儿的能力抱有合理的期待。如果幼儿还不具备长时间专注的能力，那么让他们坐下来倾听的时间不要过长。
- 仔细观察幼儿。一旦发现幼儿受挫了，你就要帮助他们解决问题。教他们掌握解决问题的技能，而不是代替他们解决问题。帮助他们学会控制局面和做出选择，以免受挫。
- 为家长提供图书、录像等资源，以帮助他们掌握应对幼儿的发脾气行为的积极策略。对于他们的问题，你也要提供帮助。

问题应对

- 观察幼儿什么时候最容易发脾气以及是什么导致他发脾气的。需要时，调整班级的一日作息时间表或者教室环境。
- 如果幼儿发脾气导致了活动中断或者发脾气的幼儿所处的区域可能让他伤到自己，那么快速把他带到一个远离其他幼儿的安全地方。你可以让他坐在体操垫上，冷静地告诉他："有挫折感和生气都很正常，但是不能打扰别人。另外，我也不会让你伤到自己。当你冷静下来后，我会安慰你或者帮你解决问题。"坐在他附近密切关注他，以保证他的安全。
- 如果这个幼儿在与某个幼儿互动时容易发脾气，那么在游戏开始几分钟后将他们分开，以缓解他们的紧张情绪；你也可以在他们游戏的时候待在他们旁边。一旦他们之间开始"剑拔弩张"时，就介入进来并为他们提供不会造成紧张局面的活动。
- 帮助幼儿找到让他冷静下来的方法。他可以自己想出一些办法或者遵从你的建议，比如，听音乐、看书、唱歌、聊天、画画、玩沙、玩水、玩

第五章 幼儿的问题行为——帮助受伤的幼儿 257

黏土等。
- 当幼儿冷静下来以后，帮助他想一想应对愤怒情绪的其他方法。帮助他练习使用恰当的语言和行为来满足自己的需求。比如，他可以告诉撞倒他积木的小朋友帮助他把积木重新搭好，或者把积木收好。他也可以让教师帮助他。
- 邀请一名你尊敬的同事或园长到班里进行观察。他可以帮助你了解你是否无意中强化了幼儿的发脾气行为，并对如何改进幼儿的行为提出建议。
- 与幼儿家长会面，讨论问题的原因。与家长一起进行头脑风暴，商讨可能的解决办法。如果上述策略均不能明显减少幼儿的发脾气行为，那么建议家长咨询心理健康专家或者向社会服务机构寻求帮助。

19. 吮吸大拇指——吸吮手部带来的安慰

当4岁半以下的幼儿吮吸大拇指时，它并不是问题行为，所以应该被忽视。然而，当4岁半以上的幼儿吮吸大拇指时，一些医生和牙医认为人们应该引起注意了，因为这时候恒牙开始萌出，幼儿患有牙病的风险增加了。如果一个幼儿吮吸大拇指是因为没有安全感、被其他小朋友孤立、很难过或者其他类似的原因，那么忽略他吮吸大拇指的行为，聚焦于为他提供情感上的支持。吮吸大拇指对于幼儿来说可能是一种重要的寻求慰藉的方式。

问题预防
- 创建以儿童为中心的班级，为幼儿提供许多吸引人的可动手操作的活动，让幼儿感到安全和快乐。这样一来，幼儿就不会吮吸大拇指了。
- 在家长带领幼儿登记报名的时候，问问家长幼儿有什么习惯以及他是如何安慰自己的。如果他们说幼儿会吮吸大拇指，那么问问他们对此事有何看法以及他们是怎样回应的。与此同时，与家长分享幼儿园的做法，并与家长达成一致意见，即在家里和幼儿园里采取一致的方法，尊重幼儿并满足他的需求。

问题应对

- 如果吮吸大拇指是幼儿新出现的行为，或者之前消失了现在又出现了，那么与家长会面，了解家庭是否发生了一些变故给幼儿带来了压力。如果压力只是暂时性的，那么你可以暂时忽略幼儿的行为。
- 如果吮吸大拇指不是幼儿新出现的行为，而是已经成为了一种习惯，那么他的这种行为则很难被改变。通常到了4岁，幼儿就不会吮吸大拇指了，因为其他幼儿可能会调侃他。尽管如此，幼儿仍然需要你在情感上支持他，并帮助他在感到压力时找到抚慰自己的其他方式。
- 在没有咨询家长的情况下，不要采取措施来应对幼儿的吮吸大拇指行为，因为家长可能希望你忽略该行为，或者他们可能有更好的应对办法。
- 一旦看到幼儿开始吮吸大拇指，就建议他开展一项使用双手的活动，比如，拿着毛绒玩具并击打它，或者躺在柔软的枕头上阅读图画书。
- 尽管幼儿愿意停止吮吸大拇指，但是大多数情况下他还需要你提供一些帮助。因为习惯问题，幼儿有时候意识不到自己在吮吸大拇指。你可以跟幼儿提前约定一些信号，以便告诉他他正在吮吸大拇指。比如，快速地竖起两个大拇指，或者快速且轻柔地敲击他的肩膀三次。
- 习惯一旦形成就很难被打破。当幼儿有段时间不再吮吸拇指了，你就要经常（私下里）跟他说："你做出了很大的努力不去吮吸大拇指，你一定为自己感到骄傲！"

20. 声音太大——沉默不是金，但也不要发出噪声

一个健康快乐且充满积极学习氛围的班级，其噪声水平是适度的。希望你的班级也是这样的情况。不要羡慕隔壁过于安静的班级。在一个安静无声的环境中，幼儿的社会交往技能、语言能力、创造力及其他技能是不会得到发展的。没有积极的对话和活动，幼儿的学习需求是无法得到满足的。在你的班级，只有声音太大或者刺耳的时候，你才需要关注并处理。此外，你还要意识到，一个经常大声说话的幼儿可能具有听力缺失问题。

问题预防

- 制定班级规则——"在室内时，只能使用正常的声音说话"。贯彻执行该规则。向幼儿解释制定该规则的原因："只有当教室里不太吵的时候，我们才能听清楚对方说什么。当我们使用正常的声音说话时，我们的喉咙不会受伤。"
- 在把幼儿从室外带入室内之前，或者在区角活动开始之前，提醒幼儿遵守该规则。
- 当你跟幼儿讲话时，要使用比正常声音更冷静的、更轻柔一些的声音。这样一来，幼儿就会随之降低他们的音量。为幼儿提供大量的机会，让他们在室外、体育馆的时候大声说话；也可以带领他们唱充满激情的歌曲。

问题应对

- 告诉幼儿，当他们听到有人说话声音太大的时候，提醒他遵守班级规则。
- 让大声说话的幼儿复述在室内使用正常的声音说话的规则。告诉他，当他到户外的时候，他可以尽情地大声说话。比如，你可以说："你的声音很响亮，当你到户外的时候，你就可以大声说话了。"

- 当幼儿使用正常的声音说话时,要肯定他。比如,你可以说:"感谢你用正常的声音说话。现在,我很轻松地就能听到其他小朋友说什么了。"
- 在多次帮助幼儿之后,如果他仍然大声说话,那么很可能是因为他具有听力缺失问题。这个问题在幼儿中很常见,因为幼儿经常会有耳部感染或者季节性的过敏问题。要求家长带领幼儿到医生那里接受检查,到听力专家那里接受听力测试。

21.101 只猫——不听和不遵从指令的幼儿

这些幼儿并不是叛逆的孩子,他们的行为也并非有意的,但是他们的表现让你觉得你说的话唯独对他们不起作用。即使你刚刚告诉了他们,他们也不知道接下来要做什么。有时候,他们会看其他幼儿正在做什么,然后照着去做;通过这种方式,他们试图弄明白该做什么。但是,有时候他们只是想做什么就做什么,完全无视你的要求。这是怎么回事呢?这些幼儿中有的是过度活跃,注意力分散,对许多事情都难以专注。有的具有听力缺失问题、视力问题或者其他身体问题,导致他们难以集中注意力。然而,大多数幼儿是因为发展得不成熟,所以需要你提供额外的支持、引导和耐心。

问题预防

- 对于大多数幼儿来说,当你单独跟他们说话而不是把他们作为集体对他们说话时,他们会听得更认真。你让他们感到这些信息是跟他们有关的,让他们感到自己很重要。当你无法给予幼儿个别关注时,你可以跟小组碰面,提出一些个别化的指令。
- 在跟幼儿谈话的时候,把容易分散他们注意力的东西拿走,比如,吸引人的玩具。
- 如果可能,除了使用语言外,你还可以提供一些视觉提示线索或者使用身体动作。大部分人(尤其是幼儿)是视觉学习者。比如,如果你想让幼儿正确地洗手，那么你在告诉他们怎样做的同时可以演示给他们看。然后，让他们练习。作为提示，你可以在水池上方张贴洗手步骤图。
- 让每个幼儿复述一遍他所接收到的信息。让幼儿通过语言表达出来，能帮助他们更牢固地记忆这些信息。
- 运用多变的声音。经常改变音调、语速和音量。当你要重点强调某些指令的时候，可以使用比平常轻而慢的声音。

问题应对

- 判断幼儿是否具有听力缺失问题或其他身体问题。在安静的环境中，站在幼儿身后，用轻柔但是可以听得见的声音喊他的名字。多做几次，因为幼儿的听力缺失问题并不稳定。如果大多数时候他都没有做出反应，那么说明他很可能有听力缺失问题，需要转诊去看听力医生。如果他全都有反应或者大多数时候都有反应，那么说明他仍然有听力缺失问题，只是程度轻微，同时你也排除了幼儿不是因为没有听到指令才不遵从它们的。
- 有些幼儿不遵从指令是因为他们过度焦虑。耐心帮助和支持他们。为他们提供许多安全地表达感受的出口，包括创造性艺术活动。在你的关心和引导下，他们的焦虑情绪将得到缓解，进而能够集中注意力。
- 在发出指令之前，让幼儿看着你。
- 除使用语言和声音外，为幼儿提供一个视觉上的线索。比如，如果你想让幼儿记住要从圆圈活动区域走到门口，那么你可以缓慢地挥动胳膊并用缓慢而富有节奏的声音说："请走到门口。"如果需要，可以让幼儿一边走到门口一边重复你的动作和语言。
- 由于一些幼儿借助手势能更好地倾听，因此，你可以教幼儿学习一些手语。此外，你还可以为幼儿提供柔软的玩具或让他拿着类似的物体，以便帮助他倾听。
- 允许幼儿改变坐姿，让他们坐得更舒服一些，这样能极大地提升幼儿的听力水平。

- 尝试运用稍高一些的声音、轻一些的声音或者缓慢的声音来吸引幼儿的注意。
- 在与幼儿说话的时候,跟他进行身体接触(轻轻拉他的手或触碰他的肩膀)。

第六章

与家庭合作培养快乐的儿童
——共同努力

尽管有些家长会带来各种各样的挑战,但是大部分家长心怀感激之情,愿意向你寻求支持和建议。家长们面临着很大的压力。很多家长本身很年轻,事业刚刚起步,不能赚到所需要的足够多的钱。几乎所有的工业化国家在幼儿和家庭方面都有支持性的、慷慨的政策——提供带薪产假,提供很多带薪假期,以及为所有幼儿教育机构提供财政支持。跟幼儿教师一样,许多年轻的家长收入很低,工作强度过大。要想有效改变这种现状,教师和家长需要互相体谅并一起结成伙伴关系来促进幼儿的发展。

伙伴关系不同于顾客—店主、业余爱好者—专业人士、求救者—施救者之间的关系。伙伴关系是平等的关系,双方都在其中起重要作用。你和家长通常在不同的领域各有专长,通过通力合作使双方都能受益;然而,幼儿是最大的赢家!

你可以做许多事情来与家长建立并维持伙伴关系。不要听天由命,否则你只能与少数你喜欢的家长建立伙伴关系。当你面向所有家长有意识地采取一些措施时,你就能与班里的更多家长建立伙伴关系。

教师能给伙伴关系带来什么

教师具有以下独特的能力、技能和知识：
- 不像家长那样对幼儿投入了强烈的感情，能站在客观的角度审视幼儿。
- 了解幼儿的发展特点，知道某一个年龄段的幼儿应该具有怎样的行为表现。
- 在与幼儿和家长打交道方面经验丰富。
- 了解大量优质的资源，包括专家、机构、图书、网络资源等。
- 拥有各种各样的方法和策略来帮助幼儿和家长解决问题。
- 具有同理心。

家长能给伙伴关系带来什么

家长具有以下独特的能力、技能和知识：
- 对幼儿很了解，对幼儿从出生（被收养）到现在的家庭生活经历和社区生活经历很了解；许多幼儿在家里的表现与在幼儿园里的表现不一样。
- 非常关心幼儿，与幼儿之间的感情很亲密。
- 希望幼儿能得到最好的教育。

建立伙伴关系的方法

你对家长的态度会通过每一次互动表现出来——通常是非语言的、无意识的。比如，当你与家长在幼儿园面谈时，如果你坐在他旁边或者与他面对面坐在桌子旁，那么你就向家长传递了一种信息——你们是伙伴关系。但是，如果你坐在桌子后面或一张大椅子上，而让家长坐在桌子对面或者一张小椅子上，那么传递的信息则是不一样的。

- 不要假设。要问清楚或者做出试探性表述。比如，"为了解决这个问题，你做了哪些努力？""你的妻子是贾森的继母，不知道我这样说对不对？"
- 要把自己当作资源和支持的提供者，而不是专家。
- 仔细选择你的用词。比如，当一天结束家长来接孩子时，如果你说"今天他没有给我带来任何麻烦"，那么家长听到后就会理解为"在带孩子方面，我比你有经验"。你应该说："许多孩子在一天结束的时候都很兴奋，我可以做点什么来帮助你呢？"（Galinsky，1988）
- 只有在家长提出来的时候才提供专业知识。如果你和家长都不具备所需要的信息，那么你可以说："让我们查阅资料获取更多的信息吧。"
- 无论解决什么问题都要寻找家长的优点和积极方面，并假定他们正在做出最大的努力。
- 通常，你和家长对幼儿抱有同样的期待，但是实现这些期待的方法可能会有分歧。比如，你和家长都希望幼儿在上小学后能获得成功，你认为积极的学习倾向是幼儿入学所必需的，如积极性、好奇心、主动性和坚持性；然而，家长可能认为幼儿只需要掌握一些技能和知识就能为入学做好准备。面对分歧，你要把关注点放在共同的期待上，而不是实现期待的具体策略上。与家长达成一致意见，帮助他们在家中运用切实可行的方法，把他们认为必要的技能和知识教给幼儿，同时保证你将会支持并鼓励幼儿在班级运用和练习这些技能、知识。此外，你还会继续培养幼儿积极的学习倾向。
- 确保所有的书面材料都能反映这一理念，即幼儿园把家长当作伙伴。书面材料要表达出幼儿园对家长的支持、对幼儿和家长幸福的关心。这也是幼儿园制定政策和制度的初衷。
- 建立良好的开端。学年伊始，如果家长觉得没问题，那么可以安排一次家访；如果家长觉得不方便，那么你可以寻找其他地方（如公园）与家长会面。在与家长第一次会面时，要花大量的时间与他们建立信任关系。这样,当你稍后需要处理幼儿的一些棘手问题时,家长很可能做出积极的回应,并愿意与你一起努力来帮助幼儿。

- 在与家长第一次会面时,不要向他们提太多的要求。你应该问以下问题:
  - ➢ "要教好你的孩子,我需要了解什么?"
  - ➢ "他的强项、兴趣和喜欢的活动是什么?"
  - ➢ "使用哪三个形容词可以最准确地描述他?"
  - ➢ "他是如何应对压力的?"
  - ➢ "今年,你对他有什么样的期待?"
  - ➢ "你对他的未来有什么样的期望和梦想?"

- 在建立伙伴关系之初,你就要向家长清楚地阐述你的教学方法和对幼儿的期待。特别是对于一些潜在的有争议的问题,比如,学业技能的教授、问题行为的解决等,更要向家长提前说明。

1. 非传统家庭——它们很快就会变得传统

在美国,传统家庭是指由幼儿和他们的亲生父母(母语是英语)组成的家庭,除此之外都是非传统家庭。2016年,传统家庭的数量在美国的家庭总数中不到一半。如果幼儿园在为家长制定政策和提供材料(如《家长手册》、通知等)时没有考虑到非传统家庭的家长,那么非传统家庭的家长就会感到被忽视和不受重视。在班级中,所有幼儿都需要在图书、图片和讨论活动中看到他们自己家庭的影子。

问题预防

在与家长交流或者在与幼儿讨论时,你一定要意识到各种各样的家庭类型,如单亲家庭、收养家庭、寄养家庭、再婚家庭、同性恋家庭、不说英语的家庭等。除了认可非传统家庭外,了解他们的问题也很重要,这样你才能在互动中做出积极回应。这样做也有助于你和家长建立积极的关系,进而共同承担起培养快乐儿童的责任。

- 采用第三章的"现代家庭"一节中有关非传统家庭幼儿的信息来满足幼儿的需求。让这些幼儿在各种材料或者活动中看到自己家庭的影子,并且让他们觉得自己的家庭像其他家庭一样是被认可的,这一点非常重要。这样做既能避免很多特殊家庭被忽视,也能给这些家庭的家长提供极大的支持。

问题应对

- 从网站、博客上阅读可靠的信息;如果可能的话,寻找相关人士聊聊,以帮助你深入了解班级中非传统家庭的需求、优势、问题等。寻找有关非传统家庭的资源。如果你认为这些资源对家长有帮助,那么可以与他们分享。
- 初次与这些家长会面时,可以问一问:"为了让你们和孩子在幼儿园有愉快的经历,我能做些什么呢?"
- 问问家长他们希望你使用什么样的语言来称呼和描述他们。比如,他们和孩子彼此如何称呼?孩子管继父叫"爸爸",还是使用其他称呼?在女同性恋家庭中,孩子管两个家长都叫"妈妈",还是只管其中一个人叫妈妈?养父母称呼孩子为"我的儿子/女儿""我的养子/养女",还是其他?跟家庭成员使用同样的称呼,不仅是对家庭的支持和认可,还会让幼儿感到自在。
- 谈谈你在整个课程中会通过什么方法来讨论和囊括所有的家庭,问问家长有什么建议可以改进和拓展你的方法。
- 针对非英语家庭的家长,提供适合他们语言的翻译材料。此外,在与这些家长会面时,要安排翻译人员。如果你没有资金这么做,那么你可以找社区机构帮忙,或者请家长找会说两种语言的亲戚或朋友帮忙。

2. 特殊的伙伴关系——有特殊需求的家长

偶尔，你也需要跟处境不利的家长打交道，比如，具有智力损伤的家长、听力或视力缺失的家长、身体残疾的家长、具有精神健康问题的家长、吸毒的家长等。你在与他们交流时会面临一些挑战；此外，要想让他们参与到幼儿的教育中也有一定的难度。你需要保证幼儿的所有需求都能得到满足，以便幼儿能够得到充分的支持，获得成功。当家长具有认知缺陷或精神健康问题时，这一点尤其重要，因为这些问题比其他问题更容易影响幼儿的健康发展。

问题预防

- 你在工作中很可能遇到具有不同特殊需求的家长，比如，具有智力缺陷的家长、具有精神健康问题的家长、吸毒或者酗酒的家长等。这些家长会让他们的孩子处于危险境地。寻找当地能够帮助这些家长的资源，并把它们罗列在一张清单上。这些资源包括社会服务机构、服务组织、治疗中心、非营利机构、慈善组织等。
- 如果可能的话，走访这些机构并与工作人员聊聊。问问他们当幼儿的家长有特殊需求的时候，会对幼儿造成怎样的影响。这样做既能让你知道他们可以提供哪些服务，也能让你对这些服务的质量有所了解。

问题应对

- 在大多数情况下，这些家长身边都会有一名社会工作者和其他能提供支持的人，比如，亲戚。与他们会面获取有关幼儿家庭的信息，并了解各种你能帮上忙的方法。
- 征得家长的同意，以便全年都能接触到所有为该家庭提供服务的重要健康专家。这样一旦该家庭出现问题的时候，你就能够快速获取信息。
- 尽早与家长会面，并且定期与家长交流，这样你才能及时了解家庭的动态。提出开放性问题，从而判断怎样才能给家长和他们的孩子提供最好的支持。比如，"我怎样才能做得更好？""我怎样才能更好地帮助和支持您和您的孩子？""您的孩子怎样才能在幼儿园里生活得更快乐？"

- 无论你有任何疑虑，都要刻不容缓地反映给家长。然后，根据你对这个家庭的了解，采用支持性的、家长能理解的方法解决问题。如果问题没有得到解决，那么向支持他们的人寻求帮助。
- 尽可能多地搜集与特定残疾有关的信息，了解它们在成人身上如何显现。如果家长有特定的残疾，那么你要了解他们的孩子的典型需求。健康专家和残疾组织可以提供这些信息。
- 与幼儿进行个别化互动。全面了解幼儿，不做任何假设。残障家长的孩子都有独特的需求。我的班上曾经有一名幼儿，她的父母都存在智力缺陷，但是她很正常。她需要掌握一些卫生技能来使自己变得更加自信。但是，她却急切且快速地吸收班级其他幼儿早已经掌握的基础知识，充满热情地迎接我给她提出的认知挑战。
- 当你尝试了本节和有关章节的策略之后，如果发现幼儿退步了或者你更加担心幼儿的发展了，那么带着你的担忧去寻求专家的帮助。要有清晰和客观的证据来证明你的担忧。如果你怀疑幼儿遭到虐待或者被忽视了，那么请参考本章的"拯救幼儿"一节中的内容。

3. 反馈之外——抱怨的家长

大部分家长都很理性，只想让孩子拥有最好的教育。要为家长提供各种各样的方法和大量的机会来给予反馈。不要忽略家长的抱怨。尽管他们经常采用一种不恰当的方式抱怨，但是他们的怨言通常对你很有帮助。认真对待他们的怨言，并回应他们的合理要求。当家长看到你做出回应后，你就会赢得他们的喜爱和支持。然而，有些家长会提出不合理的要求或者总是抱怨。这些长期抱怨的家长是在寻求关注，竭尽所能施加自己的影响，把教师当作他们倾吐愤怒和不快的靶子。本节提供的建议能帮助你减少家长的抱怨，同时本节为你提供了建设性的方法来应对长期抱怨的家长。

问题预防

- 在幼儿入园前或者入园后不久，与家长碰面交流。在交流时，要清楚地阐述你的目标、理念和对幼儿抱有的期望，避免家长产生误解。同时，采用家长的母语，通过书面形式把这些信息呈现给他们。
- 让家长知道，你随时欢迎他们来班级观察孩子和参加活动。
- 为家长提供一份《幼儿园家长手册》。如果你所在的幼儿园没有这样的手册，那么你可以召集大家制定一份。此外，你还要制定一份《班级家长手册》，因为这是你与家长建立良好的关系所必需的。
- 让家长说出他们的期望。比如，他们想让幼儿体验什么？他们是否有什么担心的事情？关于他们的孩子，有什么是你必须知道的，以保证他在幼儿园过得开心？
- 为家长提供机会，让他们可以为班级做贡献，比如，邀请家长参与实地考察活动，或者为班级图书角制作一个枕头。欢迎家长以任何他们觉得舒服的形式参与班级事务。
- 有些知识可能会引起家长的担心（比如，与预防性侵或者反对种族主义有关的知识），因此在向幼儿讲授这些知识之前，要给家长寄送一份书面材料，告诉他们你将要做什么。同时，安排一次家长会，欢迎所有家长前来讨论这个问题。
- 经常告诉家长他们的孩子有哪些有趣的言行。把幼儿说的话录下来或者写下来。在征得家长的同意后给幼儿拍照片和视频，与家长分享，并把它们上传到你的网站上。经常给家长寄小纸条或者发邮件，让他们知道班级中发生了哪些有趣的事情。
- 定期召开家长会（也许每隔一个月一次），让家长谈谈他们的想法，表达他们的担忧，说说他们的问题。无论何时召开家长会，都要把座位摆成一圈。

- 与家长交流,并鼓励他们多与你沟通。你可以通过邮件、电话、短信、公告板、家长反馈表、幼儿每天都要带回去的笔记本(能让幼儿感到自己长大了)、非正式的聊天、家长会等与家长交流。
- 要求到幼儿家里进行家访,同时每年至少一次邀请所有家庭到你家玩儿(也许是在院子里烧烤)或者进行实地考察活动。如果你愿意,你可以在家里举办小型的聚会,每次邀请一个家庭或者几个家庭参与。

问题应对

总是抱怨的家长

- 要迅速做出回应,因为如果问题得不到解决,那么事情就会变得更糟糕,而且不开心的家长会跟其他家长说那些抱怨的话。
- 假设你和家长之间存在误解,然后采取积极的方式解决问题。你要头脑冷静,抱有同情心,表达你的关心,同时表示你愿意尽己所能来改善现状。对于那些想要与你发生冲突和进行对抗的家长,你这样做,他们就没办法再发火了。然而,对于某些家长来说,这种做法会导致他们认为自己是"正确的","鼓励"他们抱怨得更多。当这些家长的抱怨变得不合情理并且经常发生时,可以参照本节"最后一招"中的建议。
- 与抱怨的家长安排一次会面,你和园长一起寻找让他感到不快乐的根源。家长之所以不快乐,可能是因为他最近失去了收入来源,也可能是因为他的婚姻出现了问题,或者对无法在家陪伴孩子感到愧疚,还有可能是其他你无法控制的原因。充满同情心地倾听家长,也许是你能提供的最大的帮助。询问家长你如何协助他们来解决问题。

在背后抱怨的家长

有的家长可能对幼儿园的政策、伙食、班级中某个有问题行为的幼儿或者其他问题不满,但是他不直接跟你或者园长说,而是联合其他家长并得到他们的支持。当所有家长的愤怒情绪都被煽动起来后,突然间,你会觉得自己面对的仿佛是一群愤怒的暴民。最糟糕的是,你甚至不知道到底是怎么回事。

家长们之所以这么做，是因为他们希望自己关心的问题得到认可，也是因为他们觉得人多力量大且"法不责众"。

- 在没有做好充分准备之前，不要尝试解决这个问题。同时，你也需要园长、支持你的家长和其他同事的帮助。必要时，你可以给自己争取一些时间。比如，你可以说："我现在还没有准备好回答你担心的问题，我需要认真考虑一下并跟园长讨论。明天我可以回复你。"安排一次会面，让所有牵涉其中的人都聚在一起。邀请中立的第三方调解本次会议，如富有同情心的家长委员会成员、受人尊重的社区人员等。

愤怒的家长

- 当你遇到极其愤怒的家长时，无论什么原因，首先都要倾听。不要为自己辩解，哪怕很明显家长对你存在误解。记住，辩解只会点燃他的熊熊怒火。如果家长正在大喊大叫，那么告诉他当他不大喊大叫了，你就会认真地听他说。聚精会神地倾听并使用积极的倾听技巧。比如，尝试做出反馈："发生这样的事情真让人难过，这个问题的确很严重。"澄清听到的信息："您刚才说的意思是……吗？""您能更准确地告诉我发生了什么事吗？"这样做可以缓解家长的愤怒情绪。
- 道歉。即使明显不是你的错，你也要为这个问题给家长造成的痛苦而道歉。在很多情况下，这也正是家长所期待的。
- 告诉家长你会尽已所能消除他的担忧。如果你需要更多的信息或者建议来解决这个问题，那么告诉他你要做什么以及何时给他反馈。即使家长觉得现在对他来说是世界末日，你也要等一两天再回答，这样你才能正确地看待问题。做出某种补偿可能很有帮助，比如，你可以说："尽管我希望可以找回丢失的夹克，但是我知道我不能。不过，我可以从备用衣物箱中找一件夹克来代替。很抱歉，我没办法做得更好。"
- 当家长的情绪冷静下来后，你可以做出解释，即站在你的角度说明事情是怎么回事。然而，你要意识到，有些家长并不愿意听你的解释或者对你的解释不感兴趣。如果是这样，那么对他表示理解并说一说你采取了哪些措施,以确保这类事情不再发生。然后,到此为止。

抱怨你的课程或者教学风格

这个问题是典型的由价值观不同造成的。比如,你认为,幼儿有权利知道有关性取向、身体、死亡和其他敏感话题的真相(适合其年龄水平);但是,有些家长认为幼儿不应该了解这些信息,或者幼儿只能从家长那里了解这些信息。这些家长也许会很感性并明确表达他们的担心。

- 与家长会面,讨论他们担心的问题。让他们知道,在班级活动时间内站在教室里与你争论是不可以接受的。邀请所有感兴趣的家长一起讨论,但要确保有一部分出席会议的家长支持你的理念。运用相关文件中指出的幼儿发展原则或者专家给出的建议,冷静地论述你的观点。要用事实和数据来批判错误的观念:"性取向和性没关系,而是指一个人被什么性别的人吸引。"如果可能的话,邀请当地的儿童发展专家莅临会议。
- 认可家长的担心和感受,同意做出一些适当的妥协,但是不要放弃你的理念。

最后一招

如果运用本节提供的方法无法终止家长的抱怨,那么可以给家长提供两个选择,告诉他:"很明显你仍然对我们的幼儿园不满,但是我们已经尽力了。不过,我们会致力于解决你所关心的问题。现在,你可以选择接受我们幼儿园的现状,也可以让我帮你的孩子找另外一所幼儿园就读,你希望怎么办呢?"要记住,没有任何一所幼儿园能够满足所有家庭的需求和愿望。

4. 无比忙碌——总是来去匆匆的家长

现在，养育孩子对于家长来说很难。许多家长要么单身，要么为生活挣扎。即使比较富裕的双亲家庭也存在困难，因为他们要努力在工作与家庭责任之间取得平衡。大部分家长感到他们把一天的时间当48小时用。要理解他们的处境、理解他们为什么总是来去匆匆。有些家长匆匆离开幼儿园是有正当理由的。比如，他们知道如果自己不离开，孩子会一直哭闹。所以，他们快速离开教室。一天结束，家长接完孩子匆匆就走，可能是因为他们需要在另一所幼儿园或者学校关门之前接另一个孩子，也可能是因为他们已经预约了医生要去看病。诸如此类的事情需要他们在下班以后，学校或者诊所关门之前的很短一段时间内完成。

问题预防

- 当家长结束一天辛苦的工作来接孩子的时候，跟他们说一些友好的话。这时候要避免谈论幼儿的问题行为或者其他顾虑。
- 设置一个小小的区域，让家长可以在这里坐一会儿，给手机充充电，打打电话，或者只是发发呆，放松一会儿。给他们提供咖啡、茶、水和果汁，提供舒适的座椅、杂志、育儿书籍、短视频等。这样一来，你就向家长传递了一种明确的信息，即欢迎他们来接孩子以及接孩子的时候保持冷静（起码不要发怒）很重要。
- 提供许多更便捷的方法让家长与你交流。
- 在《家长手册》中指明，让幼儿毫无压力地从家庭过渡到幼儿园以及从幼儿园回到家是非常重要的。同时，也要和家长聊聊这一点。

问题应对

- 要求总是来去匆匆的家长尝试重新安排他的工作时间以及和医生约定

的时间，调整他出门和出办公室的时间。
- 提供明确的证据，让家长了解太匆忙会对他们的孩子产生负面影响，并提供建议来帮助他们解决这个问题。对于幼儿来说，被过度催促会导致他的心灵受伤。因为家长和其他成人控制了他的时间，所以他不仅会感到无力，还得急匆匆地遵从大人的时间安排。向家长描述晚些时候幼儿的行为会有怎样的变化，并告诉他们为什么会有这种变化。比如，当家长来接的时候，有些幼儿跑开并躲起来了。这是幼儿在跟匆匆忙忙的家长进行权力的斗争。这时候，家长有三个选择：第一，抱起孩子，强行把他接走；第二，靠哄骗把孩子接走；第三，错过与医生的预约、会议或者其他需要做的事情。让家长知道你会跟他们的孩子聊聊并努力阻止幼儿再躲起来，但是这种方法收效甚微。唯一有效的方法是家长不要再匆匆忙忙。
- 要求家长提前发信息或打电话给你，让你知道他们很快就要到了，需要迅速把幼儿接走。接到信息或者电话之后，你可以帮助幼儿做好离园准备，缓解家长和孩子的压力。然而，需要重申的一点是，你只能偶尔这么做，不能每天如此。

5. 提供帮助之外——不肯迅速离去的家长

当家长在生活中感到有压力的时候，他们可能到处寻求支持。幼儿教师是极富同情心和爱心的人，所以有些家长会过度利用这一点。你也许遇到过这样的家长：当你需要照料幼儿或下班回家的时候，他们却在占用你的时间和精力。工作和生活压力导致这些家长不肯迅速离去，他们觉得教室是一个舒适的、快乐的地方——是远离公司和家庭的很好的休息场所。另一个让家长在幼儿园徘徊的原因是他们很难跟孩子分开，他们对于离开孩子感到自责和懊悔。

问题预防

- 在《家长手册》中对于家长接送幼儿做出说明。比如，建议家长每天接送孩子时在教室里逗留的时间不超过 5 分钟，参与晨间活动或帮助教师进行晚间清理工作除外。如果他们需要与教师交流得更久一点或者与教师进行私下交流，那么要求他们另约时间。
- 在门口挂一个留言簿。这样做可以让家长在不打扰你带班的情况下，给你留言。此外，还要张贴一张签到表，在上面列出你的空闲时间，以便那些想跟你聊得久一点或者想与你进行更正式交流的家长预约时间。

问题应对

- 让家长参与活动，助你一臂之力，比如，准备一些美术材料、做清洁工作、给予某些幼儿一对一的协助等。如果他还想继续介入班级事务，那么可以要求他提供一个时间表并正式签字成为志愿者。
- 告诉家长："我非常喜欢跟您聊天，但是当我带班的时候，我没办法跟您长时间聊。另外，我也担心您不离开会让您的孩子安娜很有压力。您待得越久，她越觉得您不会离开；当您离开的时候，她就会越失望。我有一些办法解决这个问题，您或许也有一些办法。"与家长一起讨论可能的解决办法。一个办法是让家长建立持续的常规，即给安娜读一本书，快速地亲她一下，跟她说"再见"，然后迅速离开。当安娜进入教室的时候，提醒她遵守这个常规。告诉家长，持续的常规能够让幼儿拥有安全感。
- 如果是在幼儿离园的时候出现这个问题，那么可以试试以下方法：
  - 告诉家长你很乐意再跟他多聊一会儿，但是现在你必须照顾孩子，帮助他们做好准备，以便在特定的时间离园。
  - 跟家长另约时间交流。
  - 告诉家长晚一点你会打电话给他。
  - 让家长给你留言、发短信或发邮件。
  - 让家长帮助你清理教室，以便你可以准时下班。

6. 晚接孩子的家长——放学后才来的家长

对于许多幼儿教师来说，这是一个普遍且长期存在的问题。等着家长来接孩子且不知道家长最终何时出现，是一件很让人恼火的事情。这不仅会占用你的个人时间，还会让被晚接的幼儿感到担心、受伤和被抛弃。本节提供的建议能最大程度地帮助你减少此类问题的发生。

问题预防

- 在《家长手册》中注明幼儿园有关接孩子的相关规定，并向家长指出为什么要准时接孩子。讨论晚接对幼儿的影响以及教职工需要时间来安排自己的家庭生活。向家长解释他们需要向加班的教师付酬，也需要支付其他的费用，如空调费、电费、材料费等。跟他们讲清楚晚接孩子的次数要求：每周不超过两次，每个月不超过三次（或者每个月不超过四次）。如果家长违反规定，那么教师就会帮助他的孩子找另外一所幼儿园就读。但是，家长比正常离园时间晚到不超过 5 分钟是可以接受的。同时，在《家长手册》中说明：如果超过离园时间一个小时，家长还没有来接孩子，也没有给教师打电话或者发短信，同时教师无法联系上任何家庭成员或紧急联系人，那么教师就会打电话给当地的儿童福利机构寻求帮助。

- 在显眼的地方张贴一块大牌子，说明入园和离园的时间并感谢家长准时接送孩子。同时，在牌子上用小号文字提醒他们晚接孩子的后果。

- 如果幼儿园没有对晚接孩子的家长收费，那么你可以与园长讨论收取这类费用，或者提高已有的费用。对于有些家长来说，他们愿意为晚接孩子支付一些费用。但是，当他们迟到一分钟要交四美元或者更多钱的时候，迟到问题就不存在了。即使是公立幼儿园，在正常工作时间之外照看幼儿，也可以收取一定的费用。这些费用应该直接付给留下来照看幼儿的教师，而且应该是他正常时薪的 1.5 倍。
- 感谢准时来接孩子的家长。除了口头感谢外，学期中间和学期结束的时候还应该写一封感谢信。

问题应对

- 当家长第二次晚接孩子的时候，跟他聊聊，讨论解决问题的方法。让他知道晚接给幼儿带来的负面影响和给你带来的麻烦。让家长了解这是一个很严重的问题。这么做通常能让情况好转。
- 跟园长聊聊你的担忧，要让他清楚地了解：你对在幼儿园待到很晚这件事深感不悦。在跟园长聊之前先想好几个切实可行的解决办法，包括对晚接孩子的家长收取费用。
- 如果可能的话，要求跟其他教师轮班，这样你就不用每天都在幼儿园待到很晚了。
- 要求园长或其他人留下来照顾被晚接的幼儿，或者由不同的教师轮流承担这个任务。与家长保持积极的关系很重要，所以不应该总由你一个人来面对晚接幼儿的家长。
- 开除幼儿，终止对这个家庭的服务。这是万不得已采取的措施，因为这个家庭可能最需要幼儿园来照顾他们的孩子，为他们的孩子提供稳定的、高质量的教育。
- 如果家长早晨送孩子入园时总是很晚，那么与他们会面讨论这样做对幼儿产生的影响。告诉他们幼儿错过了什么，幼儿适应一天的生活如何变得更加艰难，以及幼儿建立友谊的能力如何受到影响。提供帮助，制定解决问题的策略。

7. 与家长交谈——讨论幼儿的问题行为

许多教师害怕跟家长谈论幼儿的问题行为。他们担心家长会很难过、责怪教师或者惩罚幼儿。然而，不告诉家长这方面的信息，会让事情变得更糟糕。本节提供的与家长谈话的方法可以最大程度地减少家长强烈的负面反应。如果你在全日制幼儿园工作，那么要避免在下午5:45告诉家长，这一天他们的孩子过得多么糟糕。因为在这个时间，大家的脾气都不怎么好，又累又饿，也不理性。此时是不适合谈论你的担忧的。你可以采用下面的建议作为替代性办法。

问题预防

- 在整个学年中，都要与家长分享大量关于幼儿的正面信息。尽可能经常这样做。通过积极的、支持性的交流，你能够赢得家长的信任。回应幼儿的需求和家长的顾虑，表现出同情和理解。当家长知道你发自内心地关心他们的孩子时，他们就会敞开心扉并愿意听你诉说你的担忧。
- 持续不断地告诉家长他们的孩子表现得如何。你在第 次看到问题的迹象时，就要与家长碰面交流。但是，教师通常不愿意这么做，因为他们觉得跟家长交流幼儿的问题很有压力，而且他们希望自己就能把问题解决了，或者希望幼儿的问题行为随着幼儿的发展自然消失。然而，你必须尽早通知家长，以防问题非但没有得到改善反而变得更糟糕。家长也许能帮助你深入了解问题的原因，找到简单的解决办法。这样一来，你的压力就大大减轻了。

问题应对

- 当你很匆忙或者有其他事情要处理的时候，不要跟家长谈论幼儿的问题行为。找一个双方都方便的时间，安排一次会面。要把会面安排在一个让人感到放松的地方，毕竟交流的内容会让人感到有压力。你们要彼此靠近坐着，或者面对面坐在同一张桌子旁。这样就传递了一种信息，即你们正在一起努力解决问题。设定交流开始的时间和结束的时间。

- 在与家长商量会面时间的时候，简要地告诉家长需要讨论的问题。比如，"我注意到马克打了其他小朋友，让我们找个时间聊聊怎么帮助他吧。"避免这样的表达："我们需要谈谈马克的问题。"这样说会让家长感到很焦虑。

- 交流之前，跟家长一起商量如下交流的程序：
  - 你：分享客观的观察记录。
  - 家长：分享他们的想法、担心以及导致幼儿出现问题行为的原因。
  - 你：分享你的其他看法，以及你当前在幼儿园采取的问题处理策略。
  - 一起：通过头脑风暴想出所有可以在家里和幼儿园使用的解决问题的方法和策略。
  - 一起：选出一个最好的方法并制订一个行动方案。定好再次会面的时间，以讨论方案的有效性以及是否需要做出调整。

- 在开始交流时，谈一谈幼儿的强项和优点。在结束交流时，重申幼儿的这些强项和优点。

- 当你谈论自己的顾虑时，要提供客观的信息。比如，你可以这样说："马克 9:05 挥拳打在一个小朋友的胸部，原因是他想要那个小朋友正在玩的玩具。我告诉他要通过其他方式来获得轮流玩玩具的机会，但是他在 9:22 再次抢了同一个小朋友的玩具。10:45，他把另一个小朋友推倒在地，因为那个小朋友在操场上不小心撞了他一下。那个小朋友的头部撞在地上，所幸伤得不是很严重。12:30，即午饭时间，他猛推坐在旁边的小朋友，导致那个小朋友从椅子上摔了下来。我不知道他为什么这么做。尽管那个小朋友貌似也没有伤得很严重，但是他表现得很痛苦，大哭了 5 分钟。在讨论我当时采取的措施之前，我想先听听您的想法。"

- 把家长视为他们孩子的教育专家，认真对待他们的建议，倾听他们的想法。

- 遵循之前商量好的交流程序，准时结束交流。如果交流的时间太长，那么家长下次就很可能不愿意再跟你会面了。把你们讨论的内容和达成的一致策略记录下来。
- 如果家长拒绝与你见面交流，那么给他们写一封信表达你的担忧，同时要留存信件的副本。有些家长更重视书面内容。此外，你也有书面证据证明，你已经让家长意识到你的担忧。

8. 拯救幼儿——虐待或忽视幼儿的家长

几乎每个国家都有关于举报幼儿受虐待的法律。了解你所在国家的法律。作为幼儿的照料者，如果你怀疑幼儿受到虐待，那么要及时举报。否则，就是违法的。即使误报也没关系，因为你举报的出发点是为了孩子。

要像对待幼儿的身体虐待一样，警觉和关心幼儿被忽视、被性侵和被情感虐待的情况。当然，幼儿遭受的这些虐待更难被发现，但是它们跟身体虐待一样，给幼儿带来了很大的伤害。情感上被虐待会导致幼儿终身表现出消极和反社会行为。受到情感虐待的幼儿经常被责骂、被惩罚、被羞辱、被残酷地对待（比如被锁在一个柜子里）或者经受心理上的折磨。有些地区有能力处理幼儿在情感上被虐待的事件，制定了相关程序，并指定经过训练的专业人员进行调查。其他地区可能更关注具有身体迹象的幼儿虐待事件。

问题预防

- 参加培训会议。这种会议通常是由负责调查幼儿被虐待的政府机构赞助的。这样一来，你就既能知道幼儿被虐待、被忽视的迹象，也能准确地知道当怀疑幼儿被虐待或者被忽视时应该怎么办。此外，你还能了解当政府机构收到举报的时候，接下来会怎么做。
- 教会幼儿保护自己的方法。

- 确保家长了解幼儿园关于举报幼儿被虐待的规定和程序，以及政府关于举报幼儿被虐待的相关规定。
- 熟知家长可以使用的资源，熟知有效预防幼儿被虐待的机构以及虐待和忽视幼儿的原因和影响。

问题应对

幼儿身上经常会出现很多伤口和淤青，因此要判断一名幼儿是否正在遭受身体上的虐待很难。然而，误报总比错过好。起码，你要详细记录幼儿身上的伤口和淤青，包括你第一次看到它们出现在幼儿身上的日期。可能的话，把它们拍下来。如果一段时间内幼儿身上总是有很多小的伤口、淤青或者烫伤的痕迹，或者幼儿身上有一直不能愈合的伤口，那么说明幼儿很可能遭受了虐待或者被忽视了。

举报幼儿被虐待是一件非常有意义的事情，因为你可能因此让相关机构关注到这个家庭，进而帮助这个家庭，你甚至有可能拯救一个幼儿的生命。

幼儿被虐待和被忽视的迹象

下页的表格能帮助你快速了解幼儿被忽视以及他们遭受身体、情感和性虐待最常见的迹象。但是，偶尔有一两个迹象并不能说明幼儿被虐待了。如果幼儿身上有两个或者更多的迹象并且持续一段时间有规律地出现，那么你就应该怀疑幼儿受到了虐待并向相关部门举报。然而，只要发现任何严重的迹象，如非常饥饿、严重的烫伤等，即使只有一个，也应该上报。此外，如果家长或者幼儿解释了出现淤青的原因，但是他们给出的原因根本不可能导致幼儿的淤青；如果幼儿主动告诉你他是被家长、其他成人或者年长的幼儿打伤的；如果幼儿告诉你他被一个人留在家里时弄伤了自己，那么你都应该及时上报。

怀疑幼儿被虐待或被忽视时，应该做什么和不做什么

- 无论幼儿身上出现什么伤痕都要记录下来。要记录下伤痕出现在幼儿身

幼儿被忽视的迹象	幼儿情感上被虐待的迹象
• 总是很饿。 • 长期疲惫和没精打采。 • 穿着与天气不符。 • 闻起来很臭。 • 穿着很脏的衣服。 • 没有得到应有的治疗。 • 没有长个和增加体重。 • 告诉你他被一个人留在家里，或者由 11 岁以下的哥哥或者姐姐照顾。	• 表现出极端的情绪（过度开心、难过、自闭），而且通常在不适宜的时间用奇怪的方式表现出来，比如，受伤的时候大笑。 • 伤害自己的身体。 • 把自己与他人隔离开来。 • 表现出奇怪的行为，比如，拽头发、摇晃身体、撞头等。 • 破坏财物或放火。 • 表现出极端的恐惧或者害怕很多东西。 • 残忍地对待其他幼儿或小动物。 • 沉迷于微小的细节。 • 忍不住偷东西。 • 忍不住说谎。 • 咬人（3 岁半以上）。
幼儿身体上被虐待的迹象	**幼儿遭到性侵的迹象**
• 在身体的一些部位（如眼睛周围、臀部、生殖器、脖子、躯干、大腿、腿后面）看到淤青或者伤痕，不像是由摔倒或撞到导致的。 • 身上的淤青或者伤痕具有一定的形状，比如，皮带印或者手印。 • 经常被烫伤，身体不同寻常的部位被烫伤，或者烫伤痕迹呈现出不同寻常的形状，比如，烟头状或熨斗状等。 • 大的咬痕，看上去是被动物、成人或大孩子咬的。 • 大量的淤青且恢复的程度不一样。	• 因为生殖器或肛门部位很疼，所以走路或者坐下来的时候很困难。 • 内裤有污渍或血渍。 • 生殖器或肛门部位áng痒。 • 表现出性感撩人的行为，对性有成人化的认识。 • 特别害怕男性或表现出勾引男性的行为。 • 画出男人竖起的阴茎或其他性爱场景。

体的什么部位,以及你发现伤痕的时间和日期。此外,还要记录下家长和幼儿所做的解释。如果你怀疑幼儿被忽视了或者遭到了性侵、情感虐待,那么要把这些症状和幼儿所做的解释记录下来。记录要具体而客观。然后,打电话向当地的儿童保护机构报告。

- 把你所做的记录放在一个安全的地方。这很重要,因为可能好几天之后社会工作者才能过来调查。另外,在社会工作者看来,一次事件并不值得担心;但是如果一段时间内出现很多次,那么就必须关注了。因此,很多地区都要求有幼儿被虐待的书面报告。
- 让园长知道你已经上报给当地的儿童保护机构,要求他接管后续事宜,这样你就可以专心带班了。
- 不要与家长讨论你的怀疑。由于你关心家长,所以你也许会让家长知道你已经看到了幼儿身上的伤痕,甚至告诉他们你将向相关机构报告幼儿有可能正在遭受虐待。这不是一个好办法。因为虐待孩子的家长可能会带着孩子离开幼儿园,这样你和社会工作者很可能就找不到他们了。此外,家长还有可能说服你不要举报。记住,你的首要责任是保护幼儿。虐待孩子的家长不到面对法律制裁时是不会寻求帮助的。

当家长寻求你的帮助时

当家长担心他可能虐待孩子时,你可以建议他向咨询机构、社会服务机构或者国家的儿童虐待机构寻求帮助。你要把这些机构的联系电话放在手边,以备家长需要。当家长给这些机构打电话时,你可以要求在一旁倾听,提供支持。无论对于谁来说,承认错误并愿意做出改变都是一件很困难的事情。当家长这样做的时候,他确实需要支持,而且也值得你支持他。

如果家长因为虐待了孩子而寻求帮助,那么你必须上报给有关部门。然而,不要告诉家长你将上报,因为他可能会劝你不要这么做或者逃跑。相反,你要对家长愿意寻求帮助的行为表示支持,然后建议他求助于当地的社会服务机构。在家长离开后,立即向有关部门报告此事。

第七章

成人的问题行为

我们已经讨论了许多幼儿的过于成人化的行为,比如,照顾其他幼儿、过度负责、表现出性早熟、通过性操控别的幼儿等。这里,我们将讨论成人的过于幼稚的行为。玩笑归玩笑,同事和园长的问题会让幼儿教师很有压力,会剥夺他们工作的乐趣。这些问题会让原本就很艰难的幼儿教师工作变得更加艰难,因此,解决这些问题很重要。在一个和谐、互助的环境中与态度积极的人一起共事,能让你的工作变得更容易、更有趣。

1. 霸道、无能以及有其他问题的园长

幸运的是，在学前教育领域，理性且乐于提供支持的园长要多于难相处的园长，很可能是因为投入这个领域的大多数人是温柔体贴的人。然而，像其他任何职业一样，有大量的园长无法很好地管理员工和幼儿园。许多园长是由优秀的幼儿教师升上来的，但是，这些优秀的幼儿教师既不具备管理方面的知识，也没有接受过相关的培训。所以，他们担任园长后，就像他们所管理的员工一样，超负荷工作、收入很低、才能耗尽。他们也许真的渴望更灵活地对待教师或者积极回应教师的需求，但是"漏雨的屋顶"只能让他们优先考虑幼儿。但是，这并不意味着你只能接受你与园长之间的糟糕关系，或者只能接受苛刻的工作环境。你可以做许多事情来改变现状。

问题预防

- 知道你自己在什么样的管理风格之下能更好地工作。比如，也许你喜欢园长给你很大的自主权，让你独自工作，也许你喜欢园长给你提供更多的指导、反馈和支持。你的喜好可能基于你是一位有经验的教师，还是一位新手教师，但是不管怎样，它就是你喜欢的管理风格。
- 最初来幼儿园面试时，你可以向未来的园长提问，以了解他的管理风格。如果他的管理风格与你喜欢的管理风格很不一样，那么在接受新职位之前，你要判断一下自己能否接受这种差异。
- 面试时，问问园长他为幼儿园设定的短期目标和长期目标是什么。这样一来，你就能判断你的目标与他的目标是否吻合。在接受新职位之前，要确保你的教学风格、教学方法和价值观能得到园长的认可和支持。
- 在上班后的前几周，可以不着痕迹地问问你的新同事，园长有哪些优点、缺点和小嗜好。利用这些信息与园长建立积极的关系。
- 让园长知道你正在班级中开展非常棒的活动。从班上幼儿创作的艺术作

品中选择一些送到园长的办公室。把你班上的幼儿在烹饪活动中制作的美食送给他一些。如果你要求幼儿在假期里做一些手工，那么可以请一个幼儿自愿为园长制作东西。大部分幼儿都很喜欢为园长制作东西并把它送给园长。

- 园长也和其他人一样，希望得到表扬和支持。当园长做了一些让你很感激的事情时，要让他知道。向其他人夸奖园长的优秀品质。
- 要求定期与园长进行个别化交流，讨论你所关心的事情以及尚未发生的问题。如果没有问题可以讨论，那么你们可以利用这个机会彼此进行积极的反馈或者让彼此更加了解。

问题应对

- 与那些跟园长相处得不错的同事聊聊，了解他们是如何做到的。你肯定能从中得到一些启发。当你有牢骚或顾虑时，你可以跟园长提出希望找一个双方都方便的时间聊聊的想法。告诉园长，你希望他在交流期间能不分心、不接电话。会面前，你至少要准备两个解决问题的合理方法。
- 不要绕过园长直接向他的上级领导反映问题，除非你觉得完全有必要这么做，比如，园长违反了员工制度或者做了违法的事情。除此之外，对于其他所有问题，你都要先直接跟园长说。如果问题没有得到解决，那么你再考虑跟他的上级领导反映。如果不跟园长交流就直接找他的上级领导反映，那么你很可能得不到上级领导的体谅和回复，甚至有可能把事情弄得更糟糕。如果你不得不向园长的上级领导反映，那么一定要确保你的所有指控都是真实的，并且可以提供确凿的证据。
- 要认识到这一点，即你很有可能改变不了园长。因此，你要努力改变自己的行为、思维方式和反应，以适应园长。比如，如果园长要求你做很多你觉得不必要的书面工作，而且与他讨论后也没能解决这个问题，那么你就要寻找一些方法快速而高效地把书面工作做完。不要再继续浪费时间和精力去抱怨园长或者对园长的怪癖生气。

新上任的园长

- 如果换了园长,那么可以要求与新园长单独碰面,以讨论你们怎样才能更好地一起共事。明确阐述你的教学方法并了解他的期待和目标。尽己所能帮助他更轻松、更顺利地适应园长工作。
- 邀请新园长到你的班级参观或者观摩你的班级活动——在他提出此类要求之前。让他了解你所关心的具体问题,并给出反馈。号召你班上的幼儿制作一个礼物,并举行一个欢迎会(可以在点心时间进行);让幼儿带领他参观教室,并聊聊他们最喜欢的活动;为他唱一两首歌。

专制的园长

- 过度控制、苛刻、让人难以接近或者令人生畏的园长很可能是对自己的管理能力缺乏信心。他可能认为这种管理风格能让员工们表现得最好。从个人的角度出发了解他、理解他、体谅他并提供帮助。这样一来,他就很可能对你产生好感,也会更加尊重你。
- 把园长的过分言行(蛮横的或者苛刻的言行)完整而详细地记录下来。要准确地记录园长所说的话。
- 了解你作为员工的合法权利和幼儿园的人事制度。即使你的合法权利没有被侵犯,在道义上你也应该得到园长的尊重。在为自己发声的时候,要心平气和。专制的园长希望看到员工顺从他,向他示弱。当你改变行为模式,在与园长的互动中拥有更多的控制权时,他很可能也会改变自己的行为。
- 从同事、朋友那里寻求支持和协助,不要再期待从园长那里得到这些。

无能的园长

- 你的园长可能看上去很无能,因为他要处理的事情比他能处理的事情多很多。主动提出承担一项任务。这项任务可以是你喜欢做的,可以是能丰富你的工作经验的,也可以是能使你的履历看起来更漂亮的。比如,当志愿者组织"儿童之周"活动、找一名培训师开展音乐工作坊活动、负责更新家长公告板等。

- 你的园长之所以看上去很无能,可能是因为他没有能力处理工作上的事务,可能是因为他的精力被私人问题占据了,也可能是以上两种原因都有。向园长提供支持和帮助,但是不要超出你力所能及的范畴。记住,有时候你只需要当一个安静的倾听者,这对园长来说就是很大的帮助。如果你的园长很聪明,只是因为刚来才显得无能,那么随着经验的丰富,他将能胜任这份工作。如果他看上去在稳步提升,那么给他一些时间,帮助和支持他。

- 考虑一下,在无能的园长的带领下,你是否依然能把工作做好以及幼儿园能否为幼儿和家庭提供高水平的服务。如果你觉得不能,那么可以考虑换一份工作;如果你觉得幼儿园的其他方面都还不错,那么可以尝试下面的办法。

- 运用日志的形式谨慎地记录下你所观察到的园长的具体行为,表明你的园长不能胜任工作并影响到了你。比如,你可以这样记录:"6月24日——在员工会议上,园长没有出现。直到下午两点他才来,他说他把这件事情忘记了。"争取让其他有同样烦恼的同事也记录下来。你最好在家中写日志,并把它放在家里。你的日志很可能作为重要的材料来支持上级领导或董事解聘园长。你可以选择把日志直接交给他们,但是要做好准备,即他们不一定会感谢你,甚至还可能因为你这么做而解雇你。如果其他教师(也许是所有人)也加入这项行动,那么毫无疑问,你的担心将会被更认真地对待。

所有招数都不管用

- 如果你在与园长相处这件事情上已经花了很多时间和精力,但是仍然觉得很难跟他共事,那么你就要决定是离开还是留下。如果你选择留下,那么你就要接受园长的不足,找到一种让你在工作中能够与他和睦相处的方法;如果你选择离开,那么你就要考虑一下你还可以选择什么样的工作，并在辞职之前找好。你有权利选择更有利于你工作的环境。你和你所教的孩子都值得拥有最好的条件。

2. 不当霸道或者装模作样的主班老师——管理班级其他教师

如果你是一位主班老师，那么你就不得不管理班里的其他教师，如配班教师、志愿者等。要想当好一名主班教师，你必须理解和欣赏班级其他教师的能力，知道他们的优点和不足。只有这样做，你才能帮助他们在原有水平上获得提升。此外，知道怎样激励他们、怎样与他们交流最有效、怎样才能让他们获得最大进步，以及他们对于支持家庭和促进幼儿发展秉持什么样的理念和价值观，也是很重要的。把人管理好是一项难度很大的任务，既需要你付出努力和时间，也需要你具备各种各样的能力，如咨询能力、组织能力、交流能力等。然而，这些付出是值得的，因为跟工作伙伴建立积极的关系有助于营造愉快的班级氛围，让你的工作变得更容易、更快乐。本节提供的建议能帮助你管理同班教师，为他们提供知识、工具和支持，让他们发挥良好的作用。

问题预防

- 对所有即将与你共事的新教师进行一次全面的岗前培训。虽然它会占用一些时间，但这是值得的，因为你们最终可以避免很多问题、误解或者冲突。
- 在岗前培训中，回顾你是如何教育幼儿、如何引导幼儿的行为、如何设计一日活动流程、如何使用和存放材料、如何应对家长工作、如何安排过渡环节以及如何处理危机情况的，并说说这样做的理由。明确指出班级每位教师的责任和分工，即谁做什么和什么时候做。让大家知道你对班级幼儿的期待和你觉得重要的事情。比如，你可以说："准时上班或者稍微早几分钟到园，对我来说很重要。因为早上很忙乱，有太多的事情要做。"

- 为岗前培训准备一些书面材料。《员工手册》中列出了幼儿园的一般制度和工作程序，也描述了新教师或者志愿者的工作内容。除了《员工手册》之外，你还要针对你所在的班级和你的工作流程提供一些书面信息。
- 如果你需要对新教师的工作进行评估或者参与到评估中，那么为他提供一份评估表。表格上的内容不仅要具体、详细，还要包含以下项目：与幼儿积极对话；对幼儿微笑；愿意做安排给自己的任务；全神贯注（跟幼儿在一起的时候不聊天、不发短信）；准时上班；自信；对家长的态度友好；积极主动；学习更多关于幼儿发展的知识。
- 要求参与到聘用和安置新教师、志愿者的工作。你是班级新教师和志愿者的管理者，这意味着在试用期结束的时候，你要对他们的表现进行评估，提出录用或不予录用的建议；甚至如果有必要的话，你还可以要求中止试用期——需要园长最终批准。如果你有责任确保班级新教师好好工作，但是没有得到相应的授权，那么你将会处在非常尴尬的境地。如果你既没有责任，也没有得到授权，那么你将会发现自己处境艰难。当新教师的工作出现问题时，你只能把自己的担忧告诉他的实际管理者，请他采取措施。有些幼儿园已经研发了一套详细的流程，让新教师的管理者和主班教师共同承担对新教师的监管责任、共享权力。然而，这需要他们进行频繁且顺畅的交流，需要他们的教育理念和管理风格一致。当面对这种情况时，你应该考虑与园长谈一谈，让你既能拥有权力，也能承担责任。你要让园长了解，这样做也能减轻他的工作负担和压力。
- 既要避免与班级新教师或者志愿者建立密切的私人关系，也要避免聘任朋友当配班教师，因为当他们工作上出现问题时，你很难有效地处理。此外，如果一个人受另一个人管理，那么友谊就很难维系了。
- 定期与班级教师进行个别化的交流，与他们讨论存在的问题、获得的成功和需要尝试的新活动。通过阅读图书和文章、参加工作坊以及向有经验的教师请教，学习如何当一名优秀的主班教师。大部分教师都没有接受过这方面的培训，然而当一名优秀的主班教师能给你带来极大的工作成就感。

- 用积极的态度对待同班教师。经常感谢他们所做的事情。准备一叠好看的感谢卡。感谢卡可以让人们保存下来并反复阅读，所以它比口头感谢有更持久的影响。当然，口头感谢也很重要。问问同班教师，你可以做些什么来让他们的工作变得更容易、更愉快。

问题应对

无论配班教师和志愿者在工作上出现什么样的问题，如工作没有效率、懒惰、干涉你做的事情、对幼儿采取不适宜的措施、不做布置给他的任务等，基本的处理方法都是相同的。把你的顾虑具体而明确地写下来，然后与园长讨论，严格按照幼儿园的制度采取惩戒措施。大部分幼儿园的人事制度都规定，一旦教师因严重的违纪行为，导致幼儿和其他教师的安全、健康受到威胁，那么就要立即予以辞退。然而，对于不太严重的问题，幼儿园通常会制订一个帮助计划，指出教师需要改进的具体行为并列出一个时间框架。如果你所在的幼儿园没有这样的措施，那么你可以考虑使用以下方法。

- 运用书面形式，详细、客观、准确地记录同班教师做了什么或者没做什么，以及他的行为对你、幼儿和家长有什么样的影响。此外，你还要记录日期和时间。
- 跟同班教师一起找一个大家都空闲的时间进行交流。比如，你可以对他说："今天早上我没有得到我需要的帮助，我觉得很郁闷。让我们找个时间讨论一下，看看怎么解决这个问题吧。"这样说就把焦点放在了他的行为如何影响你上面，而不是他犯了什么错，也不会让他感到被指责，能促进你们之间进行更有效的对话和交流。
- 交流开始和结束时都要对他做出积极的评价，说说他做得好的方面。
- 一起进行头脑风暴，想出所有可能的解决问题的办法。要发挥你的创造力，别把自己局限在一种办法中。尝试直接改变他的行为是没用的，需要做出结构性调整或者使用额外的资源，比如，对他进行培训、改变任务或一日活动安排流程、明确分工等。从所有可能的办法中选出1~2种最好的办法，然后制订一个行动计划，把谁做什么和何时做都写下来。一段时间以后，跟同班教师再次碰面，评估该计划的有效性。
- 在实施计划的过程中，要给予他大量的反馈，告诉他哪些地方做得好、哪些地方做得还不够好。可以请其他人（如技巧高超的教师、咨询师等）来班级中帮助他改进技巧或者行为。一般情况下，一次辅导 1～2 个小时，每周 2～3 次就够了。同时，要继续进行详细的书面记录。
- 如果两次交流之后，他的问题依然没有得到解决，那么与园长开会制订一份帮助计划，同时再给他两周的观察期。告诉他，如果他不能达到计划上的目标，那么他将被解雇。问问他需要什么样的支持来改进行为。不接受部分或者很小的改进。你和幼儿都需要并且值得与有能力、尽职尽责、有爱心的人在一起。

3. 应对让人讨厌的同事

你身边也可能有一些缺乏教育技巧的同事，他们让你的工作变得很艰难或者拉低了幼儿园的教育质量。虽然这些同事并不在你的管辖之下，但是你有权利和道义上的责任来表达你的担忧。但是，要注意言辞委婉，以免引起同事的反感，适得其反。大多数人都能在自己的认知范围内做到最好，因此纠正同事的问题通常意味着要给他们提供更多的信息和支持。本节为你提供了一些方法，让你在不引起同事抵触情绪的情况下做到这一点。

问题预防

- 与同事建立积极的关系。尊重他们，帮助他们，态度谦卑地与他们分享你的材料或主意。当你遇到问题时，可以请求得到他们的帮助，征求他们的建议。建立一种制度，让每个教师都能就自己最擅长的领域为其他教师进行一次培训。
- 培训之后，与其他教师分享你学到了什么，也让他们分享自己的收获。
- 积极改进你与同事之间的关系。与其他同事一起帮助组织并参与教职工会议、教师培训或者社会活动。
- 建议幼儿园举办一次活动，让全园教师到幼儿园以外的一个地方，在轻松的氛围中有充裕的时间更好地了解彼此、解决问题、学习新技能、明确教育理念、设定新的目标。此外，大家还可以一起品尝美食，快乐游戏。
- 成立一个研修小组，大家一起阅读图书和讨论新点子，提出可能的问题解决办法。
- 建议幼儿园邀请咨询师，带领全体人员开展团队建设活动。
- 运用更新、更好的沟通方式，如电子邮件、电话、短信、每次教职工会议开始前的时间等。
- 与园领导一起制定幼儿园人事制度和员工评价制度，把对同事友好、支持同事的发展、团队协作、分享资源等作为个人能力囊括其中。这样做就向教师们明确指出，与同事相处是重要的工作内容。

问题应对

幼儿教师往往最担心同事有这些问题：懒惰、没有能力、没有接受过培训；对幼儿太严格或太放松；破坏大家之间的关系、傲慢、不合作。可以把这些问题分为两类：一类是直接影响你的问题；另一类是影响幼儿、家长和幼儿园的问题。

直接影响你的问题

- 拿走你的东西、对你说谎、在其他同事面前贬低你等，同事这样做直接影响了你的工作和心情。如果发生了这样的事，直接找这个同事谈谈，否则会产生更多的问题。你可以这样说："我想跟你谈谈，你在其他人面前这样说我，让我感到很受伤，尽管你可能不是故意的。下午5点的时候，我们可以谈谈吗？"你这样说不会引起同事的防御心理。
- 交流的地点要让彼此感到放松、私密、不被打扰。向他解释他的行为给你带来了什么样的感受，问问他这样做的目的是什么，但是语言要很客观。比如，你可以这样说："当你说'那是一个可笑的点子'时，我很难过。我听错了或者我误解你了吗？"在他回应之后，指出你希望他怎么做并阐述后果："我希望你能道歉，而且如果你以后不同意我的意见，你可以当面提出来。如果你还用那样的方式打击我，我会向园长投诉。"

- 如果他拒绝、不合作，仍在持续之前的行为，那么按照你所说的去做。运用书面形式客观地记录他说了什么、做了什么以及什么时候在什么情况下发生的。与其他同事谈谈，了解他们是否有同样的困扰。如果他们也有，那么让他们也进行书面记录。几个人到园长那里投诉比一个人投诉更有分量。
- 运用所有合法的、适宜的途径阻止这个问题。坚持记录你们之间的所有交流和你得到的反馈。如果园长对这个问题无动于衷，那么可以找他的上司（比如，校董会）反映。但是，当你这么做的时候，你要准备好园长或其他人很可能会做出消极反应。
- 如果所有方法都失败了，那么你就要决定是否还能与这个让人讨厌的同事共事。你要么在工作中找到其他让自己快乐的方法，要么寻找更好的工作环境。

影响幼儿、家长和幼儿园的问题

- 你可能还担心其他同事如何与幼儿或者家长打交道。尽管这并不会直接影响你，但是你仍然迫切地觉得自己必须做些什么，因为你关心所有的孩子和家长，关心幼儿园的教育质量和声誉。
- 你的教学方式可能与其他同事的不同。比如，其他同事可能采用直接教学法，给幼儿留很多作业，不给幼儿提供游戏的时间，使用奖励制度，采用限时隔离和其他惩罚措施，或者长时间开展集体教学活动。你可以向园长建议，幼儿园应让老师们在教育幼儿方面达成一致的理念并指导大家落实，或者采用一种新课程。你还可以建议园长召集一批教师和他一起研究这个理念或者选择一种新课程，而你愿意加入到这个团队中。
- 积极地为其他教师提供帮助："我注意到，当你带领幼儿在操场上活动的时候遇到了一些问题。我以前也有同样的问题。你是否需要一些建议？

也许我能帮到你。"

- 如果问题还在继续，那么与园长交流，请他来观察和指导该同事。记住，不要指控你的同事，只陈述你看到的客观事实以及为什么你会担忧。比如，你可以说："今天早上，海伦的班级有两个孩子把尖尖的棍子当剑来打斗。她告诉两个孩子停止打斗，但是孩子们没听，她也没有采取进一步措施。我很担心孩子们的安全，所以我给了他们一些泡沫剑来代替棍子。我想如果您能给海伦一些指点，那么应该对她很有帮助。"

- 如果园长没有采取行动，那么详细而客观地记录下同事的行为，然后把记录呈给园长的上司。如果可能的话，从其他同事那里获得更多的关于这个问题的书面证据。

- 无论在哪一所幼儿园，教师们之间在教学能力和责任心方面都存在差异。你可以运用许多方法来缩小这些差异，比如，帮助和支持同事，通过分享点子、组织大家到一个美丽的地方活动或者运用本节前面列出的建议来激发大家的工作热情。

第八章

照顾好你自己
——满足自己的需求

你只有照顾好自己，才能真正照顾好别人。我曾经听过这样一句话：一个人要想心理健康，那么每天至少需要一个小时不被打扰的"独处时间"。也就是说，这段时间是你自己的时间。在这段时间内，你可以做任何"滋养你的心灵"的事情。如果你既是一位幼儿教师，也是一个年幼孩子的家长，那么你听到这句话后很可能会说"别做梦了"！然而，如果你不试试、不制订计划、不安排这段时间、不抓住它甚至不期待它，那么你确实不会拥有。即使每周只有一到两次的"独处时间"，你也会感到不同。当然，你还需要其他方法来照顾你自己，包括吃健康、有营养的食物，控制你的时间和工作，在活动与休息之间取得良好的平衡，劳逸结合，等等。

1. 时间不够用——生活就像争分夺秒的游戏

对于在全日制幼儿园工作的人而言，这是一个特别突出的问题。几乎每个在幼儿园工作的人都会感到时间不够用。尽管如此，你依然可以做一些事情来更好地安排自己的时间。

问题预防

- 有效地利用时间，挤出时间。下面是一些行之有效的小贴士：
  - 有条理地摆放物品。你可能经常把时间浪费在寻找东西上。借助各种工具有条理地摆放物品，如文件柜、文件夹、标签、材料架、大小不同的透明塑料盒子等。如果你能熟练使用电脑，那么你还可以借助快速扫描仪，建立电子档案系统。
  - 在日历（纸质的或者电子）上标记各种事务，不要依赖你的记忆力。
  - 把每天需要完成的任务列出来，要在前一天晚上制作这张清单。把任务分出先后顺序，以保证你能把重要的任务完成。如果可能的话，把最重要的或者最令你头疼的任务先处理掉。
  - 运用手机的录音功能及时记下重要的想法或点子以及任何你需要记住的事情。科技的发展让你不必再浪费时间和脑力去记住电话号码、购物清单以及其他琐事。一旦有空，你就要把录音转换到你的日历、通讯录、任务清单上等。
  - 消除干扰，不要尝试同时处理多个任务。当你跟幼儿在一起、制订课程计划、开会或者放松的时候，把手机调到"飞行模式"。这样一来，你就不用接电话或回短信了，但是你仍然可以使用手机的录音功能以及其他不需要网络的功能。
  - 不要做完美主义者，至少不要所有时间都追求完美。俗话说，"完美是优秀的敌人"。"优秀"通常在合理的时间内可以实现，但是要想达到完美，时间是不够用的。把你的完美主义用到对你真的很重要、你也有充足的时间去完成的任务上。
- 尽可能把任务分配出去，让配班教师和志愿者在他们的能力范围内多做一些事情，给他们机会学习和练习新技能。这样做也有助于他们的专业发展。比如，如果你花时间帮助配班教师，让他变得擅于给幼儿读故事，那么朗读活动时间，你就可以经常让他带领幼儿开展活动，这样你就有了大量多余的时间。同样，班级里的幼儿也能够多做一些事情，他们会比现在更能干。他们也真的喜欢做某些事情，如布置桌子、吸尘、打扫、做三明治等。
- 想一想你自己的长远目标和蓝图。先确定一两个在一年内你能实现的个人目标和专业发展目标，再确定一两个在五到十年内你可以实现的目标。把长远目标分成小的步骤，这样既有助于你实现目标，也不会让你感到有太大压力。你的时间很容易被日常的琐碎事务吞噬掉，因此要确保你有时间为实现长远目标而努力。

问题应对

没有时间做计划

- 如果你从来都没有足够的时间做计划，那么说明你一直没有提出这方面的要求。为了改善你的处境，你可以向同事、园长寻求帮助，表明自己的需求。提前做计划是很有必要的，既能让你更好地工作，也能让事情处在你的掌控之中。此外，这样做最终能节省你的时间。
- 与其他教师合作，这样你们就可以互相帮忙带班，有时间来做计划。
- 为实施的每一个主题都准备一个文件夹，可以是电子的，也可以是纸质的。复印或者扫描主题活动计划，把它们同笔记、照片一起放到文件夹中。随后的几年，你在制订计划的时候可以调出这些文件夹；你还可以调整和更新它们，以便满足每一届新生的需求，跟他们的兴趣相匹配。
- 至少提前两星期制订班级活动计划，这样你才有时间收集材料、安排实地考察活动等。

- 使用有效的制订计划的工具，以减少你做计划的时间和需要付出的努力。使用普通的表格很可能导致你的计划制订得不充分，所以要寻找或制作能满足你特定需求的课程计划表。这张表格应该能反映你所在班级的活动安排、活动重点和活动目标。首先，使用月计划表（一页或者两页）来计划主题、项目活动、实地考察活动以及其他更宽泛的、更一般的活动。其次，使用周计划表或日计划表（或者两个都用）来安排更具体的事情。

时间似乎悄悄地溜走了

- 为了更好地管理时间，你应该设定个人目标和教学目标。如果你设定的个人目标是获得大学学士学位或更高级的学位，那么你为实现这个目标所花的时间将会给你带来满意的结果。你为自己设定的教学目标可以包括：鼓励幼儿更独立、让他们更积极地参与科学活动、在户外游戏区增加更多样的设施和开展更多样的活动等。心中没有目标，你会感到备受挫折——好像时间从你身边悄悄地溜走了。一旦实现了目标，你会觉得自己没有浪费光阴。
- 从一个现实的短期目标开始，并为之努力。要确保你能实现这个目标。这么做既能让你感受到成功，拥有掌控感，也能让你有勇气去实现更具挑战性的长远目标。
- 和家长一起为幼儿设定发展目标，并追踪幼儿实现目标的过程。运用系统的方式记录幼儿的进步。对幼儿进行持续的、非正式的观察评估能让你定期看到你对幼儿的发展所产生的积极影响。
- 记录并庆祝取得的成功和里程碑事件——结束了一个复杂的项目活动、入职一周年、完成操场的重建等。

太多会议

- 幼儿教师往往想讨好所有人，满足所有人的需求。为了你自己的身心健康，只做你真的能处理的事情，只参与那些对你而言特别重要的活动。

要学会说："不，谢谢你的邀请。"
- 控制你的参会时间，尤其是那些很可能超时的会议。开会之前，你可以说："我要提前说声抱歉，我必须得在 5:00 离开。"

太匆忙

- 如果可能的话，比正常上班时间提前一小时到幼儿园，以便安排好一天的活动并做一些计划。大部分人早晨的工作效率更高。这样当幼儿来到时，你会觉得一切都已经准备就绪了，而这种感觉会让你一整天都顺顺利利的。另外，一旦你开始带班，你就很难拥有自己的时间了。

拖延

- 当我们面对特别庞大、艰难或者让人头疼的任务时，我们就很容易拖延。我们会自欺欺人地认为，我们更愿意晚一些时候再做这个任务。但是，我们不会做的。因此，阻止拖延（少拖延）的关键在于，每天先完成这些任务，这样我们就可以享受一天中剩余的时间了。给庞大的任务制订一个计划，随着时间的推移逐渐完成。
- 把大的任务分解成小的任务，每天完成一项。比如，给班里的幼儿设计更多的动手操作游戏是一项很庞大、很花时间的工作。但是，如果你一周设计一个游戏，那么这个任务就很容易完成了。另外，在一周中，你可以在第一天设计游戏，在第二天制作游戏板，在第三天制作游戏卡和游戏说明，在第四天制作骰子并把材料塑封起来。这样一个月下来，你就有四个新游戏了。

2. 只是没有感觉了——职业倦怠，厌烦工作

很不幸，职业倦怠已经成为幼教领域的一种普遍现象。有两个因素导致教师产生职业倦怠：一个是内部因素，即工作本身和工作环境；另一个是外部因素，即职业地位、薪酬待遇以及大家对幼儿教师的要求和期待。研究（Hossain, Noll & Barboza, 2012）表明，幼儿教师喜欢他们的工作，愿意跟幼儿待在一起。他们能够接受长时间的工作和由此带来的身体疲惫。与大多数教师相比，他们对自己的班级有更多的自主权和控制权。除非与同事、家长、园领导的关系紧张，否则他们对工作环境很满意。让他们不满意的是其他事情。薪酬低、福利差和得不到尊重引起了教师的职业倦怠，这导致每年有将近三分之一的幼儿教师辞职。

职业倦怠其实是幼儿教师的职业地位与他们的实际工作不匹配的副产品。幼儿教师的职业地位很低，但是他们的工作需要专业知识，需要承担很高的风险和很大的责任（涉及幼儿的健康、安全、幸福和发展），还需要满足园领导、家长、政府相关机构提出的不合理的要求和期待。

问题预防

- 如果可能的话，参加社会活动，倡导国家给予幼儿教育更多的资金投入，倡导儿童的权利和幼儿教育质量的提升等。你可以积极主动地做一些事情来解决幼儿教师的职业倦怠问题，减少无助感。同时，你还能遇到一些与你处境相同的人。然而，政治工作会给人带来压力，因此不要让它占用你过多的时间，也不要期待它有即时的结果。
- 找一个志趣相投的同行，但是他所带班级的幼儿要与你所带班级的幼儿不同，比如，种族不同或者地区不同（一个班级在城市，另一个班级在农村）。跟他结对，让两个班级的幼儿互访，分享游戏和项目活动的点子。
- 从环境中汲取能量。花时间把教室布置成一个漂亮、舒服、明亮和让

人感到心情平静的地方。这样的教室反映了你的品味和审美观,会让你每天都想待在这里。在教室里放一把舒服的成人椅,因为一直坐在又小又硬的儿童椅上会让你的身体吃不消。尽管与幼儿坐在同一高度上很重要,但是偶尔(如点心时间或者讲故事的时候)坐在你的椅子上对大家都好。

- 为你自己提供一个空间,哪怕只是一个由架子围出来的空间。这是你的私人区域,你可以按照自己的喜好布置它,把你觉得重要的材料和书籍放在这里。我认识一位教师,她把一罐辣椒放在自己的私人区域,把辣椒作为每天下午提神的东西,而我更愿意吃巧克力。有一个你自己专用的小文件柜也会让你的工作变得更容易一些。你可以把活动计划、笔记和杂志上的文章放在柜子里。如果柜子可以上锁,那么你还可以把幼儿的档案和个人信息放在里面。
- 充分休息。比如,在条件允许的情况下,时不时走出教室短暂地休息一会儿。充分午休、快走、慢跑或者读一篇优秀的小说。你也可以给自己一个心灵上的假期,每天中午看看不同的风景画。
- 关心你自己的健康。跟同事成立一个运动小组,吃健康的食物,拥有尽可能多的睡眠,生病的时候在家休息。只有精力旺盛,你才能更好地迎接每一天的挑战。后背疼是幼儿教师普遍存在的健康问题。背部有问题,会极大地增加你的工作压力。按照下面说的做,可以避免你的背部出现问题:

  ➤ 当需要站立很长时间时,膝盖微微弯曲,双腿分开(与肩同宽),一只脚在另一只脚前面,把全身的重量平均分配在双腿上。

  ➤ 避免久坐。当你坐下的时候,把脚放在垫子上或者低矮的盒子上,让你的膝盖比臀部高。

  ➤ 如果你需要拿高处的东西,那么你要站在折梯上或者专门的高脚凳上。不要踮起脚尖。膝盖微弯,避免失去平衡。

  ➤ 当站在水槽边洗手时,膝盖弯曲,让膝盖靠在水槽下面的柜子上。如果水槽下面是一个开放的空间,那么你可以在下面放一个低矮的盒子，在洗手的时候把一只脚放上去。
- 对于重的物体，要用推的方式移动，不要用力拉。
- 当需要把幼儿举起来的时候，单腿跪在地上蹲下来。另一条腿向前，脚着地，膝盖弯曲。让幼儿靠近你的身体，腿部发力举起幼儿。你也可以弯曲膝盖站稳，然后伸出双臂，数到三，让幼儿跳起来挂在你的双臂上。

■ 如果可能的话，不要独自工作。你有配班教师吗？在幼儿园里，每个班级至少要有两名教师全天都在。指导幼儿、维持班级秩序和对幼儿进行个别化教育，这些工作是一个人无法完成的。但是，更多的还要考虑到幼儿的安全问题。比如，当有幼儿受伤时，一名教师可以照顾受伤的幼儿，另一名教师负责看护其他幼儿。如果班里只有一位教师，那么他就得寻找园长或者其他人来帮忙，这时就会让幼儿处在无人照料的境地。与其他教师一起工作也能避免你产生职业倦怠。你可以跟他讨论办法，一起解决问题，分享幼儿的趣言趣事。如果一所幼儿园只给每个班级配备了一名教师，那么尽可能不要在这样的幼儿园工作。

■ 不要过度介入家人和幼儿的生活。你的过度介入不一定对他们有帮助，因为他们会依赖你，不学着自己解决问题。你可以为他们提供资源，支持他们解决问题，但是不要把自己变成解决问题的办法。

■ 设定目标。每个人都需要拥有一种感觉，即知道自己沿着一个方向将要奔向哪里。设定目标，拥有这种感觉。这样一来，你就不太可能产生职业倦怠。也许，你想成为班主任、教导主任、园长、商人、小学老师、咨询师、美国总统或者更优秀的幼儿老师，不管怎样，你都要有一个目标。然后，把实现目标所需的步骤以及完成每一步的预计时间详细地写下来。之后，立刻付诸行动。此外，你还要参加会议和做其他能让你更接近目标的事情。

问题应对

- 寻找一个能给你提供支持的团队。你可以加入一个协会，得到需要的支持。要确定协会里的老师们有同样的担心和类似的问题。通过分享这些担心和问题，讨论解决问题的办法，你会收获很多。

- 学习一些新东西。参加工作坊既能给你提供新点子，也能验证你当前的能力。拜访其他幼儿园的教师，向他们学习新方法，与他们建立联系。请求园长批准你去做这件事，以促进你的专业发展。在你外出学习期间，幼儿园可能需要另外聘请人帮你带班，但是这笔花费是值得的，因为它将换来幼儿教育质量的提升。

- 教授一些东西。为你的同事上一次课或做一次讲座。你可能在某个特殊的领域有专长，或者拥有一项其他人很想学习的特殊技能。如果你没有，那么你可以培养一项自己感兴趣的专长或者技能。比如，成为当地的应急准备专家或幼儿使用电脑方面的专家。

- 获得控制权。工作中的很多方面不能由你控制，给你带来了巨大压力。

- 所有的成人都需要拥有掌控感，即能够尝试新点子、进行冒险活动、从错误中学习和做出改变。当幼儿园使用预先规划好的课程（每天的活动都设计好了）时，教师的掌控感就被剥夺了。同样，当教师只能被动地接受提供给他们的材料和设施时，他们也失去了掌控感。如果你正处于这样的境地，那么请联合园领导做出一些改变。开始时，你可以适当要求每月有一笔小的预算，用于购买材料。这是一个合理的要求，也可能是一个让你获得更多控制权的起点。这一点很重要，因为一个灵活的、能回应班级幼儿需求的课程关系到幼儿教育的质量。比如，如果你班级中有两个幼儿的妈妈要生宝宝了，那么你就需要开展一个关于婴儿的主题活动。园长应当认识到这一点。如果他认识不到或者他没有决策权，那么你就可以自行实施你的点子。许多教师都是快速上完幼儿园要求的课程，然后利用额外的时间实施自己设计的活动。

- 如果班里只有你一位教师，那么你要想办法寻找一个助教，如家长志愿者、社区志愿者等。你还可以协助园长重新安排幼儿园的预算，以便可以招募一位教师。

- 了解自己的不足。幼儿教师通常是乐于付出、富有爱心、慷慨大方的人，但是有时候他们不会拒绝别人。扮演心理治疗师的角色为遇到麻烦的家长提供帮助，或者下班以后花时间帮助家长寻找需要的资源是一件高尚的事情，但不是必须的。承担超出自己能力范畴的事，很容易让你感到筋疲力尽，也很有可能让你不能成为一名优秀的幼儿教师，而成为一名优秀的幼儿教师是你的首要责任。

- 尝试。你要把自己视为"研究者"。你要敢于在班级中尝试新点子或者不同的点子。评估结果并与同事讨论，以判断哪些是有效的、哪些还需要改进以及哪些需要删除。比如，在园长同意后尝试一个全新的课程方法、改变班级的日常作息时间表、在想象游戏区创建一个加油站、围绕电视机开展一个主题活动（参观电视台、在班级中设计和录制一个电视节目等）。

- 自得其乐。让你的工作变得更有趣，可能是你能够做的预防职业倦怠的最重要的一件事情。你可以运用以下方法让工作变得更有趣：
  - 定期与同事聚会。
  - 对幼儿使用幽默的（不是讽刺的）语言。
  - 与家长和同事分享幼儿说的有趣的话、做的好玩的事。
  - 唱一些傻傻的歌曲。
  - 偶尔离谱一下。比如，在你和幼儿的脸上涂上色彩；策划并举办一次狂欢节活动，邀请其他班级的幼儿、教师和家长在游戏中"测测他们的运气"；用脚印绘画；举办奇装异服节活动；在想象游戏区创建一个昂贵的餐厅等。

世界上没有什么工作比教幼儿更有乐趣的了。想想看，你要在一间办公室工作一整天会是什么样子！

3. 对工资不满——薪酬偏低只是一种保守的说法

整个教育领域都资金不足,但是在幼儿教育领域,这个问题尤其严重。具有讽刺意味的是,托幼机构因为班级规模更小、师幼比例更高而需要最多的资金支持,但是实际上它们得到的资金最少。幼儿教师是所有职业中收入最低的。你将不得不接受这一现实,即幼儿教师的工资很低,已经持续了很多年,并且未来很长一段时间很可能还会继续低下去。但是,这不意味着你应该对此无动于衷。如果大家都不积极努力争取得到更高的工资,那么现状将永远不会得到改善。这意味着你要安于当下可能比较清贫的生活,并从工作中寻找满足感。这一点对于你自己的心理健康很重要。

问题预防

- 基于你自己的工作年限、专长和学历,了解你在幼教行业的价值。
- 你在接受任何一个工作之前,都要尽可能多地了解这个机构。了解它的薪酬水平和制定标准,这样你可以知道自己是否得到了合理的薪酬。此外,你还要查一下同一个社区类似机构的薪资待遇。
- 除非你确定自己可以靠这份薪水生活,否则不要接受这个工作。不要相信幼儿园做出的未来会加薪的承诺,或者至少不要对它抱有期待。
- 继续为了获得更高的学位或者为了掌握新技能而努力学习,这样你将来就可以在幼教行业找到收入更高的工作。
- 要具有创造性和企业家精神。你可以提供独一无二的服务、研发出独一无二的产品、创办独一无二的幼儿园,让这些服务、产品和幼儿园既能迎合市场的需求,帮助家长或教师,又能促进幼儿的健康成长与发展。

问题应对

- 寻找你工作的积极方面(包括最让你满意的方面),把它们列在一张清单上。清单上可以有以下内容：
➢ 幼儿让我对自己有了更多的了解。
➢ 看到幼儿很快乐，我也觉得很快乐。
➢ 我知道幼儿爱我、信任我、尊重我。
➢ 我从那些感到满意的家长那里得到了积极的反馈。
➢ 我保证了幼儿的安全和快乐，促进了他们的学习与成长，对社会做出了巨大贡献。
➢ 我培养了适应能力很强的幼儿，让社会拥有了一个美好的未来。
➢ 我让家长在工作时不用担心他们的孩子，为社会和家庭做出了重要贡献。
➢ 我正在做我擅长的事情。
➢ 我在工作中获得了乐趣。
➢ 我的领导、同事和家长尊重我。

- 把这张清单张贴在你每天早上都可以读到它的地方。当你因为工资低而感到沮丧的时候，也可以读一读它。
- 许多幼儿教师通过各种方式削减了个人支出，比如，与他人合租房子、剪下海报上的优惠券、乘坐公共交通工具、拼车出行、买打折商品、经常逛跳蚤市场和旧货市场等。
- 也许你可以找到其他既能增加一些收入、又不让自己筋疲力尽的收入来源。比如，你可以写书、写博客，也可以就你擅长的领域做培训或者提供咨询服务。你还可以做一些小生意，或者找一个没什么压力的兼职。

在幼教行业，寻找收入更高的工作

- 如果从事幼教工作和赚更多的钱对你而言都很重要（我希望如此），那么你要为自己设定几个职业目标。下面这些建议供你参考：
  ➢ 开办一所幼儿园。你当幼儿教师所获得的经验和专业知识是一笔宝贵的财富。尽管很少有人通过开办幼儿园赚到大笔的钱，但是毕竟还是有这种可能性的。在你赚到大笔的钱之前，你通常需要开办几所分

第八章 照顾好你自己——满足自己的需求

园（你在成功以后需要拓展幼儿园的规模）。然而，能根据自己的理念、价值观和方法经营幼儿园本身就是一件非常值得做的事情。

> 幼教行业也有一些高收入的工作，但是这些工作需要从业人员拥有硕士学位或博士学位、接受过专门的培训、经验丰富。这些工作包括：大学教师、培训师、咨询师、儿童图书作家、编辑、出版人、园长、研究人员以及玩具、运动设施、材料、家具的制造商和销售商等。你可能很想去做某一个工作，但是你要做好心理准备，即这个工作可能不像其他行业的类似工作收入那么高。

> 你从事的幼儿教育工作也可能引领你在相关领域从事收入更高的工作。当然，这些工作也很可能要求从业人员接受过专门的培训，拥有较高的学历。幼儿教育工作需要各种各样的技能，而这些技能可以用来对从事相关职业的人进行培训。这些相关的职业包括：社会工作者、园长、人力资源专家、记者、政治家、心理治疗师（也可以是心理学家或咨询师）、社区教育指导员、儿童发展专家、健康教育专家、公共关系指导者、儿科护士、儿科医生等。

申请经费

也许，你想要帮助幼儿园写一份经费申请书。许多幼儿园在获得经费以后都会给老师们涨工资，扩大就业机会。幼儿园会利用这笔钱创办分园、扩大现有的服务对象以服务于更小或更年长的儿童、参与研究项目、与其他园所形成伙伴关系等。经费一般来自教育局、慈善组织等。

- 从一个你充满激情且能满足某一重要需求的点子或项目开始，因为你将需要花费大量的时间和精力来不断改进你的想法，寻找和申请经费。如果你申请到了经费，那么你还得让这个新项目持续进行下去。
- 与你所在社区的其他组织或者机构联合研发项目，如精神健康机构、家长教育机构、儿童营养机构、特殊儿童教育机构等。拨款的机构更喜欢那些由两家以上机构联合研发以帮助幼儿和家长的项目。当你们一起合作的时候，你们就有了更多的专业知识和更多的资金。

4. 感到力不从心和不知所措——踩着水学游泳

如果你因为缺少幼儿教育经验和没有接受过相关的培训而不能把工作做好，那么你并不孤单。许多幼儿教师都是这样开始职业生涯的，他们都是在工作中学习的。经验丰富的教师经常回顾他们工作的头一两年，非常好奇他们和幼儿是怎么过来的。当许多教师——哪怕是很有经验的教师，因转换岗位要面对不同的家长或者不同的工作环境时，他们发现自己同样会遇到困难。比如，从为中产阶级家庭学步儿服务的半日制机构转到为低收入家庭4岁幼儿服务的全日制机构。

问题预防

- 不要因为害怕就拒绝承担一项工作或者拒绝接手另一个班级。新挑战将会给你带来更大的回报。
- 在开始新工作之前，你要尽可能多地了解这个工作和机构。要求到那里进行观察，并去另一家机构观察类似的班级。如果正好有教师即将离开，那么要求跟他碰面聊聊。你也可以从值得信赖的网站、书籍、文章中获取尽可能多的信息。
- 诚实地面对自己的优点和不足，要向他人坦诚自己的优点和不足。

问题应对

不要假装知道自己正在做的事。要承认，你很有可能会犯错。与同样犯错却假装很有本事的人相比，知道自己的缺点并积极克服缺点的人会得到别人更多的尊重和关照。

- 向有能力的同事寻求帮助。他们可能感到很荣幸，并乐意提供建议和帮助。作为同一所幼儿园的教师，他们更有可能知道使用何种实践方法能帮助你处理遇到的问题。

- 向园长提出接受更多的培训的要求。园长很可能非常愿意帮助你。园长有时候会把教师的培训需要放在一系列优先事项的最下面（首先要处理大量的危机事件），但是如果你直接提出了要求，那么他就会回应你。
- 阅读图书、杂志。专业出版社、图书馆、书店有很多很好的幼儿教育书籍。现在，你也能在网上看到更多完整的文章。
- 把你的工作分派给其他同事或园长。你可以让其他人承担你觉得很难的任务，与此同时，你可以向他们学习完成任务的更佳方法。
- 建立一个人脉网，把那些能为你答疑解惑、提供支持的人聚到一起。这些人包括：当地的健康专家、培训师、咨询师、有经验的教师。尽管大部分人都收费，但是他们愿意偶尔提供短时间的免费服务，或者只收很少的钱。
- 对自己的学习能力要有自信，相信自己会进步。学会放下身上的压力，给自己两年的时间，通过多种途径获得当一名优秀的教师所需要的技能和知识，包括参加工作坊、阅读图书、咨询专家等。

第九章

在半职业化的职业中成为专业人士
——学前教育领域中的工作要点

幼儿教师这一职业是半职业化的,因为它包含职业所具有的一些要素,但是缺少其他重要的方面。一部分幼儿教师有学士学位,有教师资格证,但是大部分幼儿教师没有。有一些幼儿园要求有这些,但是许多幼儿园都没有这方面要求。此外,在这些有学士学位和教师资格证的人中,有些并不是学前教育专业毕业的。是不是许多好老师没有学士学位或教师资格证呢?是的。是不是许多没有能力的老师有硕士学位和综合的资格证呢?当然。但是,无论任何一个行业都需要优质的劳动力。为了保证拥有优质的劳动力,各个行业所采取的措施基本上是一样的:要求从业人员拥有大学或者以上学历以表明他们拥有深入而广泛的知识,要求他们拥有资格证、实习经历等以表明他们具有娴熟的技能。

任何职业都不是只需要知识和技能的。再次重申,幼儿教师这一职业包括一些职业的要素,但是仅此而已。我们确实有专业的组织、会议、学术期刊、职业道德规范,以及通过有效研究得来的证据。但是,对于早期教育机构,我们只有一个国家层面的鉴定体系。在学前教育这把"大伞"下有许多不同类型的机构,它们之间并没有团结、统一、合作,也没有像其他领域那样把薪酬、影响力、赏识和尊重联系在一起。为什么专业性在我们的领域很重要,为什么幼儿教师要成为专业化的人?因为我们所从事的工作是如此重要、如此复杂、如此有影响力。

因此，你要通过提高学历、上课、参加会议、观看录像、阅读图书等方式继续进行自我教育。你还可以通过阅读期刊杂志，了解学前教育领域当前的动态。互联网是了解学前教育发展趋势最好的工具。所有专业人士都大量使用电脑进行沟通，获取信息，储存和分享照片、文件等。但是，与从事其他职业的人相比，幼儿教师使用科技手段并不频繁。尽管使用电脑和互联网偶尔会让人抓狂，但是了解一些关键的"妙招"既能把挫折感降到最低，也能节约你的时间。

- 如果你在查找文章时遇到困难，那么可以尝试在搜索引擎中输入文章的全名，并且带书名号。
- 一旦有了搜索结果，你就可以缩小搜索范围，以便得到最新的信息。比如，当你使用谷歌搜索引擎的时候，点击"搜索工具"，在下拉列表中选择"时间"，比如"去年"，这样可以得到过去 12 个月上传的文件，也可以点击"范围"设定具体的日期。其他搜索引擎也有类似的工具，帮助你缩小搜索范围。
- 如果你在地址栏输入了网址却得到了错误的信息，那么尝试使用网站域名的根目录（就是 http:// 开始的部分，通常以 ".com"、".org" 或 ".net" 结束）。你也可以只按照组织的名称进行搜索。
- 学习使用屏幕截图，这个功能可以把在电脑屏幕上看到的一切存储为电子备份，这样你就不用把长长的网址写下来，也不用对内容做笔记了，节约了时间。

幼儿教师的专业化发展，不仅能让家长和幼儿受益，还能让教师自己受益。只有公众认为幼儿教师是专业的，幼儿教师才能得到更好的薪酬和福利、更多的尊重、更好的工作条件、更多的公共资金。幼儿教师是否专业在很大程度上取决于公众的观点，而公众的看法经常摇摆不定。作为个体，你在帮助家长、促进幼儿的保育和教育质量提升方面能够发挥重要的作用，哪怕你所做的只是创建了一个很好的班级。

1. 支持

专业化让幼儿教师更有权威的同时,也赋予了幼儿教师责任,其中一项责任便是成为支持者,这体现在以下两个层面:(1) 社会层面的支持,要求学前教育服务水平、幼儿园的教育质量要更高。(2) 幼儿层面的支持,要求确保幼儿的安全、快乐、健康。这些通常是相辅相成的,质量高的幼儿园能够直接让幼儿及其家庭受益。

社会层面的支持

- 自学学前教育领域的最新政策。把选票投给那些支持家庭、关心幼儿发展的候选人。不要觉得你得成为这方面的专家或者演讲者,也不要觉得你得在这方面投入大量的时间。你有很多工作可以做,你提供的任何一个帮助都很重要,比如把选票装到信封里邮走,在请愿书上签字等。
- 许多人不想让幼儿教师变得更加专业,因为他们不想增加保育方面的花费。另外一些人认为这样会威胁到母亲和家庭的"神圣"地位。与家长一起努力争取得到国家更多的资金支持,保证孩子能够得到应有的高质量的保育,你能够得到更高的薪酬。
- 了解能支持你工作的重要研究,并且能简单清晰地描述该研究。新的研究能带来新知识。你还要了解脑科学的应用,支持幼儿适宜的发展,这些都很重要。

幼儿层面的支持

作为关心幼儿的成年人,我们有必要理解这一点:今天,幼儿的成长面临更复杂的挑战。我们的主要任务是一致的:保护幼儿不受伤害,帮助他们茁壮成长。过去我们面临的挑战是保证幼儿基本的身体健康和安全,但是今天我们面临的挑战是保证幼儿的心理健康和安全。让儿童顺利度过童年是几千年来人们关注的主要问题。儿童因火灾、意外事故、中毒、传染病等受伤或死亡是很普遍的现象，最早的儿童文学作品很多都聚焦于儿童的身体和个人安全。

今天，几乎所有幼儿都能安然度过童年，尽管存在更多的枪击暴力和恐怖事件，但是幼儿很少会成为牺牲品或受到严重的伤害。由于有许多安全设施和机构，比如，汽车安全座椅、气囊、烟雾报警器、食物和药品管理局、疾病预防与控制中心、消费者产品安全委员会等，现在的幼儿已经足够安全了。然而，今天我们必须保护年幼的孩子远离危险——让他们的心理和情感健康。令人不安的画面——色情片、暴露的画面、砍头的画面、自然灾害，以及更大范围、更普遍的电子设备让保护幼儿变得几乎不可能。幼儿不可避免地会看到不合适的、让人害怕的、给成人看的东西，甚至成人要屏蔽这些画面都很困难。快餐行业、垃圾食品制造商、玩具制造者、视频游戏生产者以及广告商合作运用复杂的策略，花费数百万的钱财，让幼儿想要得到那些大多数情况下他们并不需要也不应该拥有的、对他们有害的东西。越来越年幼的儿童感受到越来越大的压力——从说话、如厕训练到阅读，每件事情都要做得更快、更好。与以往相比，美国的幼儿做的测试更多了，而且年龄也提前了。支持幼儿的意思是要保护幼儿远离这些威胁。你可以直接以教师的身份或者间接以专家和活动者的身份保护他们。

- 作为儿童和童年的保护者，你要认真对待这一角色。投身以下事情：与伤害幼儿的政策做斗争，支持帮助幼儿的政策。哪怕只起很小的作用，你也要尽可能了解这些事情，表明立场，与家庭成员、朋友和邻居讨论这些事情。如果你能说一说它们如何影响了你的工作和你所服务的幼儿和家庭，那么你说的话就不会很枯燥，也不会打扰到他们。
- 对幼儿进行媒介素养教育。提供特定的活动，教幼儿学会如何带有批判性地看电视和不被广告愚弄。广告是为了让幼儿对某个东西产生需求，进而乞求父母给自己买。要让幼儿明白这一点，可以举一些例子说明广告商如何夸大产品的功效。

2. 勇敢——男幼儿教师

作为一名从教多年的男幼儿教师，我希望有一天能看到幼教机构中男教师和女教师的数量均衡。幼儿的生命中需要许多男性，他们需要一名能够让熊爸爸的声音听起来真的像熊爸爸的老师，但是近期似乎很难实现。

很显然，收入低并不是学前教育领域男教师少的主要原因。在助教中，男性的比例要高得多，他们的收入更低，而且，随着年级的升高，小学男教师的比例在不断增加，但是他们的收入是一样的。因此，学前教育领域男教师数量少多由社会原因和心理原因造成。

除了在早期教育机构中工作带来的各项挑战，男教师还要面对广泛的负面评价，即人们认为男人选择了社会地位很低的"女人的工作"，跟不是自己的孩子建立亲密的关系。"被人怀疑"是很大的负担和风险，而女教师则不需要应对这些。

我当园长的时候曾雇用了一名男教师来实施放学以后的项目，后来他被家长起诉性侵其女儿。女孩抱怨阴道周围疼痛难忍，而且家庭医生也确定了女孩有严重的伤痕。有很多理由表明这项起诉很荒唐，包括事实上这位教师没有时间也没有地点去做这样的事。后来证明，女孩在攀爬时摔倒了，档部从高杆子跨到了低杆子上。操场上大一点的幼儿看到了这一幕。尽管事情还在调查之中，但是我不得不暂停这位教师的工作一个月的时间。最后真相大白，但他觉得不能再回来了。他受到了侮辱，他的声誉被毁坏了。在女教师身上不会发生这样的事。幸运的是，他找到了一份新的工作可以继续开展放学后项目，碰巧我的孩子就在这所幼儿园。多年来，他做得很成功，并且得到了很高的评价。

男教师也必须接受自己是少数群体的一员，如果幼儿园不是只有一名男教师的话。许多男教师本可以成为很好的老师，也很爱这份工作，但是因为这个原因，他们只能选择回避。此外，许多机构的管理者不愿意雇用男教师是因为他们担心家长有看法或存在偏见。也许，他们自己存在根深蒂固的偏见，只不过他们不愿意承认。这是一个不断自我强化的循环,很难被打破。男性少,进一步强化了幼儿教师的工作是"女性的工作"的观念,阻止了男性进入这个领域(尤其是有太多风险的时候),因此男性在幼儿教师中所占的百分比很低。

但是男性和女性想当幼儿教师的原因几乎相同:这份工作很快乐且很重要;幼儿的发展充满吸引力;幼儿需要细心的和有能力的教师;帮助家庭意味着为社会做出积极的贡献;与教大孩子相比,幼儿教师这份工作更有创造性且更令人满意;他们有天赋或才能做好这份工作。

与男教师或男助教一起工作的女教师

女教师是男教师重要的同盟,她们在工作中支持和帮助男教师,有助于这个行业中男教师数量的增加。也就是说,男教师应该期待从女同事那里得到帮助和支持。男教师和女教师通常有一些互补的能力:男教师可以让幼儿的父亲参与得更多,女教师可以让家长更加安心。

- 要理解性别障碍的打破,不仅指女性从事传统上由男性占据的工作,也指男性从事传统上由女性占据的工作。
- 避免一直指望男同事为你搬重物、管理失控的幼儿或者做其他类似的事情。可以请男同事帮忙,但是不要滥用。
- 不应该对男同事设立更高或更低的标准,应该抛开性别对待男同事。
- 如果男助教有兴趣且有能力胜任,那么女同事应该帮助他们成为教师。男助教需要机会发展和实践教学技能,比如,阅读故事、带领圆圈活动、设计一个主题、介绍一首新歌。女教师可以通过给班级布置任务来帮助男教师,让他们成为完全合格的教师。

男教师

感谢你突破了障碍!当一名男幼儿教师需要很大的风险和强烈的责任心。

- 正如女性在男性传统行业一样,对你的要求很可能比女同事要高。战胜这个挑战,点燃你成为优秀教师的热情。持续工作,通过以下方式提升你的技能:带班,参加会议,阅读有关材料,观察优秀教师,积极对待家长、同事、上司的反馈。
- 做好准备,你很可能会被误解并受到歧视。许多同事会把你看作一种威胁,对你充满怀疑,尤其是最开始的时候。向女同事提出建议会被认为专横跋扈。你最好是随时待命,等待对方求助,或者提供一般的协助——"如果我可以帮忙,请告知我"。不要主动提供具体的建议或协助。
- 跟家长、同事、上司和其他人说明,你不可避免地会跟幼儿有身体上的接触,但是是适宜的。幼儿偶尔会坐在你的膝盖上。如果不这么做,你几乎不可能成为一名优秀的幼儿教师。
- 尽量避免在教室里只有你一个成人跟幼儿待在一起。
- 经常联系其他男幼儿教师,加入男教师组织。你会从其他男教师那里得到支持和鼓励。
- 如果你感到不满足,那么可以寻找其他方法开阔眼界。比如,响应国家的政策,号召更多的男教师投身到幼教领域;在高校中跟学前教育专业的学生们说说一名男幼儿教师的生活;开展一些培训项目;写文章或者写一本书。

3. 言行举止——树立专业的形象和权威

我们可以在穿着和言行举止方面付出更多努力,使自己成为一名专业人士。
- 尊重家长和同事。跟他们谈话时要专心,要使用专业的语言,表述要清晰。避免使用俚语,也不要在背后议论别人。
- 保守秘密。保守秘密不仅是尊重别人的重要方法,而且可能是你所在地区的法律要求。
- 跟幼儿在一起的时候要投入、警觉和专注。
- 着装得体,恰到好处,整洁大方。要穿干净、舒适的衣服。工作时要换上工作服,以免一整罐橙色颜料洒到你的膝盖上。不要离去污剂太远。穿结实的鞋子或橡胶底的运动鞋,这样既舒适又能追上幼儿。不要穿破破

- 的、脏脏的运动鞋。手边准备一双更正式的鞋子，以便开会或者接待家长时穿。
- 加入专业组织、俱乐部、政治团体。这些组织会考虑与教育和照顾幼儿有关的事情，并且会把这些事情作为工作的重要内容。它们会从你的专业中受益，你也会受益良多，因为你被视为有价值的团队成员。
- 告知家长你的专业背景，包括工作经历和受教育经历。要求你的上司告诉家长，幼儿园在雇用员工之前都会检查他们有无犯罪记录和充分阅读他们的推荐信。
- 学习行业术语。所有的行业都有自己的行话，帮助家长和新同事理解行业术语。
- 帮助幼儿园的新手教师。如果你是一名有经验的教师，那么你可以当新教师的导师，帮助同事解决问题，分享你班上的幼儿喜欢的歌曲和活动。
- 与就职于其他机构的同行建立联系（蒙台梭利幼儿园、华德福幼儿园、私立幼儿园等）。关注你们之间的相同之处，包括面对的挑战与问题，不要过多关注你们之间的差异。
- 随时欢迎家长参观班级，参与班级活动。让家长明白，你会感激他们提前打电话，但不一定必须提前打电话。考虑在班级安装网络摄像头，这样家长可以随时通过互联网登入。只有在每个家长都给出书面同意后才能安装，家长需要用密码才能登录，网址并不公开。
- 为避免被家长起诉或指控，你可以采取以下预防措施：
  - 幼儿受伤时，要给出官方的意外事故报告。报告内容包括：意外事故发生的时间、地点、过程、急救措施、治疗手段。
  - 如果有可能，请另外一个人全程与你一起工作。你的助教也不应单独工作。一旦发现只有自己跟少数幼儿在一起（尤其是早晨入园和下午离园时），要让其他教师加入，只要符合所要求的师生比即可。

4. 窘境——日常道德难题

专业化的主要特点是：具有面对道德两难困境的能力，能基于一套合理的道德原则做出明智的决策。幼儿教师几乎每天都要面对让人棘手的道德决定。比如，你是否要强迫明显不疲惫的幼儿在午睡时躺在垫子上？如果让他躺下，躺多久合适？你是否要用动作阻止一个正在伤害他人的幼儿？如果阻止，那么用多大力气合适？你是否会听从家长的要求不让幼儿睡午觉（尽管他在午睡时间已经很疲惫了），原因是家长说他在家时到晚上11点都不睡？你是否会听从幼儿妈妈的要求，不让孩子的爸爸接孩子，原因是他虐待孩子？你是否会听从幼儿爸爸的要求，不让与他分居的妻子看孩子，原因是她曾经威胁要绑架孩子？你是允许一个幼儿独自在楼内使用卫生间，还是专门陪伴这名幼儿，让其他幼儿独自在操场上玩耍？如果你的上司要求你做一些违法的事情，你是否会上报到政府的教育部门？

第三种方法：解决道德难题

在处理道德两难问题时，你可以考虑下面的建议。在仔细思考事件和潜在的后果（无论是好是坏）之后，最终，你要做你相信是正确的事情。

- 记住，幼儿的健康、安全和幸福是你优先考虑的事项。与家长或上司的愿望、班级的平稳运转比起来，幼儿保持良好的状态是第一位的。总之，不要伤害幼儿，也不允许幼儿受到任何伤害。
- 仔细判断，选择最好的方法——不仅将幼儿放在第一位，而且不伤害你自己或你的幼儿园。根据已经出台的保护幼儿健康和安全的规定，任何重大的违规行为都要上报。你可以匿名举报，以免你的上司或其他人报复。在处理道德两难问题时，你自己的健康、幸福和工作也是很重要的，要考虑到这一点。任何会危及到其他事情的选择都不是好的选择。如果你失去了工作，那么你不仅会让自己受到伤害，也会让幼儿受到伤害。

- 几乎所有道德两难问题都能通过富有创意的"第三种方法"得到解决。比如,家长要求你让他的孩子不要午睡,但是幼儿非常疲惫,无法保持清醒,那么你可以让幼儿的午睡时间缩减一半,然后运用策略帮助幼儿在家中建立持续的入睡常规——入睡时间约为晚上 8:30。

- 遵守与工作相关的所有法律法规。如果遵守规定会伤害到某个幼儿,那么你需要寻找第三种解决方法。比如,如果幼儿的妈妈不能通过法律途径阻止幼儿的爸爸接孩子,那么你不能不让幼儿的爸爸接他。但是,如果你确信爸爸接走幼儿后会对幼儿造成伤害,那么从道德上来说,你有责任保护幼儿。第三种解决方法是建议幼儿的妈妈先把孩子放在家里或者亲戚家里,直到她获得了限制令。有一点很重要,即你和机构中的其他人都不能知道幼儿的行踪。这样,你就可以诚实地说不知道幼儿在哪里。如果幼儿的爸爸想看孩子,那么你可以同意给幼儿的妈妈打电话。

- 一名幼儿想去卫生间,而其他幼儿都在室外,这种两难问题的解决办法是让所有幼儿集中待在室内几分钟,也许还有其他幼儿也要上卫生间。尽管对于在室外的幼儿来说,这样做缩短了他们的大肌肉活动时间,打断了他们的游戏,但是减少了把他们留在操场无人监管的潜在危险。最重要的道德规则是选择那些造成最小的伤害、对幼儿负面影响最小的方法。

- 继续观察你所做的选择带来的结果。通常情况会发生变化,所以你要获取新的信息。

- 制定有助于消除或减少道德两难问题的规则。单独与一群幼儿相处会让你反复处于两难之中,你可以与上司一起解决这个问题。也许可以安装内部通话系统和摄像头。这样你们可以同时工作,减少你与幼儿单独相处的时间。

- 每一个决定都会产生间接的后果。现在看上去是一个很好的选择,但是最终可能对家长无益。比如,你可能帮助家庭成员摆脱了暂时的危机,但是从长期来看,他们可能变得有依赖性,指望你把他们从以后的危机中解救出来。你要帮助家庭进行自助。

- 在员工会议上或者与同事进行练习时，描述各种道德两难困境，讨论解决的策略。当你不可避免地面对问题时，思考两难问题的解决方法对你有极大的帮助。

5. 如何解决工作中最有压力、积存已久的问题

从这本书第二版出版至今已经13年了，从这本书第一版出版至今已经25年了，从我作为一名助教开始踏入这个领域已经40年了，但是许多我曾经面对和书写的问题依然存在，几乎没有取得任何进展。有些问题，比如收入低和幼儿园课程小学化等，甚至变得更糟糕了。同时，我们也有一些新问题要处理。幼儿教师这项工作比以前更有挑战性。

尽管呼吁了很多年，幼儿教师在劳动力市场上仍然是社会地位最低、收入最低的群体；与他们的受教育水平和职业要求相比，就显得更低了（Bornfruend，2015；PayScale.com，2015；Whitebook，Phillips，& Howes，2014）。幼儿教师的工作条件看上去并没有得到改善，人员流动率还是很高——每年大约有30%的幼儿教师离职（Porter，2012；Whitebook，Phillips，& Howes，2014）。当然，幼儿的行为、家庭的需求，以及家庭、教师和幼儿园的关系也没有变得更容易管理。

此外，幼儿教师还要面对教学内容的压力，以及教学方法与幼儿学习、发展的规律相悖的压力。与25年前相比，今天，我们对幼儿的发展了解得更多，有更多有效的工具可以促进他们的发展。然而，我们所知道的正确方法与实践之间的鸿沟越来越大了（Gramling，2015）。幼儿园原本的目的是促进幼儿的社会技能发展，为他们提供积极的助力，让幼儿升入一年级变得更容易。可是，现在幼儿园的孩子接受的就是一年级的教育。政府并没有告诉我们要培养幼儿的社会技能，提供参与式的学习体验，而是要求我们用单调乏味、效率很低的方法教幼儿在幼儿园（真正应该是在一年级）学习简单的学业知识。

尽管幼儿园课程小学化的问题已经存在了很长时间，但是最近10年它演

变成一个重大的问题。在过去100年中，幼儿发展的路径和时间表并没有发生改变（格塞尔儿童发展研究所，2012），因此今天的那些不切实际的期待会不可避免地导致不适宜的教育实践，进而给幼儿、教师和家长带来很大压力，让情况变得更糟。压力会阻碍幼儿的学习与健康发展，导致教师精疲力尽（也可能在精疲力尽之前就离开了这个行业）。接受现状将会改变我们对自身的认识：我们从儿童快乐、健康发展的"促进者"变成了"儿童训练者"，前者为幼儿的学业和生活取得成功做准备，后者只关注狭隘的、表面的技能。

那么，为了不让这些问题变得更糟，如何解决它们呢？跟所有问题一样，尤其是跟庞大的、棘手的问题一样，重要的是尝试充分理解问题，找到问题的根本原因。爱因斯坦说过："如果我有一小时处理问题，那么我会用55分钟思考问题，用5分钟思考解决的办法。"

因此，经过长期的思考、调查和努力（远远超过了55分钟），我认为造成我们这个职业社会地位低、收入低的根本原因有：(1) 公众认为，我们做的事情只不过是保姆做的事情；(2) 我们的工作对象是幼儿；(3) 性别歧视。幼儿教育工作者被认为是不专业的、技能低的劳动力，不知道如何教学。他们"让幼儿整天玩"，不能够让幼儿做好充分的上学准备。低收入强化了这一形象，反过来，这一形象又让幼儿教师的收入一直很低。此外，收入、地位与学生的年龄有关。一般来说，幼儿教师的收入比小学教师的收入低，小学教师的收入比中学教师的收入低，中学教师的收入比大学教师的收入低。然而，目前最大的收入差距是幼儿园教师与小学教师的（PayScale.com，2015）。此外，女性在各个行业的收入都比男性的低。以女性为主的领域，比如，幼教领域，也是收入最低的领域。这三个原因有很深、很广的根源，包括社会价值体系、经济结构，因此很难改变。

幼儿园课程小学化问题的主要原因是焦虑，是由于人们过度强调并误用测验分数，以及缺乏幼儿发展的相关知识导致的。学生的测验分数成为测试教师教学质量，衡量幼儿园、地区甚至国家教育水平的主要方法。这意味着教育者的声誉、职业安全都会受到学生测验分数的影响。大多数人都不知道幼儿需要想象游戏，也不知道游戏对幼儿发展的价值。他们不知道幼儿的学习方法与年龄更大的儿童的学习方法是不一样的,也不知道割裂学科领域课程的学习方法对幼儿是无效的。

总之,改变现状需要大家一起做出努力。你要尽最大努力去工作,享受你的工作。你要坚持让儿童拥有一个快乐的、健康的和充满活力的童年。

万千教育 学前教育图书目录

书号	书名	著、译者	定价(元)
幼儿园区域活动指导			
1935	幼儿园户外环境创设与活动指导（全彩）	董旭花 等 著	72.00
2103	幼儿园社会区材料设计与评价（四色）	王微丽 霍力岩 主编	60.00
1950	幼儿园科学区材料设计与评价（全彩）	王微丽 霍力岩 主编	60.00
1951	幼儿园生活区材料设计与评价（全彩）	王微丽 霍力岩 主编	60.00
1782	幼儿园数学区材料设计与评价（全彩）	王微丽 霍力岩 主编	60.00
1800	幼儿园语言区材料设计与评价（全彩）	王微丽 霍力岩 主编	60.00
2598	幼儿园艺术区材料设计与评价（全彩）	王微丽 霍力岩 主编	60.00
9613	幼儿园区域活动——环境创设与活动设计方法（全彩）	王微丽 主编	60.00
9149	小区域，大学问——幼儿园区域环境创设与活动指导	董旭花 等 著	30.00
9548	幼儿园创造性游戏区域活动指导（角色区·建构区·表演区）	董旭花 等 编著	32.00
9549	幼儿园自主性学习区域活动指导（生活操作区·美工区·益智区·科学区）	董旭花 等 编著	35.00
0156	幼儿园区域活动现场指导艺术——透视38个区域故事	董旭花 等 著	38.00
9134	如何有效实施幼儿园主题性区域活动	秦元东 等 著	24.00

7937	幼儿园科学区（室）——科学探索活动指导117例	董旭花 主编	28.00
幼儿园区域活动指导合计			**679.00**
幼儿园园所管理			
2102	破解幼儿园园长的50个管理难题	苏晓芬 等 著	48.00
1784	幼儿园危机管理策略与实例	周丛笑 等 编著	52.00
1596	幼儿园安全管理策略	张春炬 李芳 主编	42.00
0039	园本培训促进幼儿教师专业发展	晏红 著	32.00
9883	幼儿园教研活动设计与实施	莫源秋 著	32.00
9620	幼儿园保育员工作指南	伍香平 等 主编	20.00
9438	幼儿园园长的领导艺术	任民 李迎春 著	32.00
9006	幼儿园园长临场应变技巧50例	卢俊 著	20.00
9012	幼儿园园长易犯的80个错误	伍香平 主编	25.00
幼儿园园所管理合计			**303.00**
幼儿行为观察与应对指导			
2308	0—8岁儿童纪律教育——给教师和家长的心理学建议（第七版）	蔡菡 译	72.00
9138	幼儿行为的观察与记录（第五版）	马燕 等 译	32.00
2045	幼儿问题行为的识别与应对——给家长的心理学建议（第二版）	冯夏婷 主编	58.00

……
欲了解更多图书信息，请登录：www.wqedu.com
联系地址：北京市西城区三里河路6号院2号楼213室　万千教育
咨询电话：010-65181109，65262933

*本目录定价如有错误或变动，以实际出书为准。